本书获湖北民族地区经济社会发展研究中心资助、中南民族大学中央高校基本科研业务费专项资金资助（37002/CSP17044）

HULIANWANG JINRONG
CHUANGXIN YU ZHENGCE YANJIU

互联网金融创新与政策研究

主　编◎阚方平　曾繁华　杨馥华
副主编◎曾　帅　范瀚文　严佳卉

知识产权出版社
全国百佳图书出版单位

图书在版编目（CIP）数据

互联网金融创新与政策研究/阙方平，曾繁华，杨馥华主编. —北京：知识产权出版社，2017.12

ISBN 978-7-5130-5284-9

Ⅰ.①互… Ⅱ.①阙… ②曾… ③杨… Ⅲ.①互联网络—应用—金融—研究 Ⅳ.①F830.49

中国版本图书馆 CIP 数据核字（2017）第 286586 号

内容提要

本书以中国互联网金融的创新与政策为研究对象，对互联网金融创新的内涵与特征进行了深入分析。在借鉴主要发达国家互联网金融发展现状的基础上，分析研究我国互联网金融的模式、特点、创新和存在的问题以及近年来国家出台的相关支持政策，最终提出促进互联网金融健康发展的监管机制，以便为我国互联网金融健康发展营造良好的环境。

责任编辑：张水华　　　　　　　　封面设计：邵建文

互联网金融创新与政策研究

主　编　阙方平　曾繁华　杨馥华
副主编　曾　帅　范瀚文　严佳卉

出版发行	知识产权出版社有限责任公司	网　址	http://www.ipph.cn
社　址	北京市海淀区气象路 50 号院	邮　编	100081
责编电话	010-82000860 转 8389	责编邮箱	46816202@qq.com
发行电话	010-82000860 转 8101/8102	发行传真	010-82000893/82005070/82000270
印　刷	虎彩印艺股份有限公司	经　销	各大网上书店、新华书店及相关专业书店
开　本	720mm×1000mm　1/16	印　张	15.25
版　次	2017 年 12 月第 1 版	印　次	2017 年 12 月第 1 次印刷
字　数	260 千字	定　价	58.00 元

ISBN 978-7-5130-5284-9

出版权专有　侵权必究
如有印装质量问题，本社负责调换。

第一章 导论 1

第一节 互联网金融的研究背景及意义 / 1
第二节 国内外研究现状及其评价 / 3
第三节 互联网金融的研究思路、研究方法与创新之处 / 10

第二章 互联网金融的历史脉络与发展现状 13

第一节 互联网发展简史 / 13
第二节 互联网金融发端 / 14
第三节 传统金融和互联网金融的联系与区别 / 17

第三章 互联网金融表现形式及作用机理 24

第一节 互联网金融的内涵和外延 / 24
第二节 互联网金融的基本理念及相关理论基础 / 31
第三节 互联网金融的职能与作用 / 41

第四章 互联网金融发展概况及未来展望 47

第一节 国外互联网金融发展概况 / 47
第二节 国内互联网金融发展概况 / 57
第三节 互联网金融发展展望 / 59

第五章　互联网金融商业新模式案例　　61

第一节　国内互联网金融模式观察 / 61
第二节　自我革命抑或是等待颠覆 / 70

第六章　互联网金融与金融互联网的区别　　77

第一节　金融的实质和构成要素 / 77
第二节　传统金融机构的互联网化 / 78
第三节　互联网企业的金融服务 / 85

第七章　服务实体经济：宏观经济中的互联网金融　　94

第一节　互联网金融促进中小微企业、创意型企业发展 / 95
第二节　互联网金融助力实体经济发展 / 102

第八章　互联网金融与金融体系改革创新　　116

第一节　互联网金融与金融监管制度创新 / 116
第二节　互联网金融与金融机构的市场准入 / 120
第三节　互联网金融与金融服务业的开放 / 125

第九章　互联网金融风险剖析　　132

第一节　互联网金融风险成因 / 132
第二节　互联网金融风险主要类型 / 133
第三节　互联网金融的风险特点 / 140

第十章　促进互联网行业健康发展　　142

第一节　互联网金融的监管模式 / 142
第二节　互联网金融的功能性监管 / 147
第三节　互联网金融信息技术监管 / 152
第四节　互联网金融的法律监管 / 156

第十一章　构建互联网金融健康发展的新环境　　161

第一节　构建互联网金融健康发展的社会环境／161
第二节　构建互联网金融健康发展的技术环境／165
第三节　构建互联网金融健康发展的市场环境／168

附件：相关政策法规汇编　　171

电子支付指引（第一号）／171
电子银行安全评估指引／176
非金融机构支付服务管理办法／182
非金融机构支付服务管理办法实施细则／189
支付机构预付卡业务管理办法／194
支付机构反洗钱和反恐怖融资管理办法／200
非银行支付机构网络支付业务管理办法／208
关于促进互联网金融健康发展的指导意见／216
网络借贷信息中介机构业务活动管理暂行办法／220
中国银监会办公厅关于印发网络借贷资金存管业务指引的通知／228

参考文献　　233

后　记　　236

◀ 第一章

导　论

第一节　互联网金融的研究背景及意义

一、互联网金融的研究背景

如果将互联网金融视为金融模式的又一次创新，那么我国在这一领域取得"后来者居上"的成就便不足为奇了。纵观中华历史文明，我国自古以来就不乏影响深远的金融创新，可谓金融创新文化积淀深厚。时间从唐宋到晚清，我国的货币金融史上多次闪现金融创新的光芒。例如，早在唐宪宗年间，我国"飞钱"制度的建立就开创了汇兑体系的一次"初体验"。"飞钱"不仅有力地促进了社会经济的发展，而且提升了商业经营的效率，因此对于实现"大唐盛世"功不可没。再比如北宋年间纸质的"交子"成为世界上最早流通的法定纸币，"交子"的流通消除了笨重的铁钱在保管、携带时造成的不便。由于它制作成本低廉，节约了贵金属，便利了商业往来，所以在当时是一项光辉的创举。

互联网这一伟大发明创造的出现使全球进入了全新的信息化时代。时至今日，互联网早已超越了工具这一定义而进化成为一种能够深层次改变社会的理念。不知不觉中互联网所蕴含的开放、平等、协作和分享等精神思想已经深刻地渗透到人类的日常生活中。如果进行一个简单的对比：与西方强调个人主义的文化相比，东方强调社会群体性的文化可能与互联网"互联"的特点更为契合，这似乎为互联网在我国的迅猛发展提供了一个很好的解释。事实是，我国目前在很多的互联网领域已然拥有前景广阔的市场。

进入21世纪之后，基于互联网技术突飞猛进的背景，金融与互联网这两个貌似毫不相干的领域之间终于也产生了融合的趋势。相关数据表明：在接受互联网思维、运用互联网技术之后，金融自身的运行效率得以提升、服务功能得以拓展。尤其是得益于大数据、云计算、搜索引擎和移动支付等技术的支持，互联网与金融之间擦出了更加默契的火花。结果是一方面互联网企业通过这些技术创新得到了巨量金融信息处理的能力，而另一方面中小微企业、创意型企业长期以来融资难的困境又创造出巨大的金融需求。最终，技术上的突破和市场上的需求使得互联网金融应运而生。

幸运的是，我国的互联网金融发展起步的时间并没有落后很多，而其中的某些领域甚至已经做到全球领先。例如，《中国互联网络发展状况统计报告》显示，截至2016年6月，我国网民规模达到7.10亿，互联网普及率达到51.7%，超过全球平均水平3.1个百分点。与此同时，手机网络用户规模达到6.56亿，占比达网民总数的92.5%，是我国第一大上网终端。在电子商务领域，《2015年度中国电子商务市场数据监测报告》显示，2015年我国电子商务交易额达18.3万亿元，同比增长36.5%，增幅上升5.1个百分点。在新兴的P2P借贷领域，根据行业年度报告，2015年我国P2P借贷累计交易规模约为9750亿元。

我国互联网金融自2013年开始快速发展起来。互联网金融模式下第三方支付、P2P、众筹等业务模式给传统金融业带来了一股强大的冲击，使互联网金融成为学界、金融界乃至全民关注的焦点。展望未来，互联网技术对金融的影响已经不言而喻。可以预测互联网金融在弥补传统金融缺陷和助力普惠金融发展等方面将发挥不可估量的重要作用，因此我国的互联网金融行业面临着前所未有的发展机遇。

本书将以中国互联网金融的创新与政策为研究对象，对互联网金融创新的内涵与特征进行深入分析。在借鉴主要发达国家互联网金融发展现状的基础之上，分析研究我国互联网金融的模式、特点、创新、存在的问题以及近年来国家出台的相关支持政策，最终提出促进互联网金融健康发展的监管机制，以便为我国互联网金融健康发展营造良好的环境。

二、互联网金融的研究意义

2014年3月5日提请十二届全国人大二次会议审议的政府工作报告中提到，促进互联网金融健康发展，完善金融监管协调机制。这是互联网金融第一次正式出现在政府工作报告的内容中。互联网金融连续被写入政府工作报告，这明确地表明一个事实：政府会坚定推进金融改革以及鼓励创新驱动，这同时也标志着互联网金融将名正言顺地进入金融发展序列，并且得到足够的重视。

（一）理论意义

互联网金融本质上看是一种金融创新实现形式，它不仅增加了金融的普惠性，而且加快了金融改革的进程，并成为我国当前最为活跃的一种金融模式。本书的理论意义在于，以中国互联网金融的创新与政策为研究对象，对互联网金融创新的内涵与特征进行深入分析。本书从理论上提出促进互联网金融健康发展的监管机制，为我国互联网金融健康发展营造良好的环境，从某种意义上说，也是对互联网金融理论的创新和发展。

(二) 现实意义

1. 互联网金融创新与政策研究是我国实施创新驱动发展战略的必然要求

创新驱动发展战略中提出要强化金融创新的功能，这就要求发展好、利用好互联网金融这一具有很强创新性的金融模式。然而，互联网金融作为一种未知性很强的新生事物，在快速发展的同时难免会出现问题和引发风险。如果互联网金融行业发生系统性风险，其风险传染性可能会给整个金融体系造成危机性后果。因此，需要健全监管机制促进互联网金融健康发展。本书提出建立健全互联网金融的监管机制，分别需要实现互联网金融的经济监管、互联网金融的法律监管以及大众的监督和技术上的保障。这些内容不仅与我国当前供给侧结构性改革的迫切要求相吻合，也能够为各级政府部门、互联网金融机构提供参考和指导，具有较强的现实意义。

2. 互联网金融创新与政策研究有助于我国中小微企业、创意型企业成长

互联网金融创新不单单针对中小微企业、创意型企业的个性特征及融资需求特点提供诸多层次与结构的金融支持服务，还能够为这些企业提供包括企业发展战略、企业管理和市场营销等的个性化服务。不但要求解决我国中小微企业、创意型企业在发展过程中的融资难、融资贵的问题，还要帮助其解决企业运营中的各种难题，从而有效弥补中小微企业、创意型企业可能存在的管理不足的问题，并有效降低企业的经营风险，促进企业的健康快速成长。

第二节 国内外研究现状及其评价

一、国外研究现状

(一) 金融视角的经典理论

1. 金融发展理论

20世纪70年代，McKinnon和Shaw创立了金融深化理论（M-S理论），两人主要的贡献是：分别从不同的角度考察了发展中国家在金融发展过程中存在的特殊性。他们认为世界上大多数发展中国家中普遍存在着政府过度干预金融活动的情况，而政府过多的干预会对金融体系的发展产生种种抑制。因此可以推断，如果政府能够放弃对金融市场活动的过多干预，那么就可以形成金融发展与经济发展的良性循环。McKinnon和Shaw强调金融体系通过资本积累，将资金提供给最有前途的企业，最终通过创新促进经济社会的发展。"在信贷充足的地方，放款和借款的高利率,会产生一种经济发展所需要的动力,它会促发新的储蓄,改变低效率投资,从而推动技术改造。"可见,金融的良好发展能够促进社会全要素生产力的提高,使宏观经济获得长期增长。

2. 金融中介理论

金融中介是指在市场上融通资金时在资金供求者之间起媒介或桥梁作用的人或机构,一般包括银行金融中介和非银行金融中介。金融中介的核心问题是研究金融中介存在的原因。在古典金融中介理论中,金融中介主要起信用媒介和信用创造的作用。Fisher(1930)指出一个家庭的总效用或者说福利水平会在很大程度上受到消费者信贷市场的影响[1]。该观点本质上指出了金融中介对个人效用和经济效率的影响。20世纪60年代以后,新金融中介理论将研究范围扩展至各类金融中介。Schotens和Wensveen(1969)针对既有的金融中介理论提出了自己的质疑,他们的观点是金融中介并非是为了降低市场中的信息不对称程度而存在的[2]。与此相反,金融中介是独立的市场主体。时至今日,现代的金融中介理论随着金融业的发展而不断完善起来,这一理论对我国金融市场的发展方向具有重要的指导意义。

3. 金融职能理论

回顾文献可以看出古典的金融理论往往在静态模式下来研究金融活动,然而Merton和Bodie(1995)认为金融机构的既有形式稳定性比较差,并且总是随着金融职能的变化而改变[3]。因此Merton和Bodie在此基础上提出了金融职能理论。他们指出金融系统具有六大基本职能:支付结算、聚集资金、转移资金、风险管理、提供信息和解决激励问题。职能一是支付结算。支付结算是完成商品和服务交易的直接途径,是金融系统的基础之一。其特点是支付系统的效率随着支付手段的更新换代而不断提高,比如纸币替代了贵金属,信用卡替代了纸币。如今互联网技术的迅速发展使全球进入信息化时代,一些发达地区网络支付正在逐渐替代信用卡而成为一种重要的支付方式,可以说对现有的支付体系产生了巨大的影响。目前在互联网金融背景下,以支付宝、微信支付为代表的第三方支付平台已经被人们广泛接受,日常生活中随处可见用手机登录这些平台付款的情景。职能二是聚集资金。很明显的例子就是金融系统能够依靠银行、证券市场、股票市场等相关机制将大量闲散资金聚集在一起,然后将这些资金用于发放贷款或者其他投资。职能三是转移资金。金融系统的一个作用就是可以为在不同行业、不同时

---

[1] I. Fisher. The Theory of Interest [M]. New York: Macmillan, 1930.

[2] B. Schotens, and D. Wensveen. A critique on the Theory of Financial Intermediation [J]. Journal of Banking & Financial, 2000 (24): 1234-1251.

[3] R. Merton and Z. Bodie, The Global Financial System: A Functional Perspective [M]. Massachusetts: Harvard Business School Press, 1995.

空之间转移资金提供有效途径。职能四是风险管理。风险管理离不开金融衍生品，金融衍生品的功能最初往往是进行风险管理，如期货、期权、互换等都是为了控制风险。职能五是传递信息。在金融系统中，显然有效信息的传递可以大大减少市场的信息不对称问题，从而减少市场交易费用。职能六是提供激励。根据既有理论，激励问题的存在有可能会对金融系统的效率产生相当大的影响，而金融系统能够提供相关的有效解决激励问题的方法与措施。

（二）互联网视角的经典理论

1. 长尾理论

Anderson（2006）最早提出了"长尾"理论[1]。长尾理论的一个解释是随着技术的不断进步以及消费者个性化需求的日益增加，当商品存储、流通和展示足够便捷、销售成本极低时，需求很少的小众或冷门产品形成的众多小市场集合在一起可以产生与大众或主流产品相匹敌的大市场。长尾理论基于这样一个主要假设：市场供给十分充足，但是交易双方信息的不对称不可避免地导致了消费市场的扭曲。时至今日，互联网技术的广泛应用在很大程度上消除了各种信息交流的阻隔，例如人们只要借助搜索引擎就能使信息的搜寻变得毫不费力。而且消费者的个性化需求随着生产技术的日益进步变得更加容易被满足，这种现象使得整个市场的需求密度曲线变得扁平，呈现出"长尾"的特征。经过分析不难发现：金融交易在拥有足额抵押和担保时可以将风险水平进行很好的控制，交易成本在这种情况下也可以充分降低，从而金融供给变得非常富有弹性。综上所述，长尾理论在一定条件下也可以用于金融市场。现实情况是我国数量众多的中小微企业、创意型企业常常由于抵押担保不足、信用信息的缺乏等原因无法顺利完成融资。然而从另一角度看，正是它们的融资需求构成了金融市场的"长尾"。无法否认的是虽然单个企业的融资金额较小，但是它们的融资总量却数额庞大。借助大数据、云计算等互联网技术，互联网金融能够为传统金融无暇顾及的"尾部"市场提供个性化和低成本的金融服务。

2. 声誉理论

Kreps、Milgrom、Roberts 和 Wilson（1982）建立了声誉模型，这个模型也被称作 KMRW 模型[2]。他们证明了如下结论：参与人对其他参与人的显性或隐性支付函数或战略空间的不完全信息对均衡结果有着重要影响。但是存在一个特殊情况：只要进行足够多次的重复博弈，博弈者之间就会进行合作。该理论说明当进

---

[1] C. Anderson, The Long Tail: Why The Future of Business is Selling Less of More [M]. New York: Hyperion, 2006.

[2] David M. Kreps, Paul Milgrom and John Roberts, Robert Wilson, Rational Cooperation in the Finitely Repeated Prisoners' Dilemma [J]. Journal of Economic Theory, 1982, 27 (2): 245-252.

行多阶段博弈时，声誉在其中会起着很大的作用。可以想象企业在现阶段良好的声誉意味着未来阶段可能获得较高的收益。这就说明虽然互联网金融企业的经营模式最初风险较高，但是由于多次博弈，各参与方会为了长远利益而自发地约束自己的行为，以求获得良好声誉从而达成长期合作关系，这使得风险降低。因此可以乐观地期望：这种重复博弈下的信誉效应能够有效地保证互联网金融模式的持续稳定发展。

二、国内研究现状

（一）互联网金融的内涵与定位

关于互联网金融的内涵这一问题，学界争论非常热烈，国内各位学者从不同角度和侧重点对其进行了分析。虽然学界对互联网金融还没有一种被广泛接受的定义，但学者们普遍认可的是互联网金融是一种互联网精神与传统金融行业相结合的产物。谢平和邹传伟（2012）用一种谱系的视角来定义互联网金融：银行、证券、保险等传统的金融中介和市场与瓦尔拉斯一般均衡对应的无中介情形分别被当作了互联网金融谱系的两端，而他们把介于两端之间的各种金融形式都看作是互联网金融❶。吴晓求（2014）则给出一个较为简洁的定义：以互联网为平台构建的具有金融功能链且具有独立生存空间的投融资运行结构❷。不难看出其中"以互联网为平台"是其最基本的要素，因为这使之摆脱了物理空间的束缚。同时"金融功能链"和"独立生存空间"也是互联网金融必不可少的组成要素和最基本的特点。

在互联网金融和金融互联网的关系这一问题上，国内许多学者也从各自的角度进行了分析与论述。学界的一种观点是互联网金融与金融互联网是共生的关系。贾甫、冯科（2014）认为互联网金融其实是一种"信息金融"，它本质上是凭借互联网技术产生的金融创新模式，而金融互联网是传统意义上的金融的一种升级❸。他们指出虽然互联网金融与金融互联网在核心优势、融资方式、资金管理以及风险控制等方面差异明显，但二者在金融属性、功能以及技术属性等方面存在相似之处。吴晓求（2014）则对互联网金融评价更高，他指出互联网金融是金融发展中的一个质的飞跃，相比之下金融互联网只是手段创新而并非是"基因式变革"。他认为互联网金融和金融互联网将在市场竞争中共存，即两者是共生关系。戴东红（2014）另辟蹊径，从行为主体与参与形式两个全新的视角分析了互联网金融和金融互联网在资源配置、市场定位以及发展创新等方面的区别和各

---

❶ 谢平，邹传伟. 互联网金融模式研究 [J]. 金融研究，2012（12）.
❷ 吴晓求. 中国金融的深度变革与互联网金融 [J]. 财贸经济，2014（1）.
❸ 贾甫，冯科. 当金融互联网遇上互联网金融：替代还是融合 [J]. 上海金融，2014（2）.

自的优势，并且最终提出金融互联网和互联网金融是相辅相成、共生共赢的关系❶。另一种观点则认为金融互联网包含于互联网金融的范围内。谢平等（2014）在《互联网金融手册》中明确将金融互联网归入互联网金融的六大类型之中，他们认为金融互联网是互联网对中介和市场替代作用的一种体现。除此以外，还有一种观点认为互联网金融属于金融互联网。陆岷峰等（2014）从互联网金融和金融互联网的本质和演变的视角出发，指出互联网金融在信息技术上的优势将逐步被传统金融在自身完善升级过程中所吸取，因此他们认为互联网金融应当属于金融互联网的范畴❷。

（二）互联网金融对传统金融的影响

对于互联网金融对传统金融的影响这一问题，众多学者也纷纷论述了各自的观点和看法。宫晓林（2013）在研究后指出短期内互联网金融不会颠覆商业银行传统的经营模式和盈利方式，但从长远看来互联网金融模式应成为银行业所学习和借鉴的对象❸。袁博等（2013）重点分析了互联网金融带来的挑战，他认为互联网金融会造成"去中介化""泛金融化"以及"全智能化"的新挑战❹。因此商业银行则必须在服务功能、服务渠道和服务平台三个方面做大做强。龚明华（2014）认为，互联网金融与传统银行业之间是相互促进、相互补充和相互竞争的关系❺。一方面从积极的角度来看，传统银行服务时空的局限性被互联网金融打破，从而能够有效提高金融运行的效率，有助于提高传统银行的经营管理和风险管理水平。而从另一方面看互联网金融对传统银行业的挑战在于：分享了传统银行中间业务市场份额、有力推动了金融脱媒。郑联盛（2014）认为互联网金融在短期内和从长远来看对金融体系的影响都可能十分有限❻。他指出互联网金融并没有改变金融的本质。而且互联网技术对传统金融主要是支持和升级，并非是替代性的影响。

（三）互联网金融的风险与监管

马克思指出，任何事物都包含着内在的矛盾性，事物内部矛盾双方的统一和斗争推动事物的发展。当然互联网金融也不例外。当前互联网金融方兴未艾，由于相关法律法规等监管环境的不完善，我国互联网金融的发展存在着种种可能的风险。国内学者对互联网金融发展过程中存在的问题与风险进行了一系列的研

---

❶ 戴东红. 互联网金融与金融互联网的比较分析 [J]. 时代金融，2014（2）．
❷ 陆岷峰，汪祖刚，史丽霞. 关于互联网金融必须澄清的几个理论问题 [J]. 桂海论丛，2014（6）．
❸ 宫晓林. 互联网金融模式及对传统银行业的影响 [J]. 南方金融，2013（5）．
❹ 袁博，李永刚，张逸龙. 互联网金融发展对中国商业银行的影响及对策分析 [J]. 金融理论与实践，2013（12）．
❺ 龚明华. 互联网金融：特点、影响与风险防范 [J]. 新金融，2014（2）．
❻ 郑联盛. 中国互联网金融：模式、影响、本质与风险 [J]. 国际经济评论，2014（5）．

究，提出了相关监管措施的建议。

李博和董亮（2013）提出互联网金融的发展面临的问题有如下三点：行业内部自律欠完善，外部监管及法律规范缺失；信用信息透明度低，违约代价较小；技术存在潜在风险，平台不安全❶。龚明华（2014）认为当前的互联网金融发展存在三个方面的问题：一是安全性问题，其中包含客户的资金和信息安全。二是合规风险，包括金融机构的违规金融活动的风险。三是系统性风险，即可能对整个金融系统进行风险传染。许荣等（2014）分析了互联网金融在发展中可能存在的风险并指出对信息的管理、分析和使用不当可能会引发信息不对称风险；社会信用体系的不完善等问题可能会引发流动性风险和道德风险；人为或外部疏漏将导致操作风险的发生❷。更进一步，他们研究了互联网金融的不同模式所存在的风险：第三方支付的风险主要有操作风险和信息安全风险；电商小贷则存在违约风险；P2P 网络借贷存在信息安全风险和操作风险；众筹融资主要存在法律法规缺失以及监管缺位的风险。魏鹏（2014）提出目前互联网金融存在的风险主要有经营主体风险、法律合规风险、技术操作风险、市场流动风险、资金安全风险以及货币政策风险❸。

在互联网金融的监管这个问题上，龚明华（2014）认为风险监管应当做好三点：一是加强互联网金融企业的风险管理，提高互联网金融企业的风险控制能力。二是加强行业自律与合作，促使互联网金融行业依法开展各项金融活动。三是借鉴传统金融企业的监管规则，完善相关监管政策法规。谢平等（2014）则从另一角度分析后得出互联网金融不能够采取自由放任的监管理念，而应当以监管促发展，在合理的监管下支持和引导互联网金融的发展。在探讨对互联网金融机构的监管方法中，谢平等学者借鉴了美国在相关方面的监管措施和法案。

（四）我国互联网金融的现实与未来

学界对于互联网金融的现实与未来的论断大致可以分为"颠覆论""中立论"和"工具论"三类。谢平等（2014）持有"颠覆论"观点，他认为互联网金融完全是一种创新的融资模式，它在本质上有着不同于以传统银行为代表的间接融资和以资本市场为代表的直接融资的特性。谢平等持有的观点是：将来互联网金融将会对传统金融业产生颠覆性影响，即有可能完全替代银行和资本市场，在未来传统金融可能仅作为互联网的一种工具形式而存在。持"中立论"观点的吴晓求（2014）认为互联网金融方兴未艾，并没有形成一个完整的功能链条。因此他认为互联网金融和传统金融应该是一种共生关系，并非对立。陈志武

---

❶ 李博，董亮. 互联网金融的模式与发展 [J]. 中国金融，2013 (10).
❷ 许荣，刘洋，文武健，徐昭. 互联网金融的潜在风险研究 [J]. 金融监管研究，2014 (3).
❸ 魏鹏. 中国互联网金融的风险与监管研究 [J]. 金融论坛，2014 (7).

(2014)认为,互联网金融只是传统金融在销售渠道和获取方式上的创新。他认为互联网金融不可能替代传统金融,它的兴起只是因为金融市场的不发达和融资渠道不畅给予了它发展的空间❶。王国刚和张扬(2015)则持有"工具论"观点,他反对互联网金融可能颠覆传统金融的观点❷。他们认为虽然P2P网贷、支付宝等互联网金融运作方式发展迅猛,但它们的资产规模仍然较小,不可能对金融机制产生太大影响。但毫无疑问的是互联网金融作为一种"金融工具",是传统金融的良好补充。

三、对国内外研究现状的评价

国内外学者从不同角度对互联网金融进行了大量研究,获得了丰硕的成果。这些研究对于正确认识互联网金融的内涵、了解互联网金融的发展和趋势、促进互联网金融的发展都有理论指导意义,也为本书的研究奠定了重要的理论基础。但是,从现有相关研究的情况来看,关于互联网金融的研究存在着以下不足之处。

一是从现有文献来看,研究互联网金融与小微企业融资问题的文献较多,而全面系统研究互联网金融对实体经济的影响的文献相对较少。小微企业和创意型企业是我国国民经济增长中最活跃的部分之一,它们对于促进我国市场经济的繁荣发展、优化产业结构功不可没。但是这类企业往往受到诸多因素的制约,只能凭借内部资金进行扩大生产,甚至还被迫借助成本代价高的民间借贷融资。小微企业和创意型企业融资难的问题一直是其发展壮大的瓶颈。因此,国内学者就互联网金融解决我国小微企业和创意型企业融资难的问题开展了充分的研究。但是一方面,互联网金融对实体经济不仅仅是具有促进作用,如果互联网金融行业出现过度膨胀的现象,则会对实体经济的发展带来潜在隐患,并进一步导致互联网金融同实体经济之间的结构性失衡。另一方面,互联网金融如何促进我国供给侧结构性改革,以及如何协调与融合互联网金融与实体经济的碰撞也是我国互联网金融研究的当务之急,而目前针对这些问题的研究显得相对不足。

二是针对互联网金融与传统金融的关系的研究相对较多,而研究互联网金融与金融体系改革创新关系的文献相对不足。多数学者持有这样的观点,即互联网金融不仅仅给传统金融行业增添和丰富了新的经营模式和路径,也带来了前所未有的冲击与挑战。但在冲突与竞争中,传统银行业自然不能简单地去把互联网金融视为洪水猛兽而坚决予以抵制,实行自我封闭。因为从短期来看互联网金融必然无法在任何一个方面替代传统金融,传统金融业正确的做法是尽快升级转型自身的服务模式和理念,充分发挥自身的先天优势。另外,传统金融业必须和互联

---

❶ 陈志武. 互联网金融到底有多新[J]. 新金融,2014(4).
❷ 王国刚,张扬. 互联网金融之辨析[J]. 财贸经济,2015(1).

网金融业进行广泛而全面的合作才能相辅相成，实现互利而且共赢。关于互联网金融与金融监管制度创新的问题，本书提出了打破现有体系内"分业监管"的机制，对互联网金融产品做认定归属；转化传统监管模式为以负面清单为主的市场合规监管；尊重市场主体间签署的合法契约；在监管手段方面，建立信息共享的企业、个人征信体系这些创新。

三是关于促进我国互联网金融健康发展的政策研究比较笼统和片面。国内学者在我国互联网金融支持政策研究方面往往系统性不足。本书则从促进互联网行业健康发展的监管机制和营造互联网金融健康发展的社会环境两个方面，系统性地对互联网金融支持政策这一问题进行了研究。

第三节　互联网金融的研究思路、研究方法与创新之处

一、研究思路

本书共分为十一章。第一章是导论，主要介绍本书的研究背景与意义、互联网金融的国内外研究文献综述及评价，以及本课题的研究思路、研究方法和创新之处。第二章是互联网金融历史脉络与发展现状，主要介绍互联网发展简史、互联网金融发端以及互联网金融和传统金融的联系与区别。第三章是互联网金融表现形式及作用机理，主要介绍互联网金融的内涵和外延、互联网金融的重要特征和相关理论及互联网金融的职能与作用。第四章是互联网金融的发展概况及未来展望，主要介绍国内外互联网金融的发展概况和互联网金融的未来发展趋势。第五章是互联网金融商业新模式案例，主要介绍了我国国内互联网金融的一些创新模式案例。第六章是互联网金融与金融互联网的区别，主要介绍了金融的实质和主要类型、传统金融机构的互联网化以及互联网企业的金融服务。第七章是服务实体经济：宏观经济中的互联网金融，主要介绍了互联网金融促进中小微企业、创意型企业发展的作用以及互联网金融对实体经济发展的影响。第八章是互联网金融与金融体系改革创新。这一章主要介绍了互联网金融与金融监管制度的创新，从市场准入与金融服务业的开放两个角度论述了金融体系创新的政策建议。第九章是互联网金融风险剖析，主要介绍互联网金融自身的技术风险和在业务开展中产生的一些风险。第十章是促进互联网行业健康发展，这一章从多个层面论述了以监管促发展的思想。第十一章是构建互联网金融健康发展的新环境。这一章将互联网金融所处的环境分为社会环境、硬件环境和市场环境，针对这三个角度分别论述了如何去优化互联网金融的发展环境。

二、研究方法

1. 规范分析与实证研究相结合

本书在系统地搜集国内外学者关于互联网金融的发展、现状及演变趋势等方面的学术文献、案例及有关统计数据与资料的基础上,利用规范分析研究我国互联网金融发展的现状、特征、构成、存在的问题以及政策支持等,使用面板固定效应模型结合我国省级数据进行了互联网金融的实证研究,最终提出相应的制度安排与政策完善措施与对策建议。

2. 比较研究方法

本书在关于互联网金融创新与政策的研究过程中,尤其是在案例研究部分,较多地使用了比较研究的方法。本书结合国际上主要国家互联网金融发展的现状、特点以及主要政策,并以此为基础详尽而又不失精炼地比较了中外政府在相应制度安排与配套政策方面的差异。目的是为我国政府相关部门完善与改进现行互联网金融政策,提供政策与制度创新路径选择。

3. 归纳总结方法与经验借鉴方法相结合

在互联网金融创新与政策研究中,采用归纳总结方法与经验借鉴方法相结合,针对我国互联网金融创新过程中存在的不足之处以及已有的经验总结,提出互联网金融创新的总体思路,并提出相关的政策建议。

4. 其他方法

本书的研究还要应用现代管理科学常用的其他研究方法,如统计分析法、案例研究法、归纳分析法等。

三、创新之处

(一) 研究视角创新方面

从本质上讲,进行互联网创新的主要目的是作为一种驱动力下实现高质量的经济增长。本书广泛采用系统分析的全新视角,对互联网金融与金融体系创新相结合的内在机理进行了深入研究,全面分析二者间的动态联系,而过去关于这方面的研究相对较少。只有在仔细剖析互联网金融创新与金融体系两者关系的基础上,才能完美实现最终的经济效益最优化目标。

(二) 研究方法创新方面

本书系统深入地分析了我国互联网金融的历史脉络与发展现状、表现形式及作用机理、发展概况及未来发展趋势、国外互联网金融发展概况、宏观经济中的互联网金融、互联网金融与金融体系改革创新,剖析互联网金融风险等。其中规范分析与实证分析相结合、归纳总结方法与经验借鉴方法相结合的研究方法是一大亮点。

（三）对策研究方面

与以往文献不同，本书在对我国现有互联网金融发展对策进行总结的基础上，分析相关政策文件和法律规章制度在实际中的不足之处，并从促进互联网行业健康发展的监管机制、营造互联网金融健康发展社会环境两个角度分别提出创新性的建议，对我国互联网金融创新发展具有重要意义。

◀ 第二章

互联网金融的历史脉络与发展现状

第一节 互联网发展简史

一、20世纪50年代起源

20世纪50年代，互联网初现端倪。1957年，苏联发射了人类第一颗人造地球卫星"伴侣号"。这颗人造卫星的发射成功是人类航天时代来临的标志，在政治、军事、科学、技术等领域都带动了新的发展，更是苏联与美国之间航天技术竞赛的一个开端。作为响应，美国国防部组建了高级研究计划局，逐渐将科学技术运用到军事领域中。

二、20世纪60—80年代逐渐发展

1961年，来自美国麻省理工的研究学者发表了论文，仔细阐述了与分组交换相关的技术。这就是互联网标准通信方式的起源技术。

到了1969年，美国国防部高级研究计划署开始启动了具有抗核打击性的计算机网络开发计划"ARPANET"，这是因特网的最早起源，也是现代计算机网络诞生的标志。

从60年代开始，ARPANET网络开始由计算机公司和大学共同研发，主要还是用于军事研究目的。美国相关部门要求，ARPANET网络必须能够经受住战争故障的考验。当战争发生时，网络若有一部分受到攻击，那么其余部分仍然可以维持正常的通信工作。ARPANET网络还对TCP/IP协议簇的开发和利用有着重要的贡献，有效地解决了网络互联的相关理论和技术问题。

1971年，美国工程师雷·汤姆林森（Ray Tomlinson）开发出了电子邮件。从这之后，ARPANET的技术逐渐普及，大学、研究所及科研机构都将此技术运用到研究中。

从1983年起，ARPANET网络分裂成两部分，一部分ARPANET网络作为普

通用途，另一部分是作为纯军事用途的 MILNET。与此同时，局域网和广域网也进一步推动了因特网的发展。美国国家科学基金会 ASF 建立了 NSFNET，引起了世界的关注，NFSNET 在整个美国建立了计算机广域网，这一广域网按照美国的不同地区划分，并且将这些地区的网络和超级计算机中心都互联了起来。

1988 年，美国伊利诺斯大学的学生史蒂夫·多那（Steve Dorner）在研究前人成果的基础上，进一步开发了新的电子邮件软件"Eudora"。

三、20 世纪 90 年代至今不断完善

1990 年 6 月，APRNET 被 NFSNET 彻底取代，NFSNET 成了因特网的主干网。

NFSNET 的一大特点就是使得因特网开始向全社会开放，不同于以往的仅仅在研究机构和军事领域使用。

同年 9 月，Merit、IBM 和 MCI 公司联合建立了一个先进网络科学公司 ANS，这个非营利组织旨在建立一个全美范围内的主干网，到 1991 年年底，NFSNET 的全部主干网都和 ANS 提供的主干网相连通了。

1991 年，欧洲粒子物理研究所的科学家提姆·伯纳斯李（Tim Berners Lee）开发出了万维网，并且开发出了最早最简单的浏览器，自此，互联网在社会中逐渐普及开来。

1993 年，真正的浏览器"Mosaic"出现，这是由马克·安德里森（Mark Andreesen）等人在伊利诺斯大学美国国家超级计算机应用中心研制出的浏览器，这款浏览器一经推向市场，互联网就在社会上开始普及。

第二节 互联网金融发端

早在 21 世纪初，P2P 这个词刚出来的时候，大部分人并不清楚 Peer-to-Peer 的本意是计算机资源对接的意思，"Peer"这个词在英语中具有"同等地位的人""伙伴"的含义，P2P 模式还被财富杂志列为未来会影响因特网的科技之一。纵观现代互联网金融的发展，我们将其历程分为以下几个阶段。

一、2007—2012 年：发展初期

互联网金融最早的发端还可以追溯到 2005 年之前英国最早出现了 P2P 网络借贷模式，这样的模式相对于传统银行具有灵活性更好、投资回报率更高等优势，很快就在全球范围内传播开。但在这个阶段，还没有出现真正意义上的互联网金融业务，而是主要体现为互联网为银行的业务转移到网络上提供路径，金融

机构需要互联网的技术支持，由此结合。

2005 年之后，网络借贷在我国开始萌芽，上海作为我国的金融创新基地，出现了第一家 P2P 网络借贷平台。此后，我国的第三方支付模式逐渐在人民的生活中流行起来，互联网与金融不仅在技术上互相配合互相促进，更拓展到金融业务领域。

到了 2011 年，互联网金融公司的主要发展业务是借款业务，在这一阶段，互联网金融发展平平，并不十分活跃。截至 2011 年年底，全国共有 20 多家 P2P 网络借贷平台，主要活跃的平台大概有 10 家，交易金额累计约 5 亿元，有效投资者不到 3 万人。

这一阶段可以被定义为互联网金融的萌芽阶段，在这一阶段，由于互联网普及程度、移动端互联网普及程度、金融理财观念等客观因素的影响，互联网借贷平台并没有出现爆炸式增长。2011 年，人民银行开始关注第三方支付机构的发展规范化问题，没有发放第三方支付牌照的支付机构被遏令停止运营。人民银行的参与监管是具有标志性的事件。

对于这一阶段来说，早期的金融淘金者，大部分原先都是做技术的，在金融交易实战方面不具备丰富的经验。即使他们考虑到了公司的长远发展以及整体产品设计，但由于当时国内的个人信用机制不完善、信用数据不健全等因素，致使各大 P2P 平台坏账率越来越高。但在早期，这一现象并没有引起广泛的注意。纵观整个客观环境，传统金融业和相关监管机构对于网络借贷平台萌芽阶段的发展情况并没有太过重视，这给了互联网金融继续发展的机会，并且有空间和时间内部消化一些不良反应，同时，也为后一阶段的爆炸式增长打下了基础。

二、2012—2013 年：快速扩张期

2012 年起，借款平台具有了一定的地域性，并在不断发展的过程中累积了一定的线下借贷经验，规模逐渐增加，全国的 P2P 网络借贷平台呈现出井喷式增长的状态。2012 年年底，平台数量达到了 240 家左右，相比前一年增加了近 10 倍，月成交金额超过了 30 亿元，有效投资人有 2.5 万~4 万人。

2013 年是互联网金融飞速扩张的一年，P2P 网络借贷模式发展进度十分迅速，在互联网背景下，传统的银行、券商纷纷开始建设线上创新型平台，将有关业务重新整合上线。与此同时，众筹融资平台也逐渐在互联网金融的大潮里崭露头角。第一家专业网络保险公司获批，政府部门对互联网金融的规范发展问题给予越来越多的关注。

三、2013—2014 年：爆发期

2013 年开始，国内 P2P 网络借贷平台开始进入了一个爆发期。国内的借贷

平台在这一阶段内呈现出爆发式的增长，仅一年时间，就增加到600多家，有效投资人更是突破了10万人。根据数据显示，2013年年底，月成交金额达到了110亿左右。

这段时期，互联网金融的发展已经不再局限于电脑终端，移动支付逐渐渗入人们的生活中，支付宝、微信支付、手机团购、微信订票、手机借贷等模式，无不彰显着一个事实，手机已经逐渐成了各种消费的支付终端。2016年春节的全民抢红包热就是互联网金融与传统金融对弈的典型例子。据统计，在除夕当天，微信红包的收发总量超过了10亿个。在微博上，超过1500万的微博用户分享了明星和商家送出的1亿多个红包。

在爆发式增长的这一阶段内，尚在创业中的P2P借贷平台采用的主要是线上线下协作的模式。在线下，借款人主要还是以当地人为主，平台能够充分地考察借款人的实际资金流向、还款能力以及抵押资产，使借款的风险最小化。2013年之前，还并未出现爆炸式的增长，2013年之后，投资者数量猛增。在需求大于供给的情况下，平台为了在同质化竞争中获得优势，开始盲目扩大交易规模，发展客户。一些平台为了吸引投资者，夸大宣传与担保公司的合作，并且采用一些华丽的营销手段或以某大股东投资的名义，让投资者的欲望不断膨胀。截至2014年年底，有效投资人井喷到了50万人左右。其中，许多平台的实力与宣传并不匹配，供给与需求也出现了混乱的局面，这一阶段存在众多不足需要我们去反思。

四、2014年至今：政策调整期

2014年之后，活跃平台的数量增加到了将近2000家。2014年年底，购买互联网理财产品的网民有7849万，到2015年年底，又增加了1%的规模，达到了9026万的购买人数。2016年中国互联网络信息中心发布的报告称，2016年6月，我国购买互联网理财的网民数量已经突破1亿。根据《2016年P2P网贷移动应用行业报告》的统计数据，截至2016年6月，我国移动P2P网贷用户规模达到9600万，到2017年已经实现用户数量破亿。随着理财观念的大众化和互联网技术的相关支持，互联网金融的发展不断推广，展现出了平台化、智能化、场景化的趋势。

随着互联网金融的逐步发展，规范监管也跟上了步伐。2014年，我国明确提出要支持互联网金融合理化发展，并通过线下建立互联网金融创业园区来配合线上的发展。这样的环境下，原先对互联网金融这块业务跃跃欲试却又有所忌惮的企业家们正式涉足了互联网金融这块领域。企业家们进军的方式也各不相同，有的直接成立P2P借贷公司，更多的则是选择收购、入股等方式。

2015年十二届全国人大三次会议上，有记者提问关于互联网金融的监管办法大概何时能够出台时，周小川行长回答时明确指出要将借贷市场区别对待，应该将互联网金融纳入民间金融的范畴中。此外，还指出，对于互联网金融，人民银行不仅要鼓励支持互联网金融的创新发展，同时也要加强对互联网金融的适度监管。

互联网金融迅猛的势头使得银行也开始谋求其他的发展，尝试推广的是金融互联网，这与互联网金融下的P2P模式是不同的概念，将在后文展开详细的阐述。无论什么样的金融形态，首先还是要强调风控团队的作用，目前国内的信用体系下互联网金融模式还存在较大的经营风险，贸然开展业务极有可能触犯相关政策法规。并且无论哪一方，由探索到规范是一个不断完善的过程，有关监管部门在这个过程中更需要以一种循序渐进的态度来面对。新事物的出现，不是一下子就能够被社会各界所接受的，会有赞成的、质疑的，甚至反对的声音，这样的尝试需要冒险精神，因为可能尝试成功，也可能尝试失败，都需要付出一定的尝试成本。

第三节　传统金融和互联网金融的联系与区别

一、传统金融的概念

金融被定义为是包括货币流通、信用活动以及相关联的经济活动的总称，简单来说金融就是指资金的融通。狭义的金融指的就是信用货币的融通过程，而广义的金融则是泛指一切与货币的发行、流通、兑换、回笼，存款的存入和提取、贷款的发放和收回等经济活动。

一般来说，只具有存款、贷款和结算三大传统业务的金融活动被称为传统金融。传统金融是建立在实物基础之上的金融活动。

二、互联网金融与传统金融加速融合

（一）互联网金融是传统金融的有力补充

目前，我国的经济发展已经进入了结构调整期，宏观经济整体的结构性特征是增速换挡、结构调整、前期刺激消化三期叠加的。国家目前着力进行供给侧改革，其主要内容就是从供给侧、生产端入手，不断解放发展生产力，促进产业竞争力提升，提高经济实力，更要解决不良贷款的问题，这与系统性风险的高低也是密切相关的。国家进行金融改革的目的也是要增加金融有效供给，降低金融系统性风险。目前经济转型中还存在供给侧失衡的问题，互联网金融正好可以利用中国储蓄中实体经济外的40万亿元来解决这一问题。互联网金融可以从资产和

负债部分同时使用这笔资金，由互联网金融端转入实体经济中去。刺激实体经济中的增量，盘活存量，最终达到去产能、去库存、去杠杆、降成本、补短板的目的。

"互联网对传统金融有着推动发展的作用。"❶ 具体来看，传统金融是"互联网+"发展的基础，"互联网+"在此基础上将有关业务融合，并创新发展。在先进技术的支持下，传统金融的服务门槛被降低，金融服务的透明度得到了提高，互联网金融推广大众金融、普惠金融、消费者金融等不同金融类型，将社会资产重新优化配置。互联网金融还积极促进产业转型升级，系统性金融风险得以防范，金融系统稳定程度提高，金融服务实体经济的效率也得到提高，有利于缓解目前银行不良率渐增的局面。

互联网金融中独有的互联网特性突破了传统金融的瓶颈，为各类服务对象提供无差别全方位服务，解决了"长尾问题"。原本在传统金融条件限制下无法进行交易的人都可以通过互联网金融随时随地进行交易。

互联网金融具有的数据优势也是传统金融无法匹敌的。大数据、云计算等技术为平台的风险控制管理提供了支持，在这些支持下，消费者以及小微企业的金融需求能够得到更多重视，更有针对性地解决问题。这也符合当前我国金融改革的发展要求。给予一些行业和小微企业更多的金融支持，使得资源配置的方式改变，有利于这些企业适应新常态、增长新动力，为经济增长点做贡献，也可以进一步促进金融行业市场化。

（二）互联网金融产业发展为传统金融发展扩大视野

对于传统银行而言，互联网金融为其提供了新的发展机遇。首先，在互联网金融不断发展的背景下，交易成本的不断降低刺激了行业的竞争，行业不得不谋求更好的发展方式节约成本。其次，互联网金融的普及使得客户的覆盖面增大，服务的口径不断扩展。最后，银行也需注意风险控制的问题。客户的身份信息和操作信息都是银行在风险控制中需要注意的信息。客户通过互联网平台交易必然会留下大量的交易记录，这也更需要有关部门和相关监督机构积极主动采取措施推动金融业的规范发展。

在交易前，互联网金融利用智能搜索引擎高效地检索信息，并对信息进行组织排序，满足用户的金融需求。用户还可以在各大电子商务平台以及门户网站上搜索相关金融信息，相当部分信息是个人和企业不会披露的，而互联网技术能够解决这一困扰。在交易过程中，互联网金融能够利用联网优势实时获取供求双方的动态，风险评估定价时也可以根据信息处理后的连续的动态信息序列来进行。

目前，我国的互联网金融呈现出一派"百花齐放、百家争鸣"的繁盛景象，

---

❶ 钟伶颖. 互联网金融和传统金融的对比［J］. 科技经济市场，2015（10）.

互联网金融深入了全国各地，渗透到普通人的日常生活中，创新发展的氛围十分浓厚。

腾讯 CEO 马化腾评论说，互联网信息技术对于传统金融行业的影响就如同电的发明对于工业发展的影响一样重大，互联网与其他产业的结合将产生无数的可能性。例如电子商务就是互联网与零售业、流通行业、百货商场的一个融合。金融业也是这样与互联网技术结合后形成互联网金融。之前互联网技术发展刚起步时，网银支付都鲜有人用，更不用说支付宝、微信支付这些第三方支付了。手机充值、生活缴费、网上借贷等也是在支付功能成熟之后发展起来的。以前银行对于用户、商户的个人经济、征信情况等数据了解起来难度较大，但随着信息技术的成熟，银行很容易通过互联网查询到用户的个人信息，业务开展起来就方便了许多。互联网金融为传统金融的发展也扩大了视野。

三、互联网金融与传统金融相互博弈

传统金融行业的核心业务主要是针对一些大企业的，对于中小企业和个人客户，传统商业银行并没有给予太多的重视，而互联网金融恰恰以这些分散的个人客户和中小企业为主，在各种支付技术发展的条件下，将这一块传统银行忽视的地方利用起来，由此受到了欢迎和支持。并且相对于传统金融行业来说，首先，互联网金融业务量大，虽然单笔量不一定高，但交易笔数规模很大；其次，互联网金融交易范围十分宽泛，准入门槛较传统银行稍低，大部分市场上的企业、个人都能在其中找到适合自己的产品；最后，互联网金融的交易方式简单高效，传统金融往往手续烦琐、周期长且收益较低，互联网金融的出现打破了这一状况，资金的操作与交易通过互联网就能轻松实现，简便快捷，交易成本大大降低，风险控制能够更好地实现。互联网金融与传统金融可以说是"相爱相杀"，相互博弈，具体体现在以下几个方面。

（1）运营成本存在差异

相比于传统金融，互联网金融无须银行、证券交易所等中介机构的存在，因此中介费用也无须交易双方分摊。资金交易双方能够直接在网上进行资金的匹配选择、交易、结算等。通过互联网，就能够实现贷款的发放、股票债券的买卖交易等。这样的市场具有更高的透明度，投资者能够更便捷地参与到交易中来，便捷的操作、无中介的状态也使互联网金融运营的成本大幅降低。此外，互联网金融的主要平台就是网络平台，不需要传统金融的实体营业网点，这使得互联网金融比传统金融更具有优势。某第三方支付公司的 CEO 称互联网对于降低金融服务成本有优势。不久的将来，互联网金融将凭借其具有的海量数据条件，使参与交易的各类客户最大限度地降低交易成本，享受互联网金融带来的好处。

（2）运营模式存在差异

从运营模式角度来看，互联网金融与传统金融有相同的模式，都是与互联网

相关联的模式，但不同的是这两者的运营方向完全相反。传统金融自身的线下实体服务基础比较扎实，并在此基础上向线上服务发展，提升服务的质量与效率。但传统金融在资金流通的过程中，主要还是作为媒介出现，主体业务利用现有的服务网点，针对大企业大客户提供直接有形的服务。传统金融的运营对象主要是具有较高信誉度的大规模企业，小微型企业并没有得到太多的重视。

互联网金融是基于互联网产生的，其主要业务还是在线上运营，运营从线上往线下发展，利用自身的便捷优势，将业务做得更加扎实。针对中小企业的融资问题，互联网金融作为直接融资的一个渠道，给予这些企业更便利的服务，对于民间借贷发展的规范化、合理化也具有促进的作用，同时推动了经济的发展。

（3）市场信息对称度存在差异

现在是信息化的时代，信息优势在许多方面的重要性越来越明显，越能够抓住有效信息就越能够高效发展。互联网金融所特有的优势就是能够抓取最新的信息，在大数据、云计算、各大搜索引擎的支持下，互联网金融平台利用技术手段，将网络上的碎片信息整合，并根据整合后的信息分析客户的需求，匹配后定向推广自己的产品，客户和平台之间信息对称程度更高，信息搜索成本也降低，对于交易双方都起到了一定的黏合作用。反观传统金融，对于用户信息的抓取和处理方面还存在着欠缺。但是也逐步意识到了大数据的优势，开始利用大数据、新媒体等技术设置网上银行、手机银行、微信服务号等来降低信息不对称的程度。

（4）操作方式存在差异

在交易方式上，互联网金融统一了网络集中支付和个人移动支付；传统金融的支付形式还是通过网点分散支付。互联网金融的交易通过在网络上直接发布信息来实现资源配置。资金供求双方之间不存在诸如银行、券商这类的交易中介，自行寻找和匹配交易对象，省去了中介环节；传统金融则还是需要在银行、交易所等中介机构的介入下对买方和卖方进行匹配交易，完成资金的流通。在交易的处理上，互联网金融完全是通过网络来处理信息及评估风险。在整个数据云计算的支持下，资金投资方在网络上进行操作进行投资，卖方也根据标准进行数据信息处理，并将信息公开化、透明化，以减小违规操作的风险，效率高、准确性高、规模化程度高，具有动态实时处理的特点。传统金融的交易信息绝大部分还是通过人工进行处理的，信息处理相对滞缓，不能及时反映信息处理情况。与互联网金融相比，效率、准确性、规模化程度都相对较低，是一个静态的处理形式。

可以预测，将来互联网金融的发展会更加日常化、多样化、细致化。目前，我们日常所需的网络购物、手机充值、生活缴费等业务基本都全面实现了网上结算。平日人们足不出户就可以获得许多生活所需，节约了大量的时间和精力，生活的便捷程度大大提高。但同时，互联网本身也是一把双刃剑，对金融也有影响，所以互联网金融也面临着挑战和风险。

（1）流动性挑战。资金市场存在一定的流动性，资金在季度、半年度、年度都会发生一定的变化，产品、设计等也包含一定的流动性，倘若仅将产品做成 T+0 模式是不符合大家的需求的，还需根据流动性来设计多样化的产品。

（2）周期性挑战。18 世纪以来，存在一个一直无法避免的经济行业尤其是金融行业的周期问题。每个经济周期中的衰退期都对经济发展造成恶劣的影响，整个行业发展都非常不景气。互联网金融在发展中也不可避免会遇到这一问题。

（3）投资者挑战。投资者在选择产品时并不一定能完全理解产品各方面的特点，一些追求高收益的投资者其实并不具备承受高风险的心理素质，这样造成的心理落差对互联网金融工作者来说也是一个挑战。

（4）监管挑战。"人民银行对于互联网金融的监管还处在不完善的状态中，传统金融与互联网金融之间并不是泾渭分明的，还存在许多交叉的地方。"❶ 当监管仍处在改革转型期时，如果将互联网金融和传统金融完全分开监管，对产品的开发和业务的发展是十分不利的。并且监管存在的欠缺之处也让投资者存在一定的忧虑，已经不止一个平台发生欠款倒闭事件了。

（5）投机性挑战。互联网金融发展之势如火燎原，许多投资者看到有利可图就出钱投资建立互联网平台，没有经过深思熟虑的投机性行为其结果往往是很快就亏本倒闭，被别的平台取代。这样的投机性挑战既不利于平台自身发展，也不利于整个行业的发展。

（6）信息不对称挑战。相对于传统金融，互联网金融已经将信息不对称的情况减少了很多，可以共享的信息都可以被各方搜索到。但仍存在大量的信息不对称之处，P2P 平台与投资者、P2P 平台与监管机构、平台与平台之间为了各方的利益都有隐藏的信息，许多数据不被共享。

综上所述，互联网金融的存在冲击了传统金融的发展，但人们尚未能完全摒弃传统金融。面对互联网金融的大力冲击，传统银行没有束手就擒，纷纷出招应对传统银行的冲击，整合调整相关业务已经刻不容缓，也有必要将一些业务转型升级进行创新型发展。目前来看，银行的移动（网络）支付业务还算有一定的优势，而支付结算的职能是必须从以下几个方面来考虑转型升级。

（1）功能升级。传统银行原有的网银虽然属于银行和互联网技术的一个结合，但发展一直比较缓慢，许多功能缺失，流程也不够完整流畅，所以在互联网金融的冲击下溃败。银行有必要重视网银，完善网上营业厅的功能，优化网上业务办理流程，将网银做成银行特色的互联网金融门户。

---

❶ 刘英，罗明雄．互联网金融模式及风险监管思考［J］．中国市场，2013（43）．

（2）扩大覆盖范围。在完善网银功能的基础上，对于移动端以及网上支付功能的维护也是必不可少的。将支付范围的覆盖面扩大，让用户能够随时随地使用移动支付功能。且要推进营销策略，抓住客户资源，提高客户覆盖率。

除了基本措施，传统银行还进行了创新整改，利用多种多样的措施提升自身的竞争力。比如将线上和线下业务相结合，建立自身的网络贷款平台、社区银行、网上理财等，这些措施在一定程度上都对反击互联网金融起到了一定的作用。

四、互联网金融的主要特征

（1）成本低

实体金融需要在实体交易场所来完成交易，而互联网金融的交易是在网络平台上进行的，资金的供求双方通过网络平台选择交易对象、交易内容等，这样公开透明的交易方式让交易双方都避免了传统中介、交易成本、垄断利润的负担。一方面，消费者能够简便快速地找到需要的金融产品，受信息不对称影响大大减少；另一方面，金融机构的运营成本有效减少，不再需要开设过多的营业网点。这样交易双方充分利用信息来选择匹配、定价和交易，交易成本远小于传统金融模式下的交易。

（2）效率高

传统金融的实体交易中，漫长的排队等候几乎是常态，客户虽无奈却也不得不等待，长期下来用户体验很差。而互联网金融是基于网络技术来操作的，流程清晰、方便快捷。在互联网金融标准化流程的服务下，客户可以简便地完成交易。拥有更好的交易体验。例如现在已经成为"信贷工厂"的阿里小贷，利用电商积累的信用数据库，挖掘数据并分析，利用大数据调查客户资信状况，使得客户从申请贷款到发放只需要不到一分钟的时间，平均每天完成贷款近万笔，交易量大并且效率高。

（3）覆盖广

时间、空间及地域等因素的限制使得实体金融的发展会遇到更多的阻力，互联网金融模式下的发展则减少了很多这样的阻力。一方面，时空限制被打破，客户能够不限时间、不限地点地寻找需要的金融资源，并且实现交易，互联网金融的服务形式更为直接，服务范围覆盖更为广泛，客户基础更为众多。另一方面，小微企业是互联网金融的主要客户，这样的服务能够使得资源更为有效的配置，填补了传统金融服务的盲区，对于实体经济的发展有着促进的作用。

（4）发展快

一方面，互联网金融依靠自身发展；另一方面，大数据和电子商务也给予了互联网金融强大的推动力，互联网金融借此发展更加迅速。纵观国内互联网金融平台的发展，余额宝、理财通等是目前发展形势最好的几家大型互联网金融平台。余额宝上线不到 20 天，用户数量已经超过了 250 万，资金交易额也超过了 66 亿元。目前余额宝的规模突破了 8000 亿元，是目前市场上最大的公募基金。现在市场上的理财公司绝大部分都是与互联网金融相关联的，纯粹的传统金融公司在竞争日趋激烈的市场上已经无法立足，客户需求也更多地向互联网金融靠拢。

(5) 管理弱

不可否认，我国互联网金融的管理一直是短板，管理的不到位一直存在诟病。首先，风控弱，到现在，人民银行的征信系统中还不包含互联网金融，互联网金融的风控、合规和清收机制都不完善，也无法共享信用信息，风险问题频发。其次，还存在监管弱的问题。我国的互联网金融虽然发展快，但是相关监管和配套法律管制还没有跟上，存在政策和法律风险，缺乏行业规范和准入门槛。

(6) 风险大

一方面，网络安全风险问题大。我国的互联网建设技术还不够成熟，存在许多漏洞。被网络金融诈骗的人也不在少数。一旦遭遇黑客攻击，客户的资金安全和个人信息安全也得不到保障。因此，要重视网络安全保障问题。另一方面，信用风险也不小。我国的信用体系的完善度有待提高，利用互联网金融的空子赚取利润的事屡见不鲜。由于法律体系建设不完善，经常有平台做一些打法律擦边球的事，甚至违约跑路，恶意骗贷的事情也层出不穷。媒体接二连三报道了淘金贷、安泰卓越、优易网等 P2P 网络借贷平台的倒闭事件，这些都是由于 P2P 平台自身管理不当，监管力度也不够强，从而造成的违法行为。

第三章 ▶

互联网金融表现形式及作用机理

近几年来,互联网与金融掀起了一股创新热潮。在支付结算领域,第三方支付公司已经成为网上支付的重要力量;在信贷领域,人人贷、众筹等新模式异军突起;在互联网理财领域,支付宝旗下的一款名为余额宝的产品,半年的时间已经成为中国规模达千亿元的基金。"互联网金融不仅逐渐演变成人们在经济生活中离不开的重要工具,而且给传统的金融行业带来了前所未有的发展压力。"❶因而,互联网金融越来越受到人们的广泛关注。要了解互联网金融,首先要对互联网金融的内涵和外延、发展的理论基础以及职能和作用进行相关的探讨。

第一节 互联网金融的内涵和外延

互联网在经历了 20 多年的发展后,已经逐渐向金融领域延伸,互联网金融作为金融创新的制高点,可以从内涵和外延两个方面进行解释和分析。互联网金融包罗万象,现阶段其经营模式主要有第三方支付、P2P 网贷、大数据金融、众筹、互联网金融门户、信息化金融机构等六大商业模式。

一、互联网金融概念界定

在最初阶段,互联网企业的存在只为满足电商平台支付的需要,并负责交易结算中与各家银行的对接。但是,随着电子商务在我国的快速发展,在商业银行不断借助移动互联网、大数据、云计算等新兴技术提升同业竞争力的同时,"部分互联网企业异军突起,凭借其用户基础和交易数据,在电子商务、物流等传统零售交易服务的基础上,持续增加支付、资金融通、保险代销、综合理财账户服务,实行跨界发展❷"。

---

❶ 石磊,蒋成家. 互联网金融发展分析 [J]. 时代金融,2014 (15).
❷ 任翘楚. 我国互联网金融的商业模式分析 [J]. 金融经济,2015 (12).

互联网金融是互联网行业与金融行业有机结合的新型领域。互联网金融并不是简单的传统金融技术的升级，而是"基于互联网思想的金融"，技术作为必要的支撑。目前学者对于互联网金融的概念进行了相对比较明确的界定，它涵盖了受互联网技术、互联网精神的影响，从传统银行、证券、保险、交易所等金融中介和市场，到瓦尔拉斯一般均衡对应的无金融中介或市场情形之间的所有金融交易和组织形式。互联网金融的形式可能出现既不同于商业银行间接融资，也不同于资本市场直接融资的第三种融资模式。在这种金融模式下，支付便捷，市场信息不对称程度非常低；资金供需双方直接交易，银行、券商和交易所等金融中介都不起作用；可以达到与现在直接融资和间接融资一样的资源配置效率，并在促进经济增长的同时，大幅减少交易成本。

互联网金融主要包括四大类业务类型：①支付平台，诸如第三方支付，利用互联网在收付款人之间进行货币和资金的转移。②融资平台，诸如众筹融资、P2P 信贷等借助互联网信息技术，在市场中充当金融中介。③理财平台，诸如余额宝等理财产品，利用互联网向企业和个人提供金融产品和服务。④服务平台，诸如互联网金融门户向客户提供搜索，比价并购买金融产品。

二、第三方支付

在电子商务交易的早期，汇转结算中的电汇及网上直转的一步支付方式，如果没有信用保障和法律法规的支持，在现实中经常出现，买方先付款后不能按时、按质、按量收货或者卖方先交货后不能按时如数收到价款。因此，一个在交易进行时能够提供信誉保障，并进行资金中转的第三方支付平台出现了。

（一）第三方支付的兴起

"第三方"指的是平台无资金所有权，只是资金的"中转站"，"支付"即结账和买单，"平台"即第三方支付不但进行收付款，而且为广大用户提供多种个性化的服务，满足其各种收支行为。因此第三方支付从广义上可以理解为非金融机构作为收、付款人的支付中介所提供的网络支付、预付卡、银行卡收单以及中国人民银行确定的其他支付服务。从狭义上讲是指具备一定实力和信誉保障的非银行机构，借助通信、计算机和信息安全技术，采用与各大银行签约的方式，在用户与银行支付结算系统间建立连接的电子支付模式。

第三方支付模式使得商家看不到客户的信用卡信息，同时又避免了信用卡信息在网络上多次公开传输而导致的信用卡信息被窃事件。以 B2C 交易为例，第三方支付模式的交易流程主要是：买方选购商品后，使用第三方平台提供的账户进行货款的支付，由第三方通知卖家货款到达、进行发货；买方检验物品后，就可以通知付款给卖家，第三方再将款项转至卖家账户。

(二) 第三方支付平台运营模式

由于利用第三方机构的支付模式及其支付流程可以相对降低网络支付的风险，帮助解决买卖双方的信用问题，解决电子商务发展初期的瓶颈问题，互联网早前已经获准可以通过第三方支付介入金融行业。到目前为止，央行已经发布了200多家支付机构的第三方支付牌照。国内的第三方支付平台越来越多，支付宝是国内最早的第三方支付平台，此外还有财付通、拉卡拉、微信支付、盛付通、易票联支付、易宝支付、快钱等。

根据第三方支付平台的发展路径和用户积累途径，目前市场上的第三方支付公司的运营模式可以归为两大类。

一是独立的第三方支付模式。指第三方支付平台完全独立于电子商务网站，不负有担保功能，只负责支付产品和支付系统问题的解决。这类型的模式代表有易宝支付、汇付天下、拉卡拉、快钱等。

独立的第三方支付模式有三大运作方式：①综合运作，采用该运作方式的平台不拥有像支付宝那样的先天市场优势，它们是包含货到付款、线下结算等支付方式在内的电子支付平台，快钱就是其典型代表。②垂直运作，该运作方式是不同行业支付差异的"格式转换器"，它可以解决跨行业转换的问题。例如易宝支付就是凭借网关模式立足，针对行业做垂直支付。③刷卡运作，例如拉卡拉可以满足不能进行电子化服务场所中的用户，可以不使用计算机、手机端口就能完成支付。

二是提供担保的第三方支付模式。是以支付宝和财付通为首的依托于自有的B2C、C2C电子商务网站提供担保功能的支付模式。在买卖双方的交易中，第三方支付平台提供了信誉保障。

三、P2P

P2P（Peer-to-Peer），是一种点对点的互联网金融模式，个体和个体之间通过互联网中介平台进行资金匹配，实现直接借贷。例如拍拍贷、合力贷、人人贷、宜信陆金所等。与传统的融资媒介不同，P2P网贷是一种小额信贷，其将非常小额度的闲散资金聚集起来借贷给有资金需求的人群，即是一种众多资金出借人共同承担一笔借款额的商业模式。这在一定程度上降低了借贷的风险，满足了个人的资金需求，提高了社会闲散资金的利用率，拓宽了融资渠道，推动利率市场化的进程，发展了个人的信用体系，同时还以最为优惠的利率使借贷人获得融资。

P2P产生的原因主要有以下四点：一是银行的存款利息较低，P2P的放贷人，手里有一些闲钱，放在银行利率太低，还有贬值的可能，因此利息率较高的P2P小额信贷就成为他们的一种选择。二是银行的贷款条件比较多，银行的贷款利息虽然较少，但是条件要求多，于是，门槛低且高效的 P2P 贷款就成为急于用钱的借款人的首选。三是 P2P 提供小额信贷，主要面向小微企业及普通个人用户，对于那些手中有闲钱但是数量不多的 P2P 放贷人，可以通过 P2P 获利。四是 P2P 贷款有市场存在，P2P 贷款的完成主要依赖于借款人的需求和放贷人的供给，供需关系形成后，就能产生借贷业务了。

P2P 平台借贷利率的确定，或者由 P2P 平台依据借款人的信誉情况结合银行的利率水平确定，或者是由出借人投标时所填写的利率范围确定，或者是由放贷人竞标确定。其利率确定的模式推动了利率市场化的进程。传统的 P2P 平台只负责披露信息，匹配借贷需求，不提供资金担保，也不赚取利差，其盈利主要是向借款人收取一次性费用以及对投资人进行评估和管理的费用。但是 P2P 进入中国后，发展出了四大类运营模式：①无担保和有担保线上交易模式。资金借贷活动都通过线上进行，平台仅发挥信用认定和信息匹配，不担保，风险由投资者自行承担，出借人根据自己的风险承受能力自主选择借款金额和期限。如宜信、拍拍贷。②有担保线上交易模式。平台与担保机构合作或者采取自身担保，负责核实借款人的信息，并管理资金。如平安集团的陆金所。③线下交易模式。线上的平台负责提供信息，最后线下完成交易，一般借贷方需要有抵押品。④线上线下相结合模式。小额交易线上完成，超过一定的数额线下交易，并要求有抵押物。

伴随着 P2P 网贷的迅速发展，部分平台卷款逃跑和倒闭现象也越来越频繁，不少投资者因此遭受了巨大的损失，归根结底是其用户认知程度不足、风险管理体系不健全、征信系统不完善等主要发展障碍。因此，众多的 P2P 网贷平台若想在竞争中取胜，一方面要积累足够的借贷群体，另一方面要建立良好的信誉，保证客户资金的安全。

四、大数据金融

互联网的快速发展和爆炸式信息将我们带入了一个大数据时代，大数据逐渐成为一种资产，在金融创新和变革中的作用越来越大，大数据金融成为金融行业实现"以客户为中心"的新蓝海。用户在网络上的行为和支付数据，在一定程度上反映了个人的偏好、资金状况和信誉状况。利用互联网技术对这些大数据进行分析，可以提高信贷市场的资金匹配度。

大数据金融模式就是指采用包括互联网在内的多种信息化方式对海量非结构化数据进行专业性的挖掘和实时分析，为互联网金融机构提供客户全方位的信息。例如，可以通过分析用户行为数据、消费数据、地理位置数据、互联网金融数据和用户社交数据等掌握客户的消费习惯，对客户的行为进行准确的预测，促进金融机构和金融服务平台产品的精准营销和实现良好的风险控制。

业界普遍认为，大数据金融目前有以阿里小贷为代表的平台模式和以京东、苏宁为代表的供应链金融两种模式。

1. 平台金融模式

平台金融模式是建立在 B2B、B2C 或 C2C 基础上的现代产业在电商平台上凝聚的资金流、物流、信息流组成的以大数据为基础的平台金融，如阿里小贷。阿里小贷等平台金融模式就是通过对电商平台的交易数据、社交网络的用户交易信息、用户的购物习惯和网上支付信息等大数据进行云计算来实时计算得分和分析处理，形成网络商户在电商平台中的累计信用数据，通过电商所构建的网络信息评级体系和金融风险计算模型以及风险控制体系，向网络商户发放订单货款或者信用贷款，一方面批量快速且高效，另一方面有效降低了风险因素。如阿里小贷可实现数分钟之内发放贷款。

2. 供应链金融

供应链金融是指以电商作为核心企业，这些企业拥有海量的交易数据，它们利用自身所处的产业链上下游，充分整合供应链资金流、物流、信息流和客户资源组成的大数据为其上下游的原料商、制造商、分销商和零售商提供金融服务的金融模式。在这种模式下，电商企业或者领头企业只是提供和担保信息并对信息进行确认审核，并不直接为用户进行资金融通，这项职责仍旧是银行或者其他资金供给方来承担。例如，京东商城是供应链金融模式的典型代表，其作为电商企业并不直接开展贷款的发放工作，而是与其他金融机构合作，通过京东商城所累积和掌握的供应链上下游的大数据金融库，来为其他金融机构提供融资信息与技术服务，把京东商城的供应链业务模式和其他金融机构相结合，共同服务于京东商城的电商平台客户。

五、众筹

众筹作为互联网金融商业模式的一种，最早起源于美国的网站 Kick-starter，近几年来在全球范围内发展迅速，使得互联网金融具有了传统金融机构的融资功能，国内点名时间众筹网等的崛起，促进了中小微型企业的融资和发展。

（一）众筹的内涵和商业模式的构建

众筹（crowd-funding）也解释为大众集资、众募或众筹，是众包（crowd-sourcing）商业模式和无抵押小额捐助等微型金融相结合的产物。众筹通过互联网完成投融资的全过程，是项目发起人通过互联网平台展示创意向网友募集资金的商业模式。其运行模式不同于诸如银行机构、风投、天使投资等公认的融资实体或个人。作为一种融资创新商业模式，众筹包括筹资人（项目发起者）、投资人（数量庞大的互联网用户）和中介机构（众筹平台）三个有机组成部分。筹资人（多为存在资金问题的创意者或者小微企业）首先需通过众筹平台的身份审核，其次在互联网众筹平台上发布其创业项目信息，吸引公众为该项目筹集资金或寻求其他物质支持。投资者则根据相关信息选择投资项目。中介机构是众筹平台的搭建者，又是项目发起人的监督者和辅导者，还是出资人的利益维护者。

所筹资金起初由众筹平台掌握，并不直接到达筹资人手中。每个项目必须设定筹资目标和筹资的天数，项目若在目标期限内达到募资金额，则项目筹资成功，所筹资金被众筹平台划拨到筹资人账户，待项目成功实施后，筹资人将项目实施的物质或非物质成果反馈给出资人，而众筹平台则是通过接受和审核筹资创意、整理出资人信息、监督所筹资金的使用、辅导项目运营并公开项目实施成果等价值活动，从所筹资金中抽取一定比例的服务费用作为收益。如果在目标期限内未达到募资金额，所筹资金就会被众筹平台退回至出资人，项目发起人则需要开始新一轮的筹资活动或宣告筹资失败。

（二）众筹的主要类型

2011年中国首个众筹网"点名时间"在北京上线，目前国内已经有近十家众筹类网站。众筹模式的核心是吸引网友募资，募资的实现依赖于合适的回报形式。众筹的类型主要包括以下三种。

1. 公益众筹模式

公益众筹模式是公益和慈善的筹资，投资人不获得任何回报。依靠大众的力量集结资金和资源。作为互联网金融的热门品种，众筹平台可以为公益组织提供募资、宣传等多种服务。众筹的社会属性可以吸引更广泛的群体参与到慈善事业中。

2. 股权众筹融资

股权众筹融资是指当出资人为项目或者公司投资时，以给予投资人股份为回报方式。诸如美国的Kickstarter、中国的大家投、天使汇。通常，股权众筹融资常用于初创企业或中小企业的开始阶段，尤其在软件、网络公司、计算机和通信、消费产品、媒体等企业中应用比较广泛。

3. 债权众筹

投资者对项目或者公司进行投资，获得一定比例的债权，未来获取利息收益并收回本金。例如Lending Club和Prosper。债权众筹包括两种，一种是P2P，另一种是P2B（引导个人向小企业提供贷款）。

六、互联网金融门户

近年来，伴随着金融市场化进程、金融创新步伐的加快，信托投资和私募基金行业快速发展，涌现出各种投资理财产品。与此同时，各类投资理财产品合约条款复杂，投资收益起伏不定，加上受到专业知识和投资技术的限制，投资人往往面对大量多元化的投资理财产品，很难规避隐藏的风险形成最佳投资组合。于是，提供金融产品信息咨询的互联网金融门户应运而生。

软交所互联网金融实验室的执行主任罗明雄指出，互联网金融门户是采用"搜索+比价"的方式，在互联网上对金融产品进行销售；国内学者王曙光和张春霞根据互联网金融业务的分类将互联网金融门户归为服务平台业务。

综合国内学者的研究，本文将互联网金融门户界定为一种金融综合服务类平台：以"搜索+比价"为核心，利用互联网，为用户提供在线金融产品相关信息咨询和增值服务。一方面，采用金融产品垂直搜索方式，将银行、证券公司、保险公司、基金公司等金融机构的同类产品集中到互联网平台，将各类金融产品的价格、期限、特点、盈利情况等进行整合，为客户提供基金、债券、保险、信用卡、贷款等金融产品的检索、比较服务。另一方面，互联网金融门户还为客户提供其他增值服务，在分析用户当前的资产份额、风险偏好，以及投融资需求和目标的基础上为客户提供合适的金融产品，如个性化理财、创建网络讨论社区分享经验攻略等。国内知名的互联网金融门户如融360、91金融超市、百度金融中心、天天基金网、淘宝理财等提供各种理财产品的顾问咨询服务。

七、信息化金融机构

（一）信息化金融机构的内涵

在当前的互联网金融时代，运用以互联网技术为代表的信息技术对传统经营和管理流程进行改造以实现服务全面电子化的银行、证券、保险等金融机构。例如，工行、招行改革后形成的"门户+网银"、金融产品超市、电商的金融电商模式。

以银行业为代表的传统金融机构实行手工操作，服务大都流程化、固定化，这样不仅人力资本过高，手续烦琐需要较大的时间成本，效率低下且经常出现交易双方信息不对称的问题。随着互联网信息技术的进步和互联网金融的迅猛发展，银行、证券保险等把握这一趋势，加强自身信息化建设，实现电子化和集约化的经营，进行金融产品的创新和业务渠道的多元发展。基于大数据、云计算、移动智能端以及社交网络等第三类平台的金融服务，逐渐成为金融业务新的增值点，传统金融行业也逐渐从"金融机构信息化"向"信息化金融机构"转变。

信息化金融机构可以划分为三种运营模式：①传统金融业务电子化，利用现代化互联网通信技术，实现传统金融业务处理自动化、管理信息化和决策科学化。②基于互联网的创新金融服务。例如，北京银行和民生银行的直销业务为代表的银行金融服务模式，以"众安在线"为代表的互联网保险业务和以"余额宝"为代表的天弘基金。③金融电商模式，自建电商平台——交通银行"交博汇"电商平台或者与其他互联网企业合作建立电商平台——招商银行与腾讯合作推出"微信银行"。

(二) 信息化金融机构的优势

1. 金融服务更加高效、便捷

信息化金融机构的核心是实现金融信息化。基于移动互联网、大数据、云计算等互联网技术改造传统金融行业的经营流程和服务，以电子化的服务（诸如网上银行等）替代传统的面对面的金融服务。实现运营效率的大幅度提升，使得客户足不出户也能进行相关的金融活动。

2. 强大的资源整合能力

传统的金融机构开展的业务之间相对独立，缺少部门之间的沟通和联系，客户相关信息相对单一。通过互联网信息化建设，建立一个集中统一的内部管理平台，实现各个不同部门内部管理的统一和联合，更好地整合机构的客户资源，满足客户对个性化金融服务的需求。

3. 创新渠道多元化、金融产品多样化

创新渠道多元化，金融机构可以利用线上创新带动线下创新，并将线上线下创新业务进行整合。信息化金融机构的产品更加多样化。例如，网上银行，基于信息和网络技术将传统银行线下的金融服务转移到线上进行，提供账户管理与查询业务、转账汇款业务、投资理财业务、代收代付业务、账单缴付业务、电子支付业务、信用卡业务等丰富多样的金融服务，满足客户的多样性需求。再如，银行自建电商平台、联合互联网企业推出微信银行、P2P 网贷等。

第二节 互联网金融的基本理念及相关理论基础

一、互联网金融的基本理念

(一) 开放

互联网金融是一个延展的生态系统，单个行业无法完成全部服务。同时，此模式下金融服务的门槛较传统金融门户来说更低一点，拥有多元化的金融产品和服务。用户可以根据自己的需求自由地选择和评价不同金融机构提供的金融产品和服务。

(二) 平等

互联网金融活动的主体拥有平等的权利，不仅具有平等的市场地位，而且具有平等的金融服务提供和使用权利，用户可以自由平等地选择需要的金融服务，也可以选择成为金融机构为他人提供金融服务。

（三）普惠

传统金融讲究专业资质和准入门槛，因此往往服务于那些资产和信誉状况均属于良好状态的大型企业或小部分个人，很多普通大众虽有金融需求，却无法得到满足。此时市场上仍存在大量的潜在客户，而互联网金融致力于将需要金融服务的所有人纳入金融服务的范围，考虑不同群体的不同需求，实现人人都能够以合理的价格得到与其需求相匹配的金融产品或服务。使得金融服务摆脱对财富、收入、地位、名望和身份的限制，真正实现"草根"需求也能得到满足。

（四）共享

传统金融模式下，市场信息和客户信息往往在同一企业内部进行流转，而互联网金融采取平台式的金融模式，因此包括资金双方的信息、业务知识和业务经验、支付数据、产品信息、信用数据等都可以通过互联网平台进行共享，实现资源的共享，突破传统金融机构一直存在的信息不对称问题。

（五）协作

包括三类协作方式。一是金融机构之间可以进行协作，以便为用户提供更好的金融服务；二是互联网金融机构与用户之间的协作，机构能够与客户进行沟通，根据用户的投融资需求进行产品设计的改进，丰富金融产品和服务；三是用户之间的相互协作，对金融产品和服务进行筛选，最终实现自金融。

二、互联网金融发展的理论基础

（一）蓝海战略

蓝海战略是指开创无人争抢的市场空间，超越竞争的思想范围，开创新的市场需求，经由价值创新来获得新的空间。此战略是 W. 钱·金（W. Chan Kim）和莫博涅（Mauborgne）两位博士在 2005 年《蓝海战略》一书中所提到的。与此一并提出的还有企业发展的红海战略，即企业在现有的市场空间中竞争，是在价格中或者在推销中做降价竞争，它们是在争取效率，然而恶性竞争造成了产品的同质化和低利润。因此，通过对 30 多个产业在 1880—2000 年所进行的 150 次战略行动进行分析后，得出企业要想获得长足的发展应该将发展的重心从超越竞争对手转向满足多元化的买方需求，开发蕴含庞大潜在需求的新的市场空间，形成差异化、低成本的"蓝海"。

价值创新是蓝海战略的核心内容，作为一种集成创新，不仅仅局限于满足现有顾客的需求进行企业的生产，也不局限于本行业内的创新和某一要素的创新。蓝海战略具体包括三个工具和六项原则。其中有四项战略制定原则：（1）重建市场边界。从价格竞争到开创新的市场边界，例如跨越产业看市场等。（2）注重全局而非数字。绘制战略布局图将一家企业在市场中现有的战略定位以视觉形式表现出来，开启企业组织各类人员的创造性，把视线引向蓝海。（3）超越现有需求。企业为保留和拓展现有顾客，实现增大市场份额的目的，通常对市场进行细致划分。然而，为使蓝海规模最大化，企业需要反其道而行之，不应只把视线集中于现有顾客，还需要关注非顾客。不要一味通过个性化和细分市场来满足顾客差异，应寻找买方共同点，将非顾客置于顾客之前，将共同点置于差异点之前，即将合并细分市场置于多层次细分市场之前。（4）遵循合理的战略顺序。遵循合理的战略顺序，建立强劲的商业模式，确保将蓝海创意变为战略执行，从而获得蓝海利润。另外还有两项战略执行原则：（1）克服关键组织障碍。要克服企业在执行蓝海战略面临的四重障碍：一是认知障碍，沉迷于现状的组织；二是有限的资源，执行战略需要大量资源；三是动力障碍，缺乏有干劲的员工；四是组织政治障碍，来自强大既得利益者的反对。（2）将战略执行建成战略的一部分。

互联网金融机构作为一个跨越互联网产业和金融产业边界，实现产业融合而产生的新的市场组织结构，本身就处于一个蓝海市场当中。互联网金融区别于传统金融企业的运行模式，满足了众多的潜在需求，例如 P2P 网贷满足了众多融资达不到传统金融市场所要求的融资规模的中小企业的需求等。因此，应用蓝海战略，开创非竞争性的市场空间，实现产品的差异化和低成本化，对于互联网金融企业具有较大的启示意义。

（二）长尾理论

"长尾理论"是美国在线杂志的主编 Chris Andersen 于 2004 年首次提出的一个概念，适用于解释当前互联网金融迅猛发展的现象。主要是指如果用正态曲线来描述人们感兴趣的事情，在金融市场上，人们只会关注获取成本较小、利润空间巨大的"头部"，而需要较多成本和精力的尾部却被忽略掉了。

传统金融主要以"二八原则"来解释，社会上大量的财富聚集于少数人的手中，大量的销售额集中在同类的少数商品上。即 20% 的人拥有整个社会 80% 的财富，20% 的热门产品获得整个市场 80% 的销量，因此，也往往是具有良好资产状况和征信记录的 20% 的人购买传统的金融产品和金融服务，而 80% 的潜在客户群蕴藏的巨大市场却被忽略了。在互联网金融时代，经济社会正在向大数据时代过渡，移动终端持续扩张，关注的成本大大降低，人们很可能以很低的成本关注正态分布曲线的"尾部"，曲线"尾部"产生的总体效益甚至会超过"头部"。

长尾理论能够指引互联网经济的发展方向，创造出巨大的利润空间。其基本原理是聚散成塔，将小市场累积创造出大的市场规模。可以利用成本优势打开大量的利基市场，随着消费者需求个性化的提升，当商品的存储、交易成本较低时，那些需求量较少的冷门产品形成的众多小市场的共同的市场份额可能等于甚至超过主流产品的市场份额。例如，在传统的信贷市场上，中小型企业经常因为抵押担保不足、征信信息缺乏、融资金额过少造成单位融资成本居高不下等原因无法获得相应贷款，这些中小型企业正是金融市场潜在的"长尾"，互联网金融平台满足这些小型企业的融资需求，就能获得巨大的市场。

满足市场个性化的需求，能实现长尾价值重构，能够聚集大量潜在的客户群。通过互联网平台能够细分市场，满足小微客户的个性化需求，在大数据、云计算的技术支持下，变成互联网企业丰厚的增长点。

（三）Web 2.0

Web2.0 又可称为第二代互联网，是相对于 Web1.0 的新互联网时代。Web1.0 指的是一个利用互联网的平台，由网站雇员主导生成的内容，不同的是，Web2.0 是由用户主导而生成内容的互联网产品模式。

Web2.0 引入了 AJAX 技术，此模式下的互联网具有如下几方面的特点：一是重视用户分享。用户不但可以从网站得到信息，也可以方便地发布信息；二是支持信息聚合。把不同来源的信息聚集起来，利用若干个软件或者是界面显示；三是重视兴趣聚合。把具有相似兴趣的人聚集起来，加强彼此的交流与沟通；四是平台开放。平台上的信息不仅可以被用户直接访问，也可以通过其他软件接口访问，还可以支持第三方为平台开发相关应用，从而使得其他开发者能够参与平台建设，甚至从平台收获利益；五是交互性强。用户几乎可以真正做到随时随地交互，而且这种交互是局部化的，在服务器响应之前，用户还可以继续浏览页面，或者进行新的交互。

典型的 Web2.0 网站类型有以下三种：

（1）Blog——博客，是一种个人网上出版系统，主要可用来发布想法、分享知识以及交流沟通等。具有互动性的特点，从事的活动都是免费的。一篇博客就是一篇文章或者日记，发表人称为博主，浏览者可与博主进行互动和交流。较之 Web1.0 时代的论坛，多出了个人门户的特色，充分突出用户的个性。博客系统自推出后，受到了广大网民的热烈追捧，但是因为其社交属性偏弱、形式不利于碎片化的表达等缺点发展势头渐弱。

（2）WIKI——百科全书，是一种互联网式的共享，支持多人协作编辑的网站系统。由网民免费建立，每个网民都可以独立发表自己的意见，或者是对共同的主题进行相应的扩展或是探讨。作为便于网民分享知识的网络文档，网站的维护也有多人共同维护。

（3）视频网站。Web2.0 时代的视频网站进行了宽带的改善和互动技术的提升。较之 Web1.0 时代的视频网站，网站视频不再仅仅由运营者发布，用户可自发上传，浏览者也可对视频内容进行转发和评论交流，并可借助社会化网络进行宣传、推广。

（四）区块链理论

互联网金融作为一种新的金融业运行模式，蕴含着巨大的借贷优势，同时也隐藏着巨大的风险。因此在进一步提高金融服务业运行效率的同时也要注重互联网金融风险的监管与控制。区块链作为一种互联网技术的创新产物，在确保信息披露真实有效、完善互联网金融业的共享机制和规避信用不足所导致的金融交易风险方面发挥了重要的作用。因此，也引起了金融机构、政府部门和企业的广泛关注。

区块链最初由中本聪在《比特币：一种点对点的电子现金系统》一文中提出，作为比特币的底层技术，区块链是一串使用密码学方法相关联产生的数据块，每一个数据块中不仅包含了过去十分钟内所有比特币网络交易的信息，可用于验证交易信息的有效性，防止信息的伪造，而且用于生成下一个区块。各个数据区块进行前后的顺联，就呈现出一套完整的数据库。区块链作为一个数据结构，就像一个分布式的数据库账本，记录着所有的交易活动。区块链的定义有广义和狭义之分。广义上来讲是指利用分布式节点共识算法进行分布式的数据记账和分布式的数据传播，利用加密链式区块结构进行数据的存储和验证，利用可编程的智能合约进行数据操作的一种分布式计算范式。狭义的区块链是指数据区块按照时间先后顺序以链的方式进行组合的数据结构，其存储的数据简单，有先后关系，并能在系统中进行有效性的验证，且不可进行人为的篡改和伪造。

区块链技术具有如下几大特点：

一是去中心化。中心化系统下，数据往往存储于各中心手中，各中心系统的差异造成了较高的数据流通成本，同时由于数据过于集中，使得数据的篡改成为可能。区块链技术则没有控制中心和管理机构，其数据的记录、存储、验证工作并不像过去一样交给一个中心化的机构来完成，而是使互联网金融的每一个参与者都可以参与数据的记录、验证和存储工作，采用分布式的存储方式，利用纯数学原理建立分布式节点之间的信任关系，并且任意参与者的做假行为都无法改变区块链数据的完整性，即无法进行数据的篡改。

二是去信任性。区块链技术采用数学原理重新定义了网络中的信任机制，在互联网金融系统中，参与人无须借助第三方机构进行交易担保，也不需要对交易对象进行背景资料的了解，就可以进行可信任的价值交换。同时以非对称密码学原理为基础进行数据加密处理、人人都可参与信息记录的分布式记录系统和数据可存储在所有参与记录数据的节点上，保证了无法进行区块链数据的伪造和篡改。一旦出现虚假数据，可以追溯到数据的源头进行验证。

三是数据安全可靠。区块链技术产生的数据具有极强的安全性，区块链因此受到了互联网金融机构的重视。互联网金融参与者获得的数据大都是公开透明的，且经过参与者的认定。一旦信息经过验证并添加至区块链，就会永久地存储起来，除非能够同时控制住系统中超过51%的节点，否则单个节点上对数据库的修改是无效的，而互联网金融参与者众多的现象有效规避了对数据进行随意篡改的现象。因此区块链的数据稳定性和可靠性极高。

区块链技术是建立在大数据共享理论之上的一种互联网金融技术，可以利用该项技术进行互联网金融黑白名单的设定，完善互联网金融的征信体系，降低相应的金融风险。因此区块链理论在我国互联网金融时代有着较大的应用价值。

（五）交易成本理论

交易成本理论也称交易费用理论。交易成本理论是由英国经济学家科斯在一篇重要论文《论企业的性质》中提出来的。他认为，交易成本是通过价格机制组织产生的，最明显的成本就是所有发现相对价格的成本。即包括交易准备阶段发生的成本（如搜寻准确的市场信息所发生的成本、谈判成本和缔结契约时发生的成本）和交易活动进行时的成本（如监督履约情况的成本等）以及在利用价格机制时存在的其他方面的成本。

科斯最初提出交易成本理论是解释企业的本质——企业何以存在。以交易费用的节约为中心，以交易作为分析单位，找出区分不同交易的特征因素，然后分析不同的交易应该用什么样的体制组织来协调。由于经济体系中企业的专业分工与市场价格机制运作产生了专业分工的现象，但是使用市场机制的成本相对高一些，作为人们追求经济效率的产物，企业机制应运而生。

交易成本泛指所有为促成交易而发生的成本，不同的交易自然也会形成不同种类的交易成本。交易成本可以简单地划分为以下几种类型：一是搜寻成本。在交易开始之前要对商品信息或者是交易对象进行信息的搜集；二是信息成本。是取得交易对象信息以及与交易对象交换相关信息所产生的成本；三是议价成本。对契约、交易价格、产品品质等方面进行讨价还价所发生的成本；四是决策成本。做出相关决策与签订契约的成本；五是监督交易进行的成本。在交易进行时，需要对交易对象是否履行契约内容进行监督，这个过程会产生相应的成本；六是违约成本。交易不可避免地会出现违约现象，出现违约现象时也需要付出一定的成本。威廉姆森（Williamson，1985）曾经将交易成本进一步整理，分为事前和事后两大类交易成本。总之，交易成本可以总结为，当交易行为发生时，所产生的信息搜寻、条件谈判和交易实施的成本。

互联网金融行业得以迅速发展的原因就在于降低了市场的交易成本。一方面，在大数据、云计算和移动互联网等技术的支持下，互联网金融已成功实现了交易的网络化，实现随时随地的交易，实现了金融机构的物理网点建设成本、服务人员开支成本、签署契约成本以及日常网点的运营成本等显性成本的节约。与此同时，直接通过互联网和移动通信网络进行交易的模式，使客户省去了排队的时间成本和跑网点的交通成本。另一方面，降低了信息不对称所带来的额外成本。在互联网金融模式下，交易信息沟通充分，交易透明，定价实现完全的市场化，使得客户省去了寻找交易对象和交易渠道的成本。金融机构通过大数据、云计算技术能够突破信息壁垒，以极低的成本快速收集交易对象的支付信息、信用信息、资产信息等，对其进行信用评级和精准筛选降低风险管理成本、信息处理成本和交易对象信用评级的成本。

（六）共享经济理论

共享经济或称分享经济，是指社会公众之间进行一种有偿的共享一切社会资源（包括商品、服务、人的才能及数据资源）的经济体系。共享经济有多种形态，但有一个共同特点——对信息技术的使用。在共享经济体系中，拥有充足数据信息资源的个人、企业、政府及社会非营利组织可以通过有偿的让渡闲置资源的使用权给他人，使得闲置资源也能够实现再利用和价值的创造，资源分享者也能从中获取相应的回报，从而最大化信息资源的价值，最大化共享经济中企业的价值。

当代互联网信息技术的发展和创新 2.0 的互动演进，使得共享经济有了较快速的发展。其主要特点有以下三点：

（1）以网络为信息平台

共享经济的发展以互联网为媒介。个人的知识经验、企业的数据以及需要收集资金的项目信息借助网络平台进行共享。人们通过第三方创建的以信息技术为基础的网络平台，对这些数据进行筛选，通过公共网络进行个人终端式的访问。例如，房屋出租网作为空房出租信息的网络共享平台，使得旅游人士和拥有闲置房屋的房主完成信息的匹配，提高各自的效用。再如，P2P 网贷目前较大的问题就是体系不够健全。若是小微型企业，电商平台能够实现消费者行为数据信息的共享，有助于降低网贷的风险。

（2）盘活闲置资源，以使用权的转移为形式

共享经济是对闲置资源的一种再利用，就其经济学的本质而言，是一种租赁形式。商品或者数据资源需求者可以以相对购买价格更低的成本暂时性地获得共享网络平台上资源的使用权，使用过后再将所有权交付给资源的所有者。

（3）以物品的重复交易和高效利用为表现形式

在这种分享模式下，所有者所拥有的闲置资源会出现频繁易手、重复性地将其使用权转移给需求者的现象，这种经济模式使得资源使用率实现最大化。

目前出现的 P2P 网贷平台和众筹平台等都还是独立封闭式运行的互联网金融模式，平台之间信息共享的特征尚不明显。在当前大数据信息技术快速发展的背景下，建立一个信息共享的互联网金融平台，突破平台间的信息传递障碍，就能实现金融资源的优化、有效配置，满足消费者的个性化需求，降低金融风险。

(七) 社交网络

互联网金融环境下最重要的是对资金供需双方信息的处理,尤其是资金需求方的信息,例如借款者、贷款企业、发行股票公司的资产财务信息和信誉信息等。互联网金融以大数据替代传统的风险管理和风险定价。其中社交网络在资金供需双方没有义务披露信息的生成和传播方面具有重要的意义。社交网络是一种构建于网络之上的社交平台,是社会化的网络服务。目前,超过半数的中国人民通过社交网络进行交流沟通,展示自我,发布、传递和分享信息。社交网络已成为覆盖用户最广、传播影响力最大、商业价值最高的 Web2.0 业务。在中国大陆地区,社交网络服务为主的流行网站有人人网、开心网、微博等。

社交网络是个人发布、传播和共享信息的网络平台,其主要作用是为一群拥有相同兴趣和有一定活动接触的人创建在线社区。它的核心是人与人之间的关系,能把现实中的真实的人际关系通过数字化呈现在网上并加以扩展,拥有资源分享和信息共享机制。社交网络包含了个体之间接触、联络、关联、群体依附和聚会等方面丰富的信息关系数据。互联网和通信技术的发展,使得个人在发布信息和与日常生活之外的人取得联系的成本大幅度降低,这在一定程度上加深了个人之间的交往,加快了信息传播的速度,促使人与人之间的"社会资本"实现快速积累,形成新型的财富。

社交网络在信息揭示和信息传播方面对互联网金融的快速发展具有重要的作用。一方面,个人和机构在社会中都拥有大量的利益相关者,每个利益相关者都多多少少掌握一定的信息,比如资金供需双方的信誉情况、财产信息、消费偏好和习惯以及经营状况等。虽然单个利益相关者拥有的信息有限,但是所有的利益相关者在社交网络上发布各自所掌握的信息,就能在社交网络上得到有关财务信息和信用资质方面的完整信息。例如,基于淘宝、天猫等电商服务平台的海量交易数据和支付数据信息,可以找到信用资质良好的资金需求方,利用这些信息给这些商户发放小额贷款能够有效地规避风险。另一方面,社交网络具有爆炸式的传播模式。一条信息由某个用户发出,其好友会纷纷转发,以一种"一传十,十传百"的方式一层一层地传播下去,形成一个分支越来越多的传播链,其受众量呈爆炸式的增长。而网络转发的便利性,加上移动设备对于社交网络的良好支持,使得重要的金融信息的传播速度超越了传统的媒体。

(八) 云计算

根据美国国家标准与技术研究院(NIST)的定义,云计算是一种按使用量付费的模式,这种模式提供可用的、便捷的、按需的网络访问,进入可配置的计算资源共享池(资源包括网络、服务器、存储、应用软件和服务),这些资源能够被快速提供,只需投入很少的管理工作或服务。云是互联网和网络的一种比喻式的说法,云计算的基本思想主要来源于麦卡锡曾提出的一种观点:将计算能力作为一种像水和电一样的公用事业提供给用户。云计算保障了移动支付所需的存储和计算能力，弥补了移动通信设备存储能力和计算速度的缺陷，将存储和计算从移动通信的终端转移到云计算的服务器，减轻移动通信设备的信息处理负担。这样，移动通信终端将融合手机和传统 PC 的功能，保证移动支付的效率。随着互联网的广泛使用，各类庞杂的数据需要一种技术手段对其进行快速且高效的处理，从而提取对企业发展有价值的信息。因此，云计算作为海量数据技术平台和理想的运算环境应运而生。

云计算是分布式计算、并行计算、效用计算、网络存储、虚拟化、负载均衡、热备份冗余等传统计算机和网络技术发展融合的产物。云计算技术的发展对于大数据具有重要的意义。主要体现在：云服务器可以对海量的数据实行分别存储；根据用户的实际需求，实时进行计算资源的缩小和扩展；有助于突破集成电路性能的物理边界，达到超高速的数据计算能力。因此，互联网信息时代云计算技术的快速发展有助于不断降低大数据挖掘的创新成本。云计算主要具有如下几个特点：一是超大规模。"云"具有相当大的规模，赋予用户极强的计算能力，例如 Amazon、微软等均拥有几十万服务器。二是虚拟化。用户可通过手机、电脑等各种终端接入数据中心，按需求请求云存储中的资源进行运算。三是通用性。可以支持不同的应用。四是高可靠性。云计算要比本地计算机的计算能力更强，数据多副本容错、计算节点同构可互换等措施的使用保证了计算的可靠性。五是按需服务。用户可以根据自己的需要购买"云"资源池中的相应资源。六是低成本。"云"管理方式是自动化集中式的管理，为企业节省了数据中心巨额的管理成本，同时"云"的通用性大大提升了资源的利用率。七是潜在的危险性。云计算的存储服务存在一定的数据信息流出的危险。

（九）大数据

所谓大数据，是指海量数据，即所涉及的资料量规模大到无法在一定的时间内用目前主流的软件来捕捉、处理和管理成为对企业经营和决策更加有效的信息。其主要具有以下四个特征：（1）数据量大。金融业和互联网都是大数据的重要产生者，金融行业的数据大都来源于客户自身信息及其金融交易行为。（2）数据种类繁多，包括客户信息数据、交易信息数据、资产信息数据、行为信息数据、位置信息数据、供应链信息数据、其他商业数据等，互联网金融机构需要对获得的大数据进行分类，通过互联网信息处理技术进行提取和处理，挖掘出其内在的商业价值。（3）数据较之密度偏低。随着物联网的广泛应用，信息感知无处不在，但是有价值的数据所占比重偏低。这就要求对数据进行取舍。（4）处理速度快。大数据的时效性较高，即大数据较快的信息收集和处理速度使得用户能够及时获得有效信息。

如今，大数据的战略性意义不仅是对庞大数据的掌握，更是对多类型数据进行分析处理得到有价值意义的信息。大数据对于互联网金融行业的发展起到了一定的助推作用，主要体现在以下几个方面。

1. 找寻目标人群，实现精准营销

实现精准营销即找到潜在的购买者，并提供他们感兴趣的金融产品。大数据可以为互联网金融企业找到自己的目标客户实现其精准营销，通过动态定向技术查看互联网用户近期搜索过的关键词和浏览过的理财产品，通过对用户行为的实时数据分析，用浏览数据建立用户模型，在用户无意识的情况下进行迅速精准的主动推送，直击用户的潜在需求。例如，速溶网推出的"速溶360"，旨在为在校大学生及毕业生提供金融服务，满足了大学生的融资需求；梧桐理财网推出的预期收益率在8%~10%的理财产品"梧桐宝"满足了仅能够承担"两万元起投"的中产阶级的需求。

2. 强化风险控制

大数据能够通过海量数据的核查和评定，增加风险的可控性和管理力度，对于风险发生的规律性有精准的把握。在银行的征信系统尚未对互联网金融企业开放的大环境下，在市场运行中，企业形成了两种模式的风险控制体系。一种是类似于阿里金融的大公司，通过自身系统内大量的电商交易和支付信息数据建立了封闭的信用评级和风险控制系统；另一种是众多的小互联网金融公司通过将数据贡献给一个中间征信机构，再分享征信信息，通过征信系统，有效地规避风险。

大量的网络交易数据、行为数据和支付数据，在一定程度上反映了一个人、一个群体信用的好坏，换句话说，大数据可用于对用户进行信用评估，便于互联网金融企业对用户信誉状况和资产状况做出结论，在提供互联网金融产品时能够及时地规避可能出现的风险点和危机。

3. 促进金融产品创新

大数据将推动金融机构创新品牌和服务，做到精细化服务，对客户进行个性化定制，利用数据开发新的预测和分析模型，实现对客户消费模式的分析以提高客户的转化率。

（十）移动互联网

移动互联网是移动数据通信与互联网的结合。指人们利用移动终端（如智能手机、平板电脑、无线POS机等），通过移动通信网络，或者Wi-Fi等其他形式的无线通信网络接入互联网，享受互联网服务。早在2010年，国际电信联盟曾有报告指出，按照当时的增长速度，在2015年之前人们通过移动终端访问网络的规模将会超过传统的PC端。统计结果显示，美国移动终端的访问量于2014年1月就已经超过了传统PC端。我国移动互联网用户规模在2009年1月也出现了爆炸式的增长。数据显示，截至 2015 年 8 月底，我国移动互联网用户达到了 9.46 亿户，移动终端上网总数超过 9 亿户。

移动互联网的兴起原因可以归结为两大发展事实。一是移动智能设备的普及。智能手机、平板电脑等开始成为当代社会的设备。手机和平板电脑不仅具有便携性的优点，而且拥有丰富的应用资源，运算性能也逐渐能与传统的台式电脑相媲美。二是移动数据通信技术的快速发展。4G 移动通信技术的普及和移动通信宽带网速的提升，使得用户能够随时随地、轻松快捷地访问互联网络。

基于互联网技术发展起来的移动互联网，促进了移动金融业的发展。移动互联网目前不仅仅是作为信息交流和资料查询的途径，而且慢慢开始进入金融交易领域。越来越多的公众开始使用智能手机等移动终端设备以及无线通信技术处理金融事务。智能手机、平板电脑等移动设备越来越广泛的功能，使得其逐渐成为人们进行资金理财的渠道。较之传统的互联网，移动互联网具有以下三个特点：①便捷。用户可以真正做到随时随地上网，且便于携带。②碎片化。主要指用户行为呈现出不连贯、碎片化的特点。例如由于移动互联网的便捷性，即使是用户碎片化的时间，也可以访问所需的网络服务。③重视用户体验。移动应用的供应商应根据移动设备屏幕小、交互方式有限的特点对自己的应用进行优化，使应用能够符合用户的需要，而不是直接将传统互联网照搬至移动设备，使得应用供应商真正做到重视用户体验。

第三节　互联网金融的职能与作用

作为一场跨界风暴，"互联网金融"搅动了传统金融的庞大格局，显示出其广阔的发展潜力，任何与互联网相融合的行业对于其相关的传统行业来说都是一场冲击。随着经济时代的到来，消费者自主选择和自主购物都越来越离不开互联网的助力。互联网融入金融，提升了金融行业的协作性和自助操作性，促使互联网金融发展成为行业趋势。目前，不管是国内的经济发展还是世界经济浪潮，都已经进入了深度转型期，研究互联网金融的职能与作用显得至关重要，越来越成为我们不可忽视的部分。

一、互联网金融对经济、社会和政治的影响

由于经济全球化的日益加深，互联网金融对于经济方面的影响正以不可阻挡的趋势持续发酵，对于经济的增长起到了无法忽视的作用。相对于传统的金融行业，互联网金融有其不可否认的优势和潜力，互联网金融使融资效率不断提升，融资成本不断降低，便捷了网络理财借贷，降低了农村金融运营成本。互联网金

融具有跨时代的进步，对经济、社会、政治产生了重要的影响。

对于经济层面，与网络借贷不同，传统借贷的资金拥有者与资金需求者无法直接便捷地进行资金往来。企业与商业银行之间的借贷要受到多方面的影响，借贷过程繁杂、借贷成本高昂，使借贷融资困难。尤其是对于中小型企业而言，由于承担风险能力较弱，更加不能及时得到相应资金。互联网形式下的金融，通过网络借贷模式，资金的供求双方能够降低借贷成本，缩短借款时间，弥补信息不对称。对于中小型企业，互联网金融由于融资的灵活性和自身门槛较低，可以随时满足中小型企业的小额贷款，解决传统金融行业中小微企业融资贷款困难的问题。因此，互联网金融在促进小微企业发展和扩大就业中，发挥了现有金融机构难以替代的积极作用，进而促进我国经济的持续性增长。

同时，互联网金融的崛起降低了农村金融的运营成本，弥补了传统金融体制下农村金融机构运营成本过高的缺陷，促进了农村经济的发展和增长。随着城镇化水平的提升，我国农村居民的比例不断降低，但是网民中农村居民比例反而有所增加，农村网民自然成为互联网用户增长的强大动力。传统金融机构在农村运营成本高、效率低、资金流动速度慢，加之投资门槛过高，在一定程度上制约了农村经济的发展。在互联网金融的运营模式下，数据挖掘针对不同的农村客户进行不同的消费者行为分析、消费心理分析，有效降低农村金融机构运营成本，提高我国农村金融的发展水平，提高金融服务的覆盖率，推动我国农村经济的大幅度提升，进而提升我国经济的整体水平。

对于社会层面，互联网金融的出现，便利了消费者生活的方方面面。支付宝的支付便捷，余额宝的高额收益，微信理财的简单易行等，都在悄无声息地改变着人们的日常生活。例如，对于网络理财，传统的理财对于专业水平和认购起点的要求比较高，中低收入者很难进行理财投资活动，大多数的小额闲散资金无一例外地放在银行等机构。互联网金融中的网络理财突破了这一限制，以线上和线下两种经济方式相结合，降低线上资金的聚合成本，提高线下理财的投资率和支付效率。互联网金融通过网络途径发行各种理财产品，满足不同层次不同地域的投资需求，能够将闲散的资金有效地结合，不仅可以满足大量小微企业和个人对小额资金的需求，更能够满足社会各个阶层零散资金的投资需要。低成本和人口聚集化优势，使网络理财的发展具有巨大的潜力。闲散资金的聚合，小额资金的周转，为社会各类型企业的融资提供了无法忽视的良好的融资环境。资金的不断流转，提高了资金的配置效率，促进了社会经济的增长，带给消费者便利的同时，也是社分配效率提高和公平分配的重要进步。

二、互联网金融对金融宏观调控的影响

目前，在我国现行的经济体制下，金融宏观调控是指在中央银行处于主导地

位的前提下，以货币政策作为核心，借助于公开的市场业务，再贴现率政策和利率管制政策等各种金融工具，调节市场上货币的供给数量、信用额度，使货币供求达到平衡，从而促进金融市场的全面协调发展。货币政策是我国中央银行进行宏观调控的重要途径之一，中央银行通过调整商业银行法定存款金率，从而调控整个社会的信贷规模，实现货币政策的目标。

  首先，互联网金融对于金融宏观调控的影响主要体现在两个方面，一是对于货币调控的影响，二是信贷调控的影响。相比较现实的基础货币，网络货币流通快捷，支付便利，在进行网络理财时候更加灵活便捷，也具有较高的利息回报。网络货币的优势降低了公众持有实际货币量的欲望，同时对银行的持有准备金的机会成本产生影响，从而导致货币流通速度和货币乘数发生改变。基础货币、货币流通速度和货币乘数是中央银行制定货币政策参考的主要数据指标，互联网金融对于这些数据产生影响，冲击了中央银行的货币政策的传导机制，影响货币政策的作用效果，对金融宏观调控产生了不同程度的影响。

  其次，互联网金融对于金融宏观调控的影响还体现在信贷调控方面。网络借贷的虚拟性，导致了网络平台上的资金供给者并没有获得国家相应金融机构的审批。网络借贷条件下的借贷双方存在着信息不对称现象，通过网络平台的借贷，双方更多地依靠于各类型的数据来相互了解，进行不同程度的融资交易。利用经营数据、信用程度数据等一些"软信息"，双方无法进行真实状况的资本信用认定。当经济不景气时，网络平台会夸大这种不景气状况，使本可以融资的企业融资变得异常困难，影响国家的宏观调控；反之，当经济发展乐观时，企业和个人在网络上的融资会变得比实际状况更加乐观，资金会流到宏观调控中淘汰落后的产业中，从而会扰乱国家宏观调控的各项政策。

  我国互联网金融虽然正处于起步阶段，但其强劲的增长趋势不容我们小觑，中央银行在进行货币政策的调控中，要注意互联网金融带来的变动，优化货币政策的传导机制，增强货币政策的作用效果，重视互联网金融对金融宏观调控的影响。

三、互联网金融对金融行业发展的影响

  互联网金融是传统金融和互联网相结合的产物，互联网金融在网络平台上形成开放式的金融服务体系，从根本上改变了传统金融服务的理念和业务方式。互联网金融将虚拟与现实巧妙结合，传统的线下的金融交易可以通过网络实行线上交易，实现了金融服务供给与需求之间的无缝衔接，弥补了传统金融供求之间的不对等不及时。互联网普及率的不断提升，加之传统金融自身存在的不足，使互联网金融的出现很大程度冲击了传统的金融行业。

  互联网金融的出现弥补了传统金融行业的服务质量残次不齐，借贷双方的信

息不对等缺陷，冲击传统金融行业的同时，也完善了我国的金融行业。市场失灵理论表明，传统的商业银行和贷款人之间存在着信息不相对称问题，加上银行本身的性质决定其对贷款的审核条件十分苛刻严格，因此，贷款更多地偏向于财力基础深厚的大型公司。互联金融的网贷弥补了商业银行忽略的领域，满足小额贷款的需要，冲击了传统金融行业。

与此同时，互联网金融的蓬勃发展，拉动了金融市场的全面快速发展。之前传统金融体系长期处于"压制"之中，大部分资金由银行进行配置，利率的浮动受到管制，资金沉淀的现象一直存在。当经济处于下滑阶段，压制状态下的金融体系将会减慢货币的流通速度，引起经济的通缩。互联网金融的专业优势在于可以不受传统金融体系的压制，提高货币的流通速度，可以及时吸收闲散的资金，很大程度上提升资金流动，提高资金的配置效率。大小额资金可以在网上随时进行直接交易，资金的数量、个人的风险偏好都可以通过互联网直接进行交换，不管是对于投资者还是小额融资企业都是不可忽视的进步。同时，互联网金融的发展要求传统的金融机构必须提升利率的市场化才能面对现阶段激烈的竞争，传统金融与互联网金融的相互促进和磨合，拉动了我国金融市场的全面发展。

互联网金融与传统的金融行业两者不应该是"你死我活"的争夺，而应该是相互共生共荣，促进补充，共同发展。正如电子书不能完全代替纸质书籍，电子商务不能够完全取代传统的零售行业，更有甚者网络视频终究无法取代传统的电视一样，互联网金融也不能取代传统的金融行业。互联网金融对传统银行发展带来了无法忽视的挑战，传统的金融行业必须高度重视，不能盲目打压，更不可照搬模仿，必须切实地转变观念，学习互联网渗透金融行业所带来的优势和长处，利用既存的专业知识储备，突破落后陈旧的体系机制，加快互联网金融的拓展，推动传统金融的转型升级，更好地适应互联网以及移动互联网发展，全面推进我国的金融市场发展。

四、互联网金融对消费者权益保护的影响

互联网金融的服务门槛降低，吸引越来越多的人加入。互联网金融下的消费突破了地域的限制，呈现出来的是"无国界"和"不特定性"的特征，不断发展的互联网金融毫无疑问给消费者带来了极大的便利，同时也对消费者权益保护提出了更大的挑战，给监管者提出了更高层次的要求。由于与传统的金融有很大程度的区别，在互联网的监管上，目前很难做到一致化、标准化。传统金融有统一标准的风险控制制度、严格一致的业务标准准则，而互联网金融与其有着明显不同，风险控制体制不够完善，经营业务标准不够详细。消费者利用互联网进行一系列的消费活动时，权益的分配始终处于弱势，自然而然消费者便成为互联网

金融主要的风险承载体。

首先,在互联网金融下,消费者的隐私信息保护困难。互联网便捷了广大消费者的各种支付,足不出户便可以满足其生活的各种需求,但也恰恰是由于依靠网络的资金支付往来,消费者必须向金融机构提供详细的个人信息,提高相互交易的成功率。在消费者提供个人信息的过程中,消费者的信息通过互联网传送,这个过程存在着很高的泄露风险或者是篡改风险,危害消费者权益。与此同时,大数据的时代背景下,消费者鼠标的每一次点击都会成为一个企业,甚至一个行业的有效数据。金融机构可以通过分析消费者对于不同产品的关注度、购买力和各种行为偏好,推出满足消费的各类型产品。不同的金融机构通过对这类数据深层次的挖掘和分析,分别制定出适合各自企业发展的战略规划。与此同时,在这个信息大爆炸的时代下,各个金融机构为了提高自己产品的市场竞争力,不能排除它们会将各自的消费者信息用于金融交易之外的其他用途,甚至于和其他商业机构共享,以达到共赢的目的。互联网金融带来便利的同时,也给消费者的权益保护带来了更大的挑战。

其次,消费者财产安全权益存在不同程度的隐患。相较于传统金融机构,互联网金融机构缺乏传统金融机构的终端识别设备以及严格完整的管理体制,存在很大程度的技术风险。网络技术在改进,伴随着的木马病毒也在升级,一些木马病毒在消费者毫无征兆的情况下,对其网银进行攻击,使得消费者理财资金受到损失。另外,消费者投资资金的保管也存在一定的风险。众所周知,与传统的投资相比,网络投资管理很大的优势便在于消费者可以根据自己的需要,及时赎回自己的资金。随时进行资金的收放会带来一系列的问题,如果与消费者挂钩的货币基金不能恰好及时到账,同时间段又没有大量的买进资金弥补,这种情况下就会出现资金的断层,消费者便不能及时甚至不能得到资金。网络借贷的逾期提现、倒闭、跑路、挤兑,给投资者带来了很大程度的资本损失,甚至血本无归。

最后,互联网金融下,消费者的争议处理困难,求偿难度增大。消费者在权益受到侵害时,负有举证的职责,但是互联网金融的交易依靠网络来进行,提取对于专业水平的要求过高,因而证据提供显得十分困难。消费者利用网银等进行金融消费,实际上就是各种数据的传送与转换。消费者不能得到与传统金融机构交易相同的数据凭证,争议产生之后,所谓的网络交易数据便是直接的证据。由于网络的虚拟性和其本身的特点,这些数据的获得变得十分困难,因而,消费者为其自身提供的证据也会显得不充足。与此同时,在进行侵权责任认定时,由于互联网金融交易的法律关系错综复杂,责任往往不止一个主体,可能涉及软件攻击者、网络服务商、植入病毒的黑客等,复杂的法律关系阻碍责任的认定,对消费者的合法权益保护造成威胁。

互联网金融监管所体现出来的问题要求管理层次必须要拟定几个大致的政策

底线和原则要求，针对每一种互联网金融模式，要有详细的细则定位要求和完善的规章制度，来保护我们消费者的合法权益。互联网金融的发展应当最终服务于实体经济，弥补传统金融的缺陷，服务于社会的发展。因此，监管当局必须重视消费者权益的保护，维持金融市场的稳定。

第四章

互联网金融发展概况及未来展望

第一节 国外互联网金融发展概况

一、美国的互联网金融概况

(一) 美国互联网金融发展背景

美国是全世界互联网金融最发达的国家，同时也是互联网金融的起源地。美国互联网金融的高度迅速发展离不开它特定的时代背景，这一背景主要有两个方面。

自 20 世纪 70 年代以来，由于金融自由化浪潮在美国愈演愈烈，使得美国金融发生了巨大变化，金融自由化具体表现为金融脱媒和利率市场化。当时美国经济正处于高通胀和政府对利率进行加强管制的时代，货币市场共同基金和债券市场取得飞跃式发展，这种直接融资市场的发展极大地推动了美国的金融脱媒。最终以货币市场基金为代表的新兴金融机构与以商业银行为代表的传统金融机构发生了巨大冲突，竞争也越来越加剧，为了抢占市场，金融创新日新月盛，使得美国的金融行业得到了前所未有的发展。另外，在 20 世纪 80 年代，美国利率化市场进程也进入了加速阶段，并在 80 年代后期基本完成。美国金融行业的竞争因此变得更加激烈，金融机构所面临的风险越来越不确定，防范风险的手段也越来越复杂，投资机构要采用更加先进的技术来分析信息、确定投资组合，这也为 90 年代初传统金融行业与新兴的互联网技术进行强强联合做了铺垫。

在 20 世纪 90 年代初，美国民用互联网技术在世界上率先获得突破，随之在商业上进行广泛的运用。在互联网技术的迅速推动下，一股互联网投资的浪潮在美国掀起，一大批产业资本和风险资本开始进入这一新兴产业，互联网技术在传统行业中间蔓延开来，美国"新经济"从而获得了强有力的增长。在这种背景下，金融行业由于对信息的获取和处理有着超高要求，从而走在了运用和实践互联网技术的前列，互联网金融因此产生并且得到了迅速发展。

(二) 美国互联网金融发展阶段

美国互联网金融起步早，发展快，高度发达。为了更好地了解美国互联网金融，对其历史进行梳理和分析，可以将美国互联网金融的发展阶段分成三个部分。

20世纪90年代初至中期，传统金融机构和金融业务迅速信息化，这是美国互联网金融发展的第一部分。这部分是美国处在信息化兴起的过程时期，传统金融行业处在信息化体系建设和业务流程重新建造之中。互联网技术与金融业务有机地结合起来，互联网技术作为金融业务内嵌式的软件框架，使得美国的互联网金融迅速兴起，有力地促进了美国乃至全球金融体系的一体化进程，最终形成全球范围内金融信息化。

20世纪90年代中后期，传统金融业务与互联网技术的相互融合使得金融业务得以创新，这是美国互联网金融发展的第二部分。在这一阶段，"网络银行"等网络型企业在美国兴起，这种网络型企业在市场上没有任何的网店实体柜台，这与传统企业有了截然不同的变化。另外，业务模式创新也是层出不穷，比如网上理财、网上发行证券、网上购买保险等业务模式极大地便利了人们的生活，改变了人们的交易方式。尽管这个时候的美国互联网金融只是针对传统业务所进行的升级改造，但是相对独立自主的经营形态也在逐渐显露出来。

作为全球第一家没有一个分支机构的银行——美国安全第一网络银行SFNB（Security First Network Bank）的建立时间是在1995年，它有且只有一个营业站点。SFNB通过在网上进行前台的业务操作，再集中在一个地点进行后台业务处理，因此没有开设任何分行。这种业务模式具有处理业务速度快、业务范围广泛、服务质量好等优势，并且能获得较高的存款利率。正是因为这种优势，使得SFNB在成立后的两三年里成为美国国内第六大银行，在市值最高时拥有1260亿美元资产。但是SFNB也存在着三个棘手的问题，一是产品开发，二是风险管理，三是客户黏性，使得它的发展遭遇了巨大挫折。最终SFNB随着2000年前后互联发展低潮的到来落到了被收购的结局。

21世纪初以来，和传统金融业务的互联网金融发展阶段不同，这一阶段是非传统信贷业务、支付体系的建立和虚拟货币迅速发展的阶段。非传统信贷业务主要表现为互联网的信用和资金融通业务相结合，典型的公司比如Prosper和Lending Club。Prosper作为美国互联网信贷业务发展的新开始，在2005年成立，是美国第一家P2P借贷平台。而2007年成立的Lending Club，是美国最大的网络借贷平台。

由于智能终端在人们生活中的普及，非金融企业通过利用互联网来促动业务支付的网络化，从而使得非传统支付体系也得到了快速发展。许多知名公司都纷纷开发了属于自己的支付系统来推动网络支付，比如Square公司的读卡系统、

Facebook 的 Credits 支付系统和星巴克（Starbucks）的移动支付程序等。在虚拟货币方面，由于全球金融危机的影响，传统货币的购买力越来越弱，比特币渐渐被誉为全球最坚挺的货币。

（三）美国互联网金融的发展模式

一是传统金融业务实现信息化。为了加强竞争，传统金融机构如商业银行、证券、保险等，通过运用互联网技术，对原有的金融业务进行信息化升级，来实现对自身业务形态的创新升级。应该说这种金融业务互联网化不仅代表着美国互联网金融发展的最原始形态，还有力地推动着美国互联网金融的进一步发展。

二是互联网金融支付体系。随着移动终端智能化的普及，以第三方支付和移动支付为代表的支付体系得到了快速发展，在生活中的运用越来越广泛。在商业支付方面，最典型的例子就是 Bill.com，它通过融合各种主要的银行系统和会计系统，对企业的现金出纳、收付有着极大的便利。互联网金融支付体系的出现，促进了支付体系与互联网的融合，是美国互联网金融的重要发展模式之一。

三是互联网信用风险管理。为了改善金融投资环境，面对互联网信用风险，P2P 网贷平台被美国联邦证券与交易委员会要求充分发布相关的信息，提高信息透明度，从而加强抗拒风险的能力，使网络贷款安全、合法、健康地发展。联邦证券与交易委员会要求加强 P2P 网贷平台相关资料的审核，并且进行后续监督和风险控制，如果在招股说明书等其他相关材料中遗漏了相关的重要信息，投资者可以采取法律手段，收集证据，予以赔偿，维护自身的合法正当权益。

四是互联网货币。伴随着互联网技术的发展，Google 和 Facebook 等网络门户网站开始提供虚拟货币，供网络用户使用，在网络世界中用来消费。这种互联网货币与现实货币之间可以进行相互转换，从而促动虚拟货币的发展。比特币作为一种新型的电子货币，它脱离了中央银行和政府的管理控制。如今，比特币的税收和法律地位在德国已经得到了承认，被德国政府归类到货币单位。2013 年，加拿大激活了世界上第一部比特币自动取款机，这标志着互联网金融与传统货币政策开始密不可分、逐渐融为一体。

二、欧洲的互联网金融概况

（一）欧洲互联网金融的发展现状

一是第三方支付与支付清算。欧洲地区的第三方支付发展速度比较缓慢，支付结算比重也比较低。尽管欧洲已经建立了统一的货币市场，但是，欧洲地区的支付服务还没有实现一体化，各个国家都是把自己本国作为一个集体来建立属于自己的支付体系。另外，第三方支付机构要想建立相关的业务，必须首先获得相关银行或者电子货币营业执照，并且必须把电子货币当作相应的支付媒介。这一系列的障碍，使得欧洲第三方支付没有获得充分发展。

二是 P2P 借贷平台。在欧洲，P2P 借贷平台众多，其中影响最大的有两个，一个是英国的 Zopa，另一个是德国的 Smava。尽管这两个平台有着许多相似之处，但是它们在业务的着重点上和发展模式上不太相同。英国的 Zopa 作为全球的第一家 P2P 网站，是在 2005 年成立的。该平台上有着许许多多的放款人，他们所放款金额不等，年收益率大约为 5%。在 Zopa 上，借款人比放款人要多得多。Zopa 平台通过向借贷的双方索取一定的费用来获得利润。而德国的 Smava 平台和英国 Zopa 的经营模式又不同，它是将所贷款的项目按照一定的信用等级标准划分，贷款项目如果出现亏损，则由同一等级内的所有投资人按照所投资比例来承担损失。

三是众筹融资。欧洲的众筹融资愈演愈烈，发展速度飞快，市场规模是世界其他国家众筹融资总和的一半。欧洲的众筹融资模式各式各样，创新层出不穷，但主要可以归结为四类：一是报酬类，约占市场规模的一半；二是捐助类，约占市场规模的不足 1/4；三是权益类，同样约占不足 1/4；四是借贷类，占剩余份额。这四类众筹模式不仅所占份额不一样，平均的筹资规模也有所不同，报酬类为 3000 欧元/次，捐助类为 500 欧元/次，权益类为 50 000 欧元/次，借贷类为 4500 欧元/次。另外，各类模式的筹资速度也有差异，其中借贷类融资速度最快，权益类其次，报酬类和捐助类速度最慢。在欧洲各国中，德国的众筹融资发展比较好，速度也较快。德国众筹融资平台众多，典型的代表是 Startnext 和 VisionBakery。

四是信息化金融机构。金融机构充分运用云计算、大数据等互联网技术对自身业务、产品等进行改造升级，比较突出的信息化金融机构有互联网银行和网络保险等。世界上网上银行最发达的当属美国，其次就是欧洲。欧洲的网上银行使用率从大体上来看，每年都有增长，呈上升趋势，但是上升的速度却有些减慢，特别是在 2010 年后。欧洲内部各国的网上银行使用率有较大的差异，其中瑞典、挪威、荷兰等国家的互联网银行比较发达，网上银行使用率大幅度超过欧洲国家的平均水平。相反，西班牙、希腊和比利时等国家的互联网银行发展比较欠缺，网上银行使用率远低于其他欧洲国家。不仅欧洲的网上银行比较发达，欧洲的网络银行也发展得比较成熟。欧洲的网络银行市场规模较大，典型的例子就是荷兰的 ING Direct 银行，它在一些国家创办了许多独立的网络银行，堪称是现今世界上规模最大的独立网络银行。欧洲创办网络银行历史悠久，有着许多成功的经验，但是大量网络银行失败的例子也有。其中典型的有 1999 年成立的 First-e 银行和 2001 年成立的 Zebank，由于经营不善和技术缺陷等原因出现亏损，成立后短时间内就被收购。

欧洲信息化金融机构比较发达还体现在网络保险上。法国安盛是全球最大的保险集团之一，1996 年开始在德国采取新的销售方式——网络销售。安盛通过这种互联网销售模式，使得保险销售量得到了大幅度增长，取得了骄人的业绩。但是安盛也认为这种互联网销售只是比较适合简单、标准单一的产品，无法提供能够增加附加值的个性化服务。

(二) 欧洲典型国家的互联网金融状况

1. 英国互联网金融

P2P 网络借贷最早起源于英国，英国的 P2P 发展特别迅速。2005 年 3 月，全球第一家提供 P2P 借贷信息服务的公司在英国伦敦成立——一家名为 Zopa 的公司。Zopa 平台按照资金需求者的不同风险水平来寻找相应匹配的资金借出方，各个资金借出方根据自身所符合的贷款利率来参与竞标，高利率者淘汰、低利率者中标，这种信贷模式具有简单高效的操作形式和符合市场需求的利率竞争机制的优势，常常能够使借贷双方都获益，因此大大盛行。Zopa 平台在世界市场上引起了关注，这种业务模式也因此被其他国家所借鉴和采纳。2008 年金融危机的爆发使得各个操纵信贷业务的大银行提示资本金充足率，用来解决中小企业服务不足的问题。以此为契机，英国 P2P 借贷得到了迅速的发展，对解决中小企业和个人创业者资金困难的问题起到了很大的作用。

2. 法国互联网金融

法国的第三方支付和众筹市场发展速度较快。法国的互联网金融目前已经形成了以第三方支付、众筹、小额信贷等为代表的主要形式。在第三方支付领域，电子支付 PayPal 占据着将近一半的最高市场份额。针对这一情况，为了争夺在线支付市场的份额，2013 年 9 月，法国巴黎银行、邮政银行和兴业银行三大银行一起集体研发了新的支付方式 Paylib。在众筹方面，法国比其他欧洲国家起步要晚，但是之后发展得很快，法国有三家公司在欧洲众筹行业中排名遥遥领先。法国政府特别重视对众筹行业的指导，已经颁布了众筹行业相关的监管法规，使众筹行业朝着合法、合理、健康的方向发展。在 P2P 领域内，法国起步比较晚，它有着两种不同的经营模式——盈利模式和非盈利模式。其中非盈利模式的典型例子是 Babyloan，在这种模式中，贷款人不对借款人收取利息，贷款人根据自己的兴趣选择所需要投资的项目，这种项目通常是公益的。

3. 德国互联网金融

P2P 网络借贷在德国正处于起步阶段，现在借贷市场基本上已经被 Smava 和 Auxmoney 这两家公司所占据，其他公司难以进入该市场。它们成立的时间都是 2007 年。在德国，一个正常、到处可见的现象是 P2P 公司不需要承受任何信用风险。尽管如此，这两家借贷平台的风险承担模式却不一样。在 Auxmoney 平台上，当发生风险时，损失由贷款人全部承受。而在 Smava 平台上，存在着两种规避风险的方式供贷款人进行选择，一是贷款人委托平台将信用不佳的贷款向专收账公司进行出售，二是处于同一类型、同一等级的贷款人通过联合出资的方式，共同抵御风险，共享利润和损失。另外，第三方支付在德国发展速度较快，而众筹融资兴起的比较晚、发展慢。

三、东亚国家和地区的互联网金融概况

（一）东亚国家和地区互联网金融的发展现状

一是第三方支付和支付清算增长缓慢。东亚国家的第三方支付整体来说发展都比较缓慢，规模也都比较小，各个国家的支付清算系统也都不同，有着一定的差距。在东亚国家的银行支付清算系统中，日本和韩国的系统建立的时间早，发展得较为完善。目前日本和韩国等国家并没有创立属于自己的第三方支付平台，因为这些国家的传统银行所建设的网络银行具有许多优点，如便利性与安全性。

二是 P2P 借贷和众筹融资滞后。东亚 P2P 借贷和众筹融资金额在世界融资总额中所占的份额严重不足，相对于世界其他地区来说发展严重滞后。由于各方面的原因，亚洲地区的 P2P 借贷和众筹融资很难满足广大中小企业对大量资金的迫切需求，这一矛盾还将长时间存在。

三是信息化金融机构增长速度较快。亚洲地区典型的信息化金融机构是互联网银行和网络证券。尽管同世界其他发达国家和地区还存在着很大的差距，但东亚地区网上银行业务的增长量随着互联网用户的增加在逐年提高，增长速度也在变快。亚太地区网上银行最发达的国家是日本，同时日本也是最早建立网上银行的国家。在日本最先推出网上银行业务的是富士银行和第一劝业银行，时间是在 1990 年。随后，其他银行也纷纷加入这一行列，并且把该业务的范围渐渐拓宽。在中国香港，最早开展这项业务的是香港东亚银行，时间是 1999 年。现如今，所有常见的银行业务在东亚银行的网上银行服务中都可以找到。2000 年 9 月，日本网络银行（JNB）成立，该银行是日本第一家独立的网络银行。成立后，该银行的业绩蒸蒸日上，大幅度领先于其他传统银行，堪称网络银行的杰出代表。

东亚各国之间的网络证券业务水平有着比较大的差异，其中，菲律宾和泰国等国家的网络证券发展相对来说较为缓慢，日本和新加坡等国家发展得较好，处于领先地位，发展最好的是韩国。韩国的网络证券开展得较早，1997 年 5 月，开始进行网络证券交易。1999 年，为了使该业务的手续费能大幅度下调，吸引更多的消费者，多家大型证券公司协商集体降价，最终使得该业务手续费降到大约韩国现场交易费用的 1/4。1999 年前，日本的网络证券交易发展十分缓慢，网络证券交易商的数量也比欧美国家要少得多，仅仅只有 19 家，其中的代表是大和证券。1999 年后，许多新兴网络证券交易商由于股票佣金自由化的缘故纷纷建立，目前已经形成了与传统证券交易所共同占据市场的局面，其中的代表有乐天证券和 SBI 证券等。

（二）典型国家日本的互联网金融状况

在互联网金融产生和发展的过程中，日本是典型的由网络公司来主导互联网金融变革并起重要推动力的国家。同美国相比，日本在移动互联网金融发展上要先进得多，这与日本的互联网金融由网络企业主导和日本的移动互联网高速发展有着十分紧密的关系。在日本，互联网金融公司比较多，典型的有以下三家。

1. 乐天证券

1997年，乐天公司成立，最早从电子商务平台开始做起，通过一段时间的发展壮大逐渐将业务拓展到互联网的其他服务领域。2003年，乐天收购DLJdirect SFG证券，并于2004年更名为"乐天证券"，该证券公司被收购的当年9月开户数就名列日本所有券商的第3位。信用卡是消费者用来进行消费的重要手段，同电商业务有着密切的关系。2005年，乐天开始进军信用卡领域，消费者在乐天的消费记录可以作为授信的依据，同时信用卡业务又可以为乐天带来一定的手续费用。2009年乐天又创立了互联网银行，经过数年的发展，现在日本最大的网络银行已经变成了乐天银行。

2. SBI控股公司

SBI集团的前身是软银金融，成立于1999年，是世界上最大的综合网络金融集团之一及亚洲最大的风险投资、私募股权资产管理机构之一。集团旗下拥有的网络证券、网络银行、网络保险、私设证券交易平台、外汇保证金交易平台等网络金融公司，都在行业里处于领先地位，从而形成了世界上独一无二的网络金融生态圈。SBI集团有三大支柱业务——资产管理业务、生物技术和金融服务业，公司大部分的收入都来自金融服务业。

3. 松井证券

松井证券是日本的一家证券公司，总部位于东京，在1931年成立，是日经平均指数的成分股之一。现在该公司主要承担和经营网上证券交易与承销。

四、国际互联网金融发展的特征和经验

（一）国际互联网金融的发展特点

1. 起步早，发展成熟

美国是世界上最早诞生互联网技术的国家，由此也成为互联网金融的起源地。1971年，纳斯达克系统成立，这预告着从最初的猜想过渡到现实的运营，互联网金融这种新颖的模式开始实现。早在20世纪90年代，美国等发达的西方国家就已经把互联网技术开始运用于金融行业的各个领域中。经过20多年的飞速发展，互联网金融历经各个阶段，业务深入到融资、支付和理财等金融领域的

方方面面，一步步变得成熟。另外，在实践过程中，欧美的互联网金融也诞生了各式各样的业务模式。以 SFNB 为代表的世界上第一家纯网络银行由建设初期的迅猛发展，一度成为美国第六大银行，到后来由于竞争优势不再和内部经营不善最终被收购，代表着互联网金融创新产品完整的一个生命周期。欧美的互联网金融已经发展成为一个比较成熟的市场。

2. 和传统金融业的兼容性

"经过长时间的发展，西方发达国家的传统金融体系都比较健全，所提供的产品和服务也都比较丰富和优质。"[1] 在互联网技术刚刚出现的时候，金融机构就积极主动地与互联网相结合，对金融业务进行信息化的更新换代。从欧美各国互联网金融的实际运行情况看，金融互联网化不但没有冲击银行的地位，反而弥补了传统业务的不足，使传统业务的覆盖率得到提高，巩固了传统金融业的地位。由于传统金融体系十分完善和强大，P2P 和众筹融资等独立的互联网金融公司的生存空间很狭小，不得不在传统金融业还没有开拓到的领域里发展。

3. 法律体系完善，监管完备

互联网金融作为新生事物，其监管问题备受各国瞩目。互联网金融虽然形态上发生了很大变化，但本质上仍然是金融，是传统金融业务信息化的产物，这是国际上对待互联网金融的普遍看法。互联网金融作为金融业务，并没有摆脱支付、销售、投资等范畴，因此应该按照金融行业的法律监管体系纳入现有的监管框架。由于在互联网快速的发展过程之中，一些旧的法律法规会导致出现监管漏洞，所以世界各国根据互联网金融的形势发展，必须通过重新立法、补充法规细则等办法调整和完善法律法规体系。

美国证监会对 P2P 借贷平台采取注册登记管理的办法，通过对借贷人的信用进行登记，对贷款额度实施风险评估，对用途进行管控，如果没有注册或者获得豁免权，任何人都不能销售或提供证券。1993 年，为了使第三方支付机构的行为得到管控，美国通过了《金融服务现代化法》，在法律中把第三方支付机构规定为非银行金融机构。2013 年 9 月，美国乔布斯法案的 Title II 条例允许有资金周转困难和融资需求的私人企业可以在社会上通过各种途径公开募集资金，但是对象必须是通过认证的投资人。从 2014 年 4 月起，英国金融行为监管局把 P2P 和众筹融资等业务都纳入监管范畴之内，同时配套制定了一系列关于 P2P、众筹等互联网金融产品的监管规则。在德国和法国，互联网金融机构要进入信贷业务领域，必须先获得参与传统信贷业务的牌照。加拿大为了打击通过互联网技术凭借虚拟货币来洗钱和非法融资的犯罪行为，把虚拟货币归纳到反洗钱体系中监管，2014 年开始重新修订《反洗钱和恐怖活动资助法》。世界各国纷纷通过制

---

[1] 李东卫. 互联网金融的国际经验、风险分析及监管 [J]. 吉林金融研究，2014 (4).

定法律对互联网金融参与者的行为进行监控和管理，确保投资者的正当合法权益，为金融市场的安全健康发展发挥了重要的作用。

4. 机构明确

由于互联网金融业务广泛复杂，参与互联网金融的主体特别众多，单一的机构监管模式比如只注重市场准入很难满足市场对监管的需求。要确保互联网金融健康繁荣发展，就必须建立起健全、完善的各司其职、相互配合的监管体系。根据不同类型的互联网金融业务，针对不同业务的属性和功能，归口相应机构进行业务监管和确定合适的监管细则，这是国际上对互联网金融监管的一般做法。

美国、西班牙等国家把互联网融资分成两种模式，交于两个不同的机构监管，其中股权模式由金融市场监管机构监管，借贷模式由银行监管机构实施监管。针对第三方支付机构的监管，美国采取州和联邦分别独立监管的体制。第三方支付机构由联邦存款保险公司进行监管，只要不违背本州的上位法，各州的监管部门有权根据本州的互联网金融实际情况对第三方支付平台做出相应的细则规定来维护第三方支付秩序。在法国，必须首先获得由金融审慎监管局颁发的支付机构执照，相关机构才能够开展支付业务，支付机构的支付行为由金融审慎监管局进行监控。

（二）国外互联网金融的主要经验

1. 建立发达的市场环境

欧美国家拥有非常发达和完善的市场环境，其中资本市场已经发展到相当高的高度，发达的资本市场可以给互联网金融企业和各个金融平台提供融资的渠道、进行资源配置和投资的手段，同时也有利于降低资本风险。另外发达国家的信用评价体系建立由来已久，投资者和消费者都特别注重自身的信用建设。这种完善的征信体系可以提供非常准确的信用记录，解决投资者和消费者之间的信息不对称问题，降低相关的时间成本和业务费用，提高资源利用效率。美国 P2P 借贷平台 Lending Club 通过和众多银行合作实现了征信信息互利共享，把系统中的信用评分和评估客户的风险相挂钩，从而减少市场的违约风险。

2. 完善运营管理

一是提高全方位获取信息的能力。当确立一个融资项目时，既要利用传统信用基础信息，又要通过网络媒介获取新信息等各种手段和途径进行评价分析，这有利于互联网金融企业减少业务费用，提高资源效率，增强抗拒风险的能力。美国 Lending Club 公司在进行网络借贷时，会利用美国信用统计局所发布的信息进行分析，不仅如此，还会依靠第三方来获取客户的有效信息如电话和邮箱，以此作为依据对客户做出信用评价，评估是否可能会存在违约风险。

二是尽量避免进行价格战。欧美互联网金融企业一般很少采用高利率、低费率等方式降低金融产品价格来进行竞争以达到吸引客户的目的，价格战所获得的客户一般都是质量和忠诚度比较低的客户，客户流失率通常会很高，违约风险也会很高。相反，通过采用改善经营管理、提供优质金融产品和服务所吸引的客户会更加稳固，这类互联网金融企业通常采用收取管理费用或者以佣金为主的盈利方式。在 Zopa 平台上，有闲置资金的借出人会通过彼此之间的竞标使借出资金的利率得到有效下降，满足贷款人的资金需求。在 Lending Club 上，不同客户会根据自己不同的信用等级获得相应的贷款期限和利率，风险爱好者会配置相应高回报高风险的投资项目，而风险回避者则会配置低回报低风险的项目。

三是资金运用的集中度应适当，防范流动性风险。PayPal 公司的主要投资方向是高质量高信誉的证券，但是又很少用该公司的基金全部去购买某个公司所发行的证券，不把鸡蛋放在一个篮子里。为了增强资金的流动性，规定所购买的证券投资组合最长时间不得多于 3 个月，若购买的是单一的证券，最长时间不能多于 397 天。

3. 加强风险监管

一是建立健全的信息披露系统，指导、督促互联网金融公司规范履行信息披露义务，发布风险揭示公告。为了加强对 P2P 借贷平台的管理，美国要求 P2P 平台必须严格按照注册程序在证券交易委员会处进行登记。登记所必须要的文件不可或缺，如 P2P 平台的管理结构、经营方式、运作流程和公司财务信息等。P2P 平台必须持续在证券交易委员会网站上发布揭露贷款的细节、所出售的受益权凭证和风险公告。投资者有权在自身权益受到侵犯时对 P2P 平台提起法律诉讼，而公告的记录则可以用来证明平台是否存在违法违规问题。

二是对单个互联网金融公司或投资人的最大融资金额做出规定。2013 年美国颁布了乔布斯法案，该法案主要目的是解决小微企业融资困难的问题、拓宽融资渠道、防范风险。乔布斯法案规定，在网络平台上，创业企业每年募集资金的数量不能多于 100 万美元。

4. 建立行业自律组织

"由于现代网络技术日新月异，互联网金融产品也处于更新换代之中，仅仅依靠行政监管不足以确保互联网金融的健康发展，现有的金融监管体系也无法监管所有的互联网金融业务。"❶ 因此各国必须加强发展互联网金融的行业自律监管组织。相关制度法规无法监管的现象，只能依靠企业制定行业标准，使行业规范发展。世界上第一家小额贷款银行业协会是由英国的三大 P2P 平台成立的，通过这种行业自律监管组织制定自律规范，规范交易手续，监管交易过程，实施自我监管。

---

❶ 许雯. 互联网金融的风险及其防范研究 [D]. 北京：中共中央党校, 2015.

第二节　国内互联网金融发展概况

一、我国互联网金融发展历程

互联网金融是互联网技术同金融业相结合的产物，我国的互联网金融起步比西方发达国家略晚。我国互联网金融的发展基本上可以划分为三个阶段。

第一阶段是 20 世纪 90 年代中期到 21 世纪初，随着西方发达国家网络技术的兴起，互联网技术开始在传统行业普及开来。在这种时代潮流中，互联网金融在我国也开始兴起，互联网技术纷纷运用在了资金支付、风险管理等领域。网络银行、网络保险和证券业务的兴起是我国互联网金融发展创新第一阶段的标志。后来随着现代网络技术的发展，互联网技术和金融业务无论是在广度上还是深度上都进一步结合，20 世纪末期，电子商务兴起、网络购物出现，第三方支付平台开始在我国出现并迅速发展。可以说这一时期，大致上是我国互联网金融的萌芽期，互联网金融的力量还很薄弱。

第二阶段是 21 世纪初到 2012 年，这一段时期可以说是我国互联网金融的成长期。该时期内，随着网络购物的普及，我国第三方支付平台快速发展，网络信贷、众筹融资等依靠互联网技术的互联网金融模式开始出现。由于这段时期，网络诈骗和非法募集资金等恶性事件常常发生，为了整顿互联网金融的发展秩序，2010 年 9 月，中国人民银行发布了《非金融机构支付管理办法》，这标志着第三方支付开始进入规范发展的行列。

第三阶段是 2013 年至今，2013 年被称作我国互联网金融的元年，不同的互联网金融模式都发展到了巅峰，国内互联网金融总体上呈爆发性增长。阿里巴巴、腾讯、中国平安等 9 家公司联手创办了众安在线财产保险公司，传统的产业形态开始被打破，甚至被重新塑造。余额宝凭借着风险低、收益高、流动性强等优点，成功成为国内第一支规模在 1000 亿元以上的基金产品。随后，我国互联网金融开始呈井喷状态，新浪推出了"微财富"、百度推出了"百发"、中国平安推出了"壹钱包"等理财产品，工商银行、中国银行等传统银行纷纷建立互联网金融中心，试图打造属于传统金融机构的互联网金融体系。第三方支付、众筹融资和门户金融理财等不同的互联网金融模式初步确立了框架。

二、我国互联网金融发展模式

随着我国互联网金融的发展，市场上的互联网金融创新产品越来越多，通过对互联网金融产品与现象的深入分析，最终归纳出了我国互联网金融的六大发展模式。

一是第三方支付。随着现代信息网络技术的普及化，支付中介功能以前只能由银行等金融机构才能提供，现在也能由非金融机构提供。因此，第三方支付指的是非金融机构。国内支付宝是最早实践第三方支付模式的，支付宝主要提供支付和理财服务，从2014年第二季度起，支付宝已经成为世界上最大的移动支付厂商。目前支付宝已经与国内外180多家银行和一些国际组织建立了战略合作关系。除支付宝外，国内第三方支付平台还有财付通、盛付通、易宝、快钱等。

二是P2P网络借贷。P2P网络贷款是指在第三方互联网平台上，有借款需求的人群可以通过平台找到有出借意愿和出借能力的人群，只要双方在期限、利率和贷款金额方面协商一致，就可以完成网络借贷交易。我国的P2P网络借贷机构平台主要有陆金所、宜信和人人贷等。

三是大数据金融。通过采用云计算等现代信息网络技术，从对大量数据进行实时分析中获取有效信息，充分挖掘和了解客户的消费习惯和消费意愿。当客户资金不足且有融资需求时，金融服务平台能够通过大数据判断违约风险程度，从而决定是否提供资金。我国大数据金融运用得比较成熟的代表有京东白条和阿里小贷，京东后台风控系统会根据消费者的购物习惯、信用等级等情况来决定是否给出"白条"。

四是众筹。众筹意味着大众筹资。有资金需求的团队或个人经过相关审核后可以在众筹平台上展示他们的项目和创意，寻求大众的支持。有兴趣的投资者可以向项目投入一定量的资金，众筹往往投资人众多，单个投资人的投资数量比较少。众筹与P2P的主要区别在于回报的形式会更加丰富，投资者可以获得一定的股权、债权或公益捐赠。点名时间、众筹网、追梦网等都是国内比较出名的众筹融资平台。

五是信息化金融机构，是指银行、证券、保险等传统金融机构通过现代信息网络技术对自身的运营过程和业务进行重构改造，金融业发展的趋势之一是金融信息化。现今各大银行都推出了自己的网上银行、手机银行业务。

六是互联网金融门户。这不仅是一个销售互联网金融产品的平台，在这个平台上还能提供销售产品和服务的便利。金融机构将金融产品放在互联网金融门户上，客户可以对产品进行比对从而挑选符合自己意愿的金融产品。这一类的门户网站主要有好贷网、融360等。

三、我国互联网金融监管问题

众所周知，我国互联网金融近几年来发展速度较快，互联网金融产品创新层出不穷，互联网金融有着比较突出的发展优势和机会。然而现实情况是我国互联网金融起步时间比较晚，距离西方发达国家还有着一定的差距。虽然我国颁布了一些关于互联网金融的法律和细则，规范互联网金融发展的市场秩序，但是互联网金融监管仍然存在着一些问题。

（1）监管制度不合时宜。现代互联网金融业务复杂多变，金融创新产品丰富多样，现有的金融监管体系遭受到了严重挑战。随着互联网金融渐渐向混业经营的方向发展，银行、证券等金融机构之间的金融业务越来越大同小异，界限变得模糊，现行的以分业经营、分业监管的制度已经不适用，有着被全能经营、统一监管的监管模式所替代的趋势。

（2）监管主体混乱、分工不明确。由于我国互联网金融起步时间较晚，朝着混业经营和综合化的方向发展，现有的监管体系存在着监管主体混乱的现象。比如，中央银行对第三方支付进行监管，而小贷公司等民间机构则是由当地金融办负责监管，此外，由民间资本发起的P2P网络借贷还游离于监管的空白地带，当地政府无法落实网络借贷的监管部门。这种监管部门分工不明、监管主体混乱的实际情况，给我国互联网金融的健康发展造成了一定的阻碍。

（3）反洗钱、套现和保护消费者权益的难度提高。伴随着现代信息技术的发展，传统金融在时间和空间上的局限被打破，使得不稳定的金融市场变得更加动荡。互联网金融是在网络上进行交易，其记录可以被删除或者修改，导致互联网金融业务很难被监管当局进行核查监管。当第三方支付机构放松审查后，以洗钱、套现为目的等的金融犯罪问题就会滋生。另外，由于互联网技术在全球范围内的普及，互联网金融发展变得渐渐无国界化，追踪跨国金融犯罪也会越来越困难。网上交易也容易导致交易者的信息泄露，从而损害消费者的合法权益。

（4）互联网金融安全问题会由互联网金融的潜在风险所引发。由于互联网金融具有的特点如交易虚拟化和交易对象全球化等，大量、大范围地进行网上交易会导致市场出现金融风险。黑客利用现代信息网络技术的开放性和加密技术的漏洞，对金融市场发起攻击，消费信息容易泄露，容易使金融市场发生破坏性的震荡。

第三节　互联网金融发展展望

总体来说，我国互联网金融的起步时间并没有比西方发达国家晚太多，甚至在某些领域中成为佼佼者已经赶超了其他国家。近几年来，我国互联网金融市场规模越来越大，互联网金融创新层出不穷，我国互联网金融行业正面临着前所未有的良好发展机遇。随着全球信息网络技术的日新月异，展望未来，互联网金融将发生一系列的新变化。

（1）移动互联网金融大众化

随着移动互联网的大力普及，人们日常生活中已经离不开智能手机。移动信息技术在金融领域的引用，使得人们开始通过手机移动端来进行金融活动和各类支付，银行业务慢慢从前台转到了幕后。当移动互联网和金融深入结合后，移动金融产品势必会越来越丰富。同时，银行、保险等传统金融机构也会积极推出自己的移动金融产品，抢占移动端市场，从网络平台转向移动端渗透。另外，移动互联网金融的市场将不再局限在一线城市，二三线城市的金融消费群体也会逐渐增加。

（2）树立互联网金融服务品牌

随着互联网金融的蓬勃发展，互联网金融机构的业务范围越扩越大，席卷各行各业，相互竞争不断加剧。为了吸引客户，就必须重视互联网金融服务品牌的塑造。互联网金融机构必须扩大经营规模，改善经营方式，提供优质服务，在人群中打响知名度，从而提高客户数量。

（3）互联网金融服务实现普惠化

由于互联网金融打破了传统金融服务的约束边界，具有不限时空、无间断服务的优点，更加容易满足人们对金融服务的需求。由于互联网金融机构对云计算等信息网络技术的大量采用，交易成本得到降低，提高了信息透明度，从而使得更广阔的人群能够享受到金融服务，实现金融的普惠化。

（4）互联网金融机构混业经营趋势增强

互联网金融公司凭借手中所拥有的众多客户资源，依靠低成本、信息技术等优势进行跨业经营，向传统金融机构的业务进行渗透。同时，传统金融机构凭借着历史和线下资源也纷纷进军互联网领域。市场上会涌现出各式各样的互联网金融交叉产品，呈现出互联网金融综合经营的趋势。

（5）互联网金融和传统金融加速融合

互联网金融和传统金融拥有各自的优势，这两者并非是一个颠覆与被颠覆的关系，深入合作的趋势已经形成。传统金融机构应当抓紧布局互联网，借助互联网平台来整合自身资源，加强自身的信息化建设。互联网金融公司应当加强同传统金融机构的合作关系，利用它们的资金、信用等资源为自身服务。互联网金融和传统金融在现代信息网络技术日趋成熟的条件下，加速融合已经成为一种态势。

第五章

互联网金融商业新模式案例

近年来互联网金融迅速崛起,随着新的互联网技术和新型金融需求的多元化,互联网金融不断诞生新的金融模式。当前,互联网金融模式分类众多,表现形式更是五花八门,对我国国内目前流行的互联网金融模式进行探讨有利于更进一步地理解互联网金融。

第一节 国内互联网金融模式观察

一、互联网企业金融服务平台代表:阿里巴巴布局大金融

成立于1999年的阿里巴巴是中国最具影响力的互联网公司之一。作为电子商务的领头羊和本土化开拓者,同时由于其独到且具有远见的战略目光,及其在模式上的持续创新能力,阿里在多个行业尤其是互联网金融行业掀起巨浪,仅用几年时间就从只有18人的小公司成长为世界级互联网巨头。在阿里崛起的过程中,正是互联网思维萌发并高速发展的时期。互联网金融在以阿里为代表的先行者的带领下,完成了一个又一个深刻变革。

2003年,阿里投资创办线上交易平台淘宝网。陌生人在网上交易,风险要比传统交易模式更高。因此阿里于同年10月推出第三方支付工具"支付宝",以"担保交易"模式使消费者对淘宝网上的交易产生信任。支付宝是我国最早的代表性互联网金融模式。2007年11月,阿里成立网络广告平台阿里妈妈,并于2008年将之收编淘宝麾下。如今阿里妈妈已经是国内领先的大数据营销平台,拥有阿里集团的核心商业数据。虽然不属于金融业务,但在互联网时代阿里妈妈带来的数据优势是原本主攻电子商务的阿里切入互联网金融行业的优势所在。另外,2009年9月阿里巴巴集团庆祝创立10周年,同时成立阿里云计算,旨在增强自身对数据的处理能力。如果把数据本身比作一块好铁,云计算就是将数据磨成信息这把利刃的磨刀石。巨大的信息优势使阿里进军互联网金融如虎添翼。

早在 2007 年，阿里借贷就开始与中国建设银行合作。阿里当时是作为银行的信息提供者，为企业和建行搭桥引线，贷款仍来自银行。与建行终止合作后，阿里开始独自经营互联网借贷平台，于 2010 年和 2011 年在杭州和重庆成立了两家小额信贷公司，主要是利用支付宝、淘宝和 B2B 平台提供的大量信息为小微企业贷款提供服务。小微企业贷款市场一直都受到忽视，阿里借贷却因为便捷的服务在两年间发放了超过 500 亿元的贷款。2013 年 6 月，由阿里的互联网金融体系蚂蚁金服和天弘基金合力推出的余额宝横空出世。余额宝利用互联网的聚合效应，将大量的闲散资金汇集起来，由天弘基金用于投资银行间的协议存款，从而获取比活期存款高得多的利益。这一金融创新被普遍认为开创了国人互联网理财元年。其高收益、高便利性对传统金融行业形成巨大冲击，成为普惠金融的典型代表。截至 2016 年 9 月，余额宝已经发放超过 6000 亿元人民币贷款，2015 年的净收益达 231.31 亿元，远远超过其他基金。作为未上市的互联网金融企业，蚂蚁金服的估值高达 600 亿美元，其地位无法撼动。余额宝的成功举世瞩目，志向远大的阿里巴巴并没有止步于此。2015 年 6 月，作为银监会批准的中国首批 5 家民营银行之一，由蚂蚁金服作为大股东发起设立的浙江网商银行正式开业。截至 2016 年 2 月，网商银行服务小微企业数量突破 80 万家，累计提供超过 450 亿元的信贷资金。马云曾说"如果银行不改变，我们将改变银行"，一定程度上余额宝已经做到了。这一次，阿里是否能借助网商银行再次创造奇迹，推进我国金融行业的进一步变革，我们拭目以待。

纵观阿里的互联网金融发展历程，通过不断创新、横向收购、入股，阿里利用自身的数据优势和云计算能力，将旗下的支付宝、余额宝、阿里理财、阿里小贷、阿里保险、阿里担保等，还包括阿里云提供的金融云服务串联起来形成庞大的金融产业系统，使阿里在众筹、数字货币、第三方支付和大数据金融等互联网金融方面独占鳌头。阿里金融的发展特点在于进行自身价值维护。为了更好地壮大自身竞争实力，也为了更好地与商业伙伴合作，阿里的金融体系在精心的规划下形成了一个"完整的生态系统+开放的金融服务平台"。这是对阿里金融布局的简单而又准确的描述。

二、传统银行新型互联网平台代表：民生电商

2013 年 6 月，蚂蚁金服和天弘基金合力推出余额宝后，中小型银行受到巨大冲击。这在一定程度上加快了中小型银行介入互联网金融的步伐。同年 8 月，民生银行的七家主要非国有股东单位和民生加银资产管理有限公司推出的民生电商横空出世。

民生电商是一个互联网金融平台，其定位是尝试解决小微企业融资难的问题。它的特点在于除了帮助自己的客户获得贷款等金融服务外，还利用自己的电

商平台帮助客户销售商品，从而降低银行贷款风险。可以看出，民生电商正在努力尝试为传统企业提供一站式服务。基于这一理念，在 CEO 吴江涛的带领下，以投融资平台、O2O 业务、B2B 金融业务为战略核心，再加上第三方支付、数据中心、股权投资、物流金融等多方面的配合支持，民生电商逐渐建立起一个基于精准大数据的金融互联网服务台。旗下拥有民生易贷、民生转赚、民商智惠、民生通讯、民熙物流和瑞服科技等多个服务平台。其中民生易贷和民生转赚是金融服务的两大块，民商智惠负责协助企业销售产品，其他的平台则提供相应的配套服务。

民生易贷是民生电商的首款产品，于 2014 年 7 月 15 日正式对外运营。因为具有银行基因，民生电商在票据类互联网金融产品发行、审核和托管上具有优势。预计票据类产品将会长期作为民生易贷的主要产品之一。企业办理背书签章后，将汇票转让给平台所有，以此获得贷款。不同于阿里通过广告、竞价和摊位费来营收，民生电商是直接向企业收取一定的服务费。票据的审核是票据理财最核心的一步。由民生银行负责提供银行级别的审核，可靠性自然得到保障。在还款日前，融资方需要将资金存入指定账户，该账户由民生易贷的另一个合作伙伴宝易富通运行维护。民生易贷不同于一般的 P2P 借贷，它并没有引入担保公司来提升平台的可靠度。对此，民生易贷表示会在贷前严格审核融资人资格，按照银行级风控标准，结合互联网"大数据"体系进行综合评审，整体风险控制体系同银行基本一致；在贷后通过风险预警系统对融资人经营状况进行日常监控，一旦发现风险，将及时采取措施，最大限度地保护投资人的利益。

民生转赚是民生电商融合互联网信息技术手段打造的面向个人的资产权益流转平台，主要包括债券、保理、票据、租赁和投资的收益权转让，向用户提供交易信息发布、成交确认、资金回收、分配以及持续的信息披露服务。当下金融需求呈个性化、多样化的特点。民生转赚的推出有利于民生电商扩大自身的服务对象，清扫传统金融无法服务的盲区。

民商智惠已经拥有完整的电商科技系统（包括商户管理、交易、运营等后台系统），并掌握了包含高端白酒、数码智能、生活日用、航空里程等丰富的商户资源。凭借自身对金融行业的理解，结合科技系统、专业运营，民商智惠将个人端和企业端的需求聚合在一起，用整合营销模式快速撮合双方合作，持续为金融机构群体提供便捷、高效、定制化的管理服务。

另外，随着普惠金融的理念日趋火热，互联网服务成本越来越低，社区金融 O2O 开始兴起。2016 年 9 月 22 日，福星智慧家物业服务有限公司与民生电商达成战略合作协议。据介绍，民生电商将发挥自身互联网金融信息平台的优势和传统金融机构的渠道优势，积极支持福星智慧家社区管理品质的整合、改造和升级，打造以社区金融为核心的互联网金融信息平台，为福星智慧家及其客户提供融资、资本运作、信息咨询、理财、撮合等多层次、全方位的金融服务。社区金融作为新兴产业被广为看好，预计将成为民生电商的又一主要平台。

三、债权转让式 P2P 平台代表：宜信

债权转让模式是 P2P 网贷的一种"多对多"借贷模式，是指借贷双方不直接签订债权债务合同，而是通过第三方个人先行将资金借给资金需求者，再由第三方个人将债券转让给投资者。P2P 网贷平台对第三方个人债权做金额和期限两个层面的拆分，从而划分为多笔小数额、短期的债权，进行销售。例如将这些分散的债权打包成固定收益类的理财产品，给出借人选择，实现债权转让的目的。

这种 P2P 网贷模式的典型代表是宜信，全称为北京宜信普惠信息咨询有限公司，成立于 2006 年 5 月，主要开展信用业务模式，核心业务为提供个人对个人小额信用贷款中介服务，同时，开展财富管理业务、信用数据整合业务、小微借款咨询服务与交易促成业务、信用风险评估与管理等业务。其产品包括宜学贷、宜车贷、宜人贷、惠普一号、农商贷、宜信宝、月息通、公益理财等。其主要运行模式是无抵押有担保模式，为复合中介型，与拍拍贷纯中介竞标方式不同的是，在运营过程中，主要是宜信全称掌控。

（一）宜信操作流程

具体操作流程如下：（1）宜信平台将出借人资金打散，与资金出借人签订一份多人借款的合同，合同在第三方账户收到款项后立即生效。宜信平台为资金出借人寻找借款人。找到后，宜信没有借贷双方直接订立的合同，而是由宜信第三方账户人担任债权和债务的转移人。首先由第三方账户担任出借人，在平台找到合适的借款人之后，借款人和宜信签订债权转让合同，从而将债权转移到真正的资金出借人手中。（2）借款人向宜信 P2P 平台提出借款申请。（3）宜信向出借人推荐产品。（4）出借人有权利决定是否借给平台推荐的借款人，决定后将资金借给借款人。（5）借款人每月偿还利息和本金，以便出借人能够对每一笔债权的偿还情况和收益信息有一个动态的了解。此时出借人既可以选择收款，也可以不收款选择将资金放在宜信继续寻找下一个借款人。

（二）宜信模式的特点

一是宜信的保障金制度。在宜信的债权转让运行模式中，出借人对自己的债务人的情况是不了解的，具体投资项目和借款人主要由宜信系统进行匹配，向出借人推荐后最终做决定。宜信对于借款人信用的审核，没有出借人的参与。同时出借人和借款人并无直接签订的合同，仅有与宜信的债权转让合同，因此出借人往往承担着较大的风险。因此为了保证出借人资金安全，宜信平台与出借人签订包赔全部本金利息合同，为出借人资金做最大化担保。

二是风险控制有自身的特色。具体措施包括"双向打散"模式，按月还款

和面见式的信用审核方式。出借人和借款人并不是一一对应的关系，一项资金分散给多个借款人，出借人看到的是一个列有借款人姓名、身份证号码和借款用途的债券列表。同时，借款人的资金也分别来自不同的出借人，使得出借人承担的风险得到最大限度的分散。每月还款也有效防止了坏账率，使得出借人对于借款偿还情况有清晰的了解。此外还采用线上线下相结合的方式保证借款人的真实性。为了方便面见审核，宜信于全国15个城市均设置了站点。面见时需要本人亲自出示各种证件原件并讲明资金用途。核实完毕后，宜信会根据信用审核结果确定借款人的借款利率，优质客户借款利率低。

四、纯中介P2P模式（点对点）代表：拍拍贷

中国首家P2P（点对点）网贷平台——拍拍贷，是2007年在上海成立的，目前仍在继续运行着，是一种平均单笔借款金额约1万元的小额无抵押无担保纯线上模式。拍拍贷作为P2P网贷平台的一种，仅作为单纯的网络中介存在。主要负责交易规则的制定、交易信息的搜集和提供双方交易平台，从用户开发、信用审核、合同签订到贷款催收等整个业务都在线上完成。平台交易规范透明且拥有较低的交易成本。目前拍拍贷用户数量超过180万户，其中活跃借贷人高达12万人，是我国P2P网贷平台中较为火爆的运行平台。然而数据信息获取难度高会增加坏账率，因此，拍拍贷目前也面临着更好地建立个人和企业征信系统的挑战。

（一）拍拍贷线上交易流程

具体的操作流程为：（1）借款人首先在拍拍贷平台上发布自己的借款信息，包括借款金额、借款期限、借款原因和预期年利率（列出最高年利率）。（2）网贷平台会对借款人进行身份认证和信用审核，并将相关信息告知借款人。（3）拍拍贷平台的贷款人根据所发布的借款信息，结合自身所拥有的自有资金，自主选择进行全额或者部分投标，此时的投标利率不能超过借款人所公布的最高利率。一般采用多个出借人共同出借资金给同一个借款人，每位出借人出借的资金数额都不高，以此来分散可能的风险。平台网页上会有该借款人借款进度以及完成投标的笔数的显示。筹借期满后，若投标资金总额达到或者超过借款人的需求，则全额满足其需求的年利率最低的一项或者几项资金中标。（4）平台会在借贷需求匹配成功，交易成功后自动生成电子借条，并且按时提醒借款人必须按月向贷款人还本付息。

（二）模式运行特点

一是平台提供无担保、无抵押贷款。在拍拍贷网站上进行借贷不需要任何抵押，更不需要第三方机构的担保。多为小额贷款，满足了中低收入阶层的借贷需求，借贷人群的覆盖面较广。

二是平台承担的风险较小。主要体现在拍拍贷仅仅是提供借贷双方的信息服务并对借贷需求进行信息匹配、提供交易平台和工具支持，并参与双方的借贷交易；拍拍贷也不承担对出借人的担保责任，当出现逾期不还款或者还款金额不足现象时，不用对贷款人进行经济赔偿；平台在对借款人进行信用审查时，借助网络社交工具，使得每个人都能参与其中，有效降低潜在风险并降低相关成本。

三是平台收费水平低。相比其他进行抵押担保的网贷平台，大多数业务都是免费进行的，主要收费分为服务费和手续费，其中服务费按成交金额的2%~4%收取。

四是有特色的风险控制体系。其风险控制措施主要包括引入社会化因素对借款人进行身份认证和信用审核、多个出借人共同承担投资风险、借款人按月还本付息。值得一提的是拍拍贷对借款人的信用审核机制，首先，平台与包括公安部身份证信息查询中心、法院、工商局等在内的全国数十家权威数据中心进行合作，借款人通过上述数据中心进行真实姓名和身份信息的认证。其次，拍拍贷利用自己搭建的数据模型结合搜集的散落在互联网上的碎片化的数据信息（借款人自己的社交圈）对其进行一个综合信用评级。例如，利用借款人好友圈、QQ社交圈、微博圈积累数据。

五、产品众筹模式的代表：点名时间

产品众筹模式也称为非股权众筹模式。主要是指项目发起人给予投资人的回报形式不涉及股权股票、分红、债券、利息等，以具体的实物（项目最终产品或是附属品）、服务或者媒体内容作为回报。从运行模式上看更像是产品的预购或者团购。点名时间作为我国国内首家上线的众筹平台就是产品众筹模式。

点名时间网站创建于2011年4月，2011年7月正式上线。平台创始人是一群拥有梦想、热爱创新的年轻人。因此其创建的宗旨就是为那些有着创意想法，却缺乏资金的人提供融资渠道。网站在创立之初就取得了50万美元的天使资金。和其他的众筹网站类似，最开始接受各种类型的项目，如影视、娱乐、音乐、科技、个人项目都可以在点名时间上发布。2012年点名时间开始深入智能硬件产业链之中，结合智能产品在制造和创新过程中出现的问题和国内有一群人想创立自己品牌、摆脱代工和贴牌等OEM/ODM模式的情况，于2013年正式将重心和支持方向转向智能硬件等科技领域。因此目前点名时间的支持项目主要分为两大类。其一是科技类产品，包括智能钱包、智能唱录机、手机隔音口罩等创新产品在项目筹资成功后实现创意产品的量产；其二是艺术类产品，包括纪录片的拍摄和电影的制作。例如2013年6月底，国内原创动画电影《十万个冷笑话》在点名时间共筹集超过100万元的资金，完成了拍摄制作。2013年8月，动画电影《大鱼海棠》也在网站上完成了筹资。

点名时间自上线开始后台接收到的项目申请已经超过 7000 个，其中经过点名时间审核上线筹资项目约 700 个。点名时间模式的运作最初是模仿国外知名的众筹网站 Kickstarter，但是由于中外国情的不同，其诞生后进行了很多本土化的改革，形成了自身的特色：（1）项目需要经过审核才能够上线筹资。项目发起人需要制作文字、图标或是视频，在网站上展示自己的创意，同时还要标明目标筹集金额和筹集期限。项目在规定期限内筹资完成，才可视为成功。（2）风险控制严格。在点名时间上发布的项目成功后，平台会先支付 50% 的资金给项目发起人，在发起人给予支持者承诺的产品回报后，才会将剩余的 50% 返给项目发起者。（3）引入项目"预热机制"。当项目发起人有了创意想法之后，需要在正式项目筹资开始前将项目的内容在网站上进行宣传展示，吸引潜在投资者的关注，同时可以收集网友们的反馈建议，对项目进行完善，提高项目的成功率。与此同时，由于从项目开始筹资到最后的实施大约要耗费几个月的时间，会造成创意剽窃现象，因此点名时间在知识产权保护方面有待加强。

六、股权众筹代表：天使汇

在发达国家，天使投资在激励创新方面发挥着重要作用。据统计，在美国，有近 30 万活跃的天使投资人，而我国创投圈认同的活跃天使投资人仅有千余人，这与我国旺盛的创投需求严重不符。天使汇就创建于这样的创投背景下，以期以互联网的思维解决创业者和投资人信息不对称、信用体制不完善、激励机制不健全的问题，激活天使投资市场。

天使汇是一家天使投资众筹网站，属于天使式众筹的一种，有明确的财务回报要求。创业者可以在网站上发布创业计划，出售股权以期获得天使投资；创业者出让股权以期获得资金支持。天使汇首席执行官兰宁羽表示网站的创建宗旨是：让靠谱的项目找到靠谱的钱。天使汇于 2011 年 11 月 11 日正式上线，作为中国首家股权众筹网络平台，其主要是实现创业者和天使投资人的快速对接，促成多位天使投资人合投项目，降低项目发起人的融资门槛，分散投资风险。由于类似于天使汇这种天使式的众筹模式，为许多潜在的投资者提供了投资机会，加之门槛很低，限制较少，因此有"全民天使"的美称。在天使汇上注册的创业项目已超过 8000 多项，通过审核挂牌的企业有千余家，其中超过八成的项目融资额为 100 万~500 万元人民币。

2014 年 9 月上线的"滴滴打车"软件，在天使汇众筹投资网站上完成了 1500 万元的融资；天使汇在 2015 年 1 月推出了天使投资人"快速合投"服务，全称为"快速团购优质创业公司股权"。之后，音乐软件 LavaRadio 在 14 天内从 3 个投资机构筹得资金 335 万元；北京国贸商圈的著名煎饼摊"黄太吉"也是在天使汇网站完成的融资，金额达 300 万元，还有很多其他的融资案例。

天使汇平台主要帮助创业者完成以下工作：

（1）融资指导：初次创业者往往缺乏融资经验，为了避免创业者找不到合适的投资现象的发生，天使汇平台的专业分析师团队会为其提供商业计划书撰写、企业估值、行业咨询、公司治理、融资谈判等相应的指导。

（2）实现融资：对于天使汇平台入驻的国内外投资机构和投资个人都是经过网站严格考察的，平台会根据投资机构和个人的投资需求，选择合适的项目推荐他们进行投资，促成创投双方的约谈和融资的实现。此外，对于天使汇网站上的诸多项目，投资人也可以对感兴趣的项目进行主动选择投资，然后与创业者进行约见交谈。但是，当投资人对所投项目的行业不了解时，对再好的项目也会有顾虑，为了使专业的投资人找到专业的项目，天使汇采取了"领投+跟投"机制，由拥有较多专业知识的项目圈内人领投，通过网络平台发布信息，吸引其他天使投资人进行跟投。

（3）宣传推广：天使汇平台审核通过的项目可以得到Tech2IPO专项报道的机会，实现快速走向市场的目的。

（4）后续融资：天使汇为创业者积极张罗持续的融资支持，包括A轮、B轮融资，以便投资人退出、盈利。

七、线下众筹模式代表：3W众筹咖啡馆

众筹模式可以按照是否通过线上进行划分，分为利用互联网发布项目信息，并在线实现筹资的线上众筹及主要依据集资和合伙的线下众筹两种。3W众筹咖啡馆不同于一般的咖啡馆，是以线下众筹模式发起的咖啡馆，而且是非营利性质的。股权式众筹在我国产生了凭证式、会籍式和天使式三种表现形式，其中3W众筹咖啡馆也属于会籍式众筹的著名案例。

许丹丹作为该知名创投平台的创始人，她的创建思路是组建一个以行业交流为目的，为互联网等各行业的精英人士提供开放、自由、休闲的小资聚会点。3W咖啡馆采用众筹模式向社会公众筹集资金，每人10股，每股6000元，相当于每个投资人出资60 000元即可成为企业的股东。然而并不是社会上拥有60 000元资金的公众都能成为咖啡馆的股东，股东必须是有头有脸的人物，且能够相互吸引。该咖啡馆既然致力于社交圈子文化建设，其股东都是基于熟人或者是名人交际圈。其股东阵容堪称华丽，包括沈南鹏、徐小平、曾李青等一大批知名人士、活跃天使投资者、创业者、企业高级管理人员等。

3W咖啡馆对于投资者的价值回报除了相应的股权回报之外，更多的是基于圈子的价值，诸如人脉价值、投资机会、聚会场所、社交价值等。因此，没有人是为了未来6万元可以带来的分红来投资的，股东之间不仅可以进行行业交流，更能积累更多的人脉，诸如大批有资源有人脉的投资者和优秀的创业者，也可以

进行相互之间的学习。

此外这种众筹咖啡馆可以解决传统众筹融资中缺乏信任的问题。因为 3W 咖啡馆的股东参与者都是优秀投资者和创业人之间的强链接，因此在筹集资金时也能以较快的速度筹集到大额的资金，真正做到筹钱时给力，给钱时放心。

八、互联网金融信息服务代表：91 金融超市

91 金融超市是第一家被央视新闻联播节目报道的互联网金融公司，其功能相当于世界上最大的超市"沃尔玛"，拥有包括贷款、证券、基金、车险、保险等各类金融产品，汇聚最多的金融机构和优惠渠道，但是与传统将产品分类堆在一起进行销售的超市不同，主要是帮助用户在金融领域做购买决定，实现金融产品供需相匹配、解决同类金融服务机构的比较问题，利用交叉销售提高金融机构的业务水平。

91 金融超市是利用互联网大数据、云计算技术和中介服务思维为个人和机构在线推荐购买金融产品和进行销售服务的平台，实际上可以看作一个线上的金融中介。线下 91 金融超市与 300 多家银行和多家金融机构建立了联系，致力于创建最丰富的金融产品数据库和最详尽的金融消费者数据库，为金融产品消费者和金融机构搭建沟通联系的平台。此外，其还增加了用户的社交体验，不仅可以利用电脑、手机 APP 等渠道为金融消费者提供金融产品信息、与需求相匹配的多种产品的比较购买推荐、消费决策的相关依据和直接购买的服务，还可以通过微信、微博等社交网络完成。

作为互联网金融信息服务的典型代表，91 金融超市自己并不参与交易，只充当信息服务中介的角色，有着自身独到的优势。目前市场上金融产品供需双方并不能做到完全的信息公开透明，有些金融机构的产品信息条文上没有写，或者是需要协调的，这些信息用户无从了解，91 金融超市的优势弥补了这些缺陷：将有消费意向的用户个人信息、需求信息、联系方式以及信用和资质证明匹配给相应的金融机构，由金融机构进行定向推销；对于大多数没有能力判断自己适合哪家机构的消费者，则提供定制化的顾问式服务，帮助用户进行匹配。此外其引入多元化的银行产品和大批专业银行业务人员，使得用户能够与专业业务人员实现直接沟通，提高了信息服务的效率。

91 金融超市的盈利模式与线下信息中介服务也不相同，其对 C 端用户免费，收入来源主要是对 B 端银行、小贷等公司的收费，包括导航信息费、成交佣金和广告费。导航信息费采取预收款的方式，收到金融机构相应的预付款后，91 金融超市再通过导入的订单数量扣减结算；佣金是在供需配对成功后收取的，交易成交后信息的价值就会从信息费变成佣金。

第二节 自我革命抑或是等待颠覆

一、信托——取人之长，补己之短

信托的本源是"受人之托、代人理财"，作为以信任为基础、财产为核心、委托为方式的财产管理制度，完全可以满足财产转移和财产管理这两项人类社会的基本需求。

(一) 信托的概念

信托从字面上可以理解为"因信任而托付"，是依托于信任关系而建立起来的。通常而言的信托可以从三个层面来理解。从制度层面而言，信托是指财产管理的一种制度安排，资产所有者出于对受托人的信任，将其资产的所有权交付给受托人，由受托人进行财产的管理，以达到获益或是其他特定的目的；从金融产品层面来讲，信托即是由信托公司发行的信托产品。从金融行业层面来看，信托是指信托公司，这些公司进行相关的信托业务，并且受到银监会的监管。从金融行业看，信托具备的功能有：(1) 资产管理功能。受托机构（多为信托公司）在接受资产的委托后，运用自己的专业知识和管理才能进行资产管理活动，以期获得资产的财富增值或实现委托文件中约定的特定目的。(2) 财产独立功能。信托成立后，委托人的资金便转化为信托资金，信托机构可以依据自己的计划独立运营资金，或进行相应的投融资计划，实习分账管理与核算，既独立于信托机构的自有资产，也独立于委托人的资产。(3) 破产隔离功能。当信托机构破产或是因其他原因被解散时，信托资产不作为信托公司的清算资产参与清算。(4) 金融服务功能。信托公司可以将委托资金打包成相应的信托产品，销售给相应的资金需求者，实现资金的融通，与投资需求和融资需求相匹配。

(二) 信托公司的主要业务

经营信托业务的机构称为信托公司，属于专业金融资产管理机构，主要有固有业务和信托业务两大类业务。其中，固有业务是信托公司管理运用自有资金，包括存放同业、拆放同业、投资、租赁和贷款等。信托业务包括资本市场业务和融资类业务。值得一提的是融资类业务，信托机构融资类业务的模式主要有两种：一是通道业务模式，利用机构的牌照优势，以贷款或者信托资产受让的方式，帮助银行及其他金融机构进行融资；二是主动管理融资业务模式，这与互联网金融行业的众筹及团购模式有点类似，即利用互联网大数据、云计算等技术优势，对有投资需求的客户和优质机构与有融资需求的企业、客户等进行信息的匹配，撮合融资交易的形成。信托公司还会对金融产品进行精心的设计和甄别,以期为投资者提供更优质的产品。举一个融资方面的例子:某房地产公司手头有个开发项目,缺少资金5000万元,当前资金紧张无法贷款,就与某信托公司合作,以项目做抵押,由信托公司贷款5000万元,年利率20%,期限2年。信托公司本身也没钱,他可以把这个房地产项目作为一个信托产品向公众融资,年利率12%。如果某个投资人拿200万元购买这个信托产品,那么该人就是委托人,委托信托公司把这200万元投资到房地产项目,年回报12%。信托公司融资成功,投资房地产项目,2年后收回本息(按20%计算),然后支付给委托人本息(按12%计算)。

信托公司也可以采取投资、出售、贷款、租赁、买入返售和存放同业等多元化的方式来管理和运用信托财产,因此信托公司既可以像商业银行一样进行贷款业务,也可以进行证券、未上市公司的股权以及事业资产的投资活动。而各种运用方式的结合,可以衍生出很多创新金融业务;互联网技术与市场多元化的需求相结合,可以衍生出形态各异的创新金融产品。

(三) 互联网金融背景下,信托业具体转型措施

互联网技术和各种移动互联网的应用使金融业不断催生变革,作为金融创新领域的旗手,信托业应该不断结合互联网技术,利用互联网技术的长处实现自身的转型发展,主要表现在以下两个方面。

(1) 利用互联网技术,实现自身销售渠道多元化。信托业对传统银行一直存在"渠道依赖",银行业理财业务逐渐扩大,信托依赖银行实现销售规模变得越来越不现实,加上对于第三方理财公司代销的监管变得更严格的背景下,信托公司应该建立起自身的互联网直销渠道,如积极利用微信、微博等媒体平台进行信托文化的传播和产品的推荐,通过交易互联网金融化,促进公司信息系统的完善,积累客户数据信息,为未来大数据分析打下基础。也可以发布线上交易平台和手机客户端,实现交易简单化、快捷化。此外可以通过对客户信息的分析,提供个性化、差异化信托产品的营销,以增强客户的黏性。

(2) 建立风险管理信息系统。风险管理是信托业发展中的重点内容,利用互联网技术可以综合全面的管理风险信息,提高经营效率,加强客户信誉的识别能力等。

二、直销银行——抄了互联网金融的后路

直销银行(Direct Banking)是互联网金融时代兴起的一种新形态银行运作模式,诞生于20世纪90年代末的欧美国家,主要借助互联网的通信、展现和互动能力。它不同于传统银行,没有传统的实体营业网点,甚至不发银行卡,客户可以通过电脑、手机APP、电话、电子邮件等远程渠道获得金融产品和服务;也不同于网上银行,是一种完全构建在互联网上的银行,几乎无实体分支机构,有着

其独特的运作模式，不仅仅是销售渠道的去实体化，也不单单是传统银行在业务和服务的互联网延伸。

（一）业务特点

直销银行作为客户的"第二银行"，拥有相对独立的运行模式和定价策略，强调成本优势，主要面向特定的客户群体，进行有针对性的市场营销，且追求简单标准化的产品。（1）产品具有低成本优势。直销银行无网点经营费用，机构少，基本不设销售人员，因此较低的运营成本保证了金融产品能以更低的价格参与市场竞争，对互联网金融企业也造成了一定的冲击。（2）拥有相对独立的运作模式。实际上就相当于一种独立经营的银行，有独立的经营渠道，有根据模式和客户的特点重新设计和组合的产品（不是既有产品直接放到直销银行上进行销售），有定向的客户群体。（3）定位于中端、年轻的客户群体。直销银行的优势就在于产品的价格优势，适合对价格较为敏感、对金融产品存在一定需求的中端客户，也适合对互联网熟悉度高且依赖程度高的年轻客户群。由于直销银行不同于传统银行网点一对一式的服务，其定制化程度较低，不适合对定制化和专业化要求较高的高端客户，也不适合金融需求低、对互联网不熟悉的低端客户群。（4）追求简单化的产品。直销银行并不专注于产品种类的齐全和产量的扩大，也不注重开展创新型的服务和产品，主要注重为客户提供收益高、成本低的产品，因此很少有定制化的产品和服务，数量和设计都力求简单。产品不仅包括金融产品，还包括非金融产品，例如英国 FIRST DIRECT 银行销售包括保险和旅游类的产品。

（二）国内直销银行典例

20世纪90年代海外直销银行开始兴起，例如海外的 ING Direct 银行、M-PESA 银行、Simple 公司等，由于我国互联网的快速普及及利率市场化的推进，尤其是以"余额宝"为代表的互联网产品开始逐步影响客户的习惯和银行的负债，国内越来越多的银行开始推出直销银行业务，将原有的线下资产和负债业务内容转移到线上，使其业务的开展不受物理网点和经营时间朝九晚五的限制，一方面借以拓展传统的营销渠道，吸引年轻的客户群，另一方面有助于避免对自身负债的过分冲击。目前国内已经上线的直销银行有民生银行、北京银行和兴业银行。

（1）民生银行

民生银行在2013年成立了直销银行部，2014年2月正式上线运营，在银行授权的范围内进行内部独立运作。客群定位清晰，主攻"忙、潮、精"客户群，主要指以白领阶层为代表的生活节奏较快的人群；在生活中习惯使用网络的年轻阶层；容易被优惠活动吸引，对价格表现敏感的人。此外还包括了民生银行物理网点覆盖不到的客户群。其产品的设计追求简单、低门槛，包括储蓄类产品——随心存、结算产品——轻松汇、理财类产品——如意宝;追求简单的销售渠道,依靠互联网、移动技术等无形渠道。重视客户数据的挖掘,分析客户的行为;创新的合作,与阿里、电商、第三方支付、通信运营等其他服务开展合作整合,致力于为用户提供一站式的服务体验。

(2) 北京银行

北京银行直销服务模式于2013年9月正式开启,其主要服务对象更加宽泛,其定位为数量最为广大的大众零售客户和小微企业客户,服务渠道注重线上和线下的融合,采取"互联网平台+直销门店"模式,核心在于"用户自助"。线上有多种电子化服务渠道,如网上银行、手机银行、互联网综合营销平台等;线下只要是便民直销门面,其中布放 ATM、VTM、CRS、自助缴费终端等多种自助设备,满足客户不同应用场景下的需求。

(3) 兴业银行

兴业银行的直销银行业务模式更像是一个理财产品的销售平台,不包括"存、贷、汇"等基本业务,主要推出"兴业宝"产品。与同期互联网金融理财产品相比拥有更高的预期收益率。另一特点就是销售门槛较低,客户在直销平台上购买理财产品时甚至不需要注册,而且可以使用其他银行账户进行购买。

三、余额宝"逆袭"公募基金

2013年6月阿里巴巴联合天弘基金,在支付宝平台上推出了一款新服务——余额宝,掀起了一场互联网金融风暴,2013年7月1日,余额宝用户突破250万;2013年9月底,用户量达到1368万,规模达到556.53亿元;2013年12月底,用户量达到4303万,规模达到1853亿元;2014年1月15日,用户量达4900万,规模突破2500亿元,天弘基金总资产超过2600亿元。即余额宝上线仅半年多的时间,华夏基金坐了7年的公募基金霸主位子被天弘基金借道余额宝轻易超越了,余额宝逆袭公募基金在货币基金领域一马当先。

余额宝业务实际为货币基金性质的金融产品,是阿里巴巴集团在旗下余额宝平台的基础上与天弘基金公司合作建立的一项集储蓄、理财、转账、支付宝余额增值等服务功能为一体的综合业务。用户将资金转入支付宝账户,实际上是进行天弘"增利宝"货币基金的购买,此货币基金主要投资于短期货币工具如国债、银行定期存单、企业债券、中央银行票据、同业存款、政府短期债券等有价证券,具有受益稳定和低风险的特点。而当用户从余额宝中转出资金,即被默认为赎回天弘基金的份额。将天弘基金公司的直销系统内置于支付宝的网站中,故余额宝成为该基金的直销平台。各参与主体具体的智能与定位如表5-1所示。

表 5-1　余额宝业务中各参与主体的职能和定位

参与主体	扮演角色	收益状况	资金运用
支付宝网络技术有限公司	作为天弘"增利宝"货币基金的直销自助平台	从天弘基金管理公司收取技术服务费，金额约为货币基金总额的 0.25%	目前余额宝中的资金主要用于购买天弘增利宝货币基金，资金最终投资于现金、通知存款、大额存单、定期存单等
支付宝用户	资金转入转出支付宝	使闲置资金实现了保值增值，收益率约 3%~4%	
天弘基金管理有限公司	提供货币基金的投资购买服务	1. 基金管理费，按基金规模的 0.3% 收取 2. 销售服务费，按基金规模的 0.25% 收取 3. 支付"技术服务费"给支付宝	
中信银行	负责货币基金的托管、清算工作	按基金规模的 0.08% 收取托管费	

简言之，余额宝是一款利用互联网来销售的货币基金产品，连接了第三方支付、基金直销、电商金融和沉淀资金，总结起来具有如下特点：

（1）余额宝激活了平民理财市场。这款理财产品将最低购买金额定为 1 元，解决了传统银行理财产品门槛较高的弊病，使那些原本对理财产品望而却步的用户的理财需求得到满足，实现支付宝余额的增值。

（2）余额宝实现了碎片理财。碎片化主要体现在金额的碎片化和时间的碎片化。一方面，用户用自己的闲散小钱就可以购买理财产品，并不需要积攒累积到数万元甚至是数十万元。据淘宝数据显示，余额宝用户人均投资额为 2000 元。另一方面，用户只需要把钱由支付宝账户转入余额宝便可以视为购买基金，而把资金从余额宝中转出即视为基金的赎回，加上余额宝进行的是实时赎回即 T+0 赎回，用户可以随时随地进行基金的购买和赎回，完成操作只需要短短的几分钟。

（3）收益相对稳定。余额宝的年利率要高于银行活期存款利率，因此其风险较低，可以满足那些风险厌恶用户的需求。

（4）具有较好的用户体验。满足用户对于基金购买、赎回和收益的动态实时查看。由于基金收益率的动态性使得余额宝的收益率具有一定的特殊性，用户可以每天在自己的余额宝主页面上查看自己的收益，并根据自己的收益来调整余额宝上面的余额，这样降低了余额宝用户的理财心理负担。

余额宝上线后对其他基金公司和银行存款都产生了一定程度的冲击。银行也开始推出各种宝，主动做出回应。例如 2013 年年底，平安银行与南方基金联合打造的"平安盈"是一种类似余额宝的网络理财工具；民生银行携手汇添富、民生加银两家基金公司，依托民生银行的直销银行，推出了一款货币基金产品；2014 年，交通银行推出了"货币基金实时"提现业务，对接交银施罗德、光大保德信和易方达基金等公司旗下的四只货币基金；工行浙江分行也推出了"天天益"等。基金公司也积极做出应对推出各类"余额宝"。诸如，2013 年 8 月腾讯旗下的微信平台和财付通联合华夏基金推出"活期通"；2013 年 10 月，百度与华夏基金联合推出"百度百发"；2014 年 1 月苏宁云商联合广发基金、汇添富基金推出"零钱包"等。

四、京东"白条"VS 信用卡

京东白条是 2014 年 2 月在京东购物平台上进行公测后上线的，主要是一款针对个人用户信用贷款的互联网金融产品，依托于京东商城，为消费者提供赊购服务或者信用贷款服务。京东"白条"的横空出世也意味着互联网金融主动延伸至信用资产业务领域，向潜力巨大的消费信贷市场发起冲击，当然，该金融产品也对传统银行的信贷资产业务产生了一定程度的冲击。而京东白条的功能就类似于传统银行发放的信用卡。

不同于传统商业银行的被动信用评价和授信体系，京东商城主动选择白条会员。利用客户的消费记录、配送信息、退货信息和购物评价等数据给京东白条建立自己的信用体系，来对客户进行实时风险评级，根据风险评级信息从自己的亿万名用户中挑选出一部分用户邀请其成为京东白条会员，享受白条服务。即商城主要通过在线授信评估白条资格，获得资格的用户登录"我的京东"就能找到白条，且白条用户拥有专享的购物页面，最高可获得 1.5 万元的信用额度。京东上面销售的产品 80% 都是 3C 产品，这些产品的单价普遍较高，因此该额度符合京东商城的购物特点。

白条支付的功能主要有两种：一是延期支付，即白条用户可以享受"先消费、后付款"的 30 天免息延期付款，30 天后需要支付一定的利息，其实质相当于一种赊购行为，可以提升京东商城商品的销售量，促进消费；二是分期付款，期限大多为 3~12 个月，并规定一个月费率。因此可以说京东白条兼顾信用卡和消费信贷两大金融职能，一方面可以提高消费者的购买支付率，另一方面从金融的角度看，可以获得信贷收入。

白条与信用卡的不同之处就在于，银行发行的信用卡其消费指向更零散化和差异化，白条将用户的消费指向京东产品的购买。然而这一劣势似乎正在消失，2015 年 4 月，"白条"打通京东体系内部的 O2O（京东到家）、产品众筹、全球购，并且逐步覆盖了旅游、教育、租房、装修等领域，为更多京东商城外的消费者提供信用贷款。

京东"白条"对于信用卡的冲击主要体现在以下三个方面：一是具备了传统商业银行发放的信用卡的信用透支功能，是一种借助于互联网的虚拟信用卡，使用起来也更加便利；二是经营着消费信用信贷金融业务。消费信用金融具有较大的市场空间和业务潜力，能够提高市场的消费潜力，提升人们的生活品质，而京东"白条"踏入这一市场，夺走了传统银行在此领域的盈利；三是能够实现1分钟内在线实时完成申请和授信过程，其服务费用仅为银行信用卡业务费用的一半，通过互联网压缩物理网点、人工审核、服务人员、实体介质等经营成本，降低用户的金融服务成本。

第六章

互联网金融与金融互联网的区别

第一节 金融的实质和构成要素

一、金融的实质

(一) 金融的基本含义

从字面上来看,金融其实就是资金的融通,通过对现有的资源重新进行分配安排。金融还有着广义和狭义的区分:从广义的角度来看,凡是与信用货币的发行、结算、融通等相互联系的经济活动都包含在金融的范畴之内;而从狭义的角度来看,金融则属于动态货币经济学,专指信用货币流通。

金融其实是人们的一种交易活动,在现实生活中,金融交易自身根本没有创造出任何新的价值,是今天花明天的钱。可以说金融交易在一定程度上能够体现出一个地区乃至国家的经济和贸易是否发达兴旺。"从传统业务上来看,金融主要是探讨货币资金融通的一门学科,而随着现代经济的发展,金融逐渐演变成经营活动的资本化过程。"[1]

(二) 金融信用的本质

信用与金融是如影随形的,金融诞生之初,信用就出现了。信用的好坏直接关系到银行等金融机构能否生存发展,在金融业资产中占据着最重要的地位。如果信用不复存在,那么银行等金融机构将会减少贷款,造成中小企业出现融资困境,从而使得银行和中小企业都会承受一定的损失,无法正常经营运转。对于金融体系而言,最基本、最重要的就是信用,但是如果造成信用膨胀,就会给银行等金融机构带来意料未及的风险,出现投机行为。所以必须建立起健全、完善和严格的信用体系,监管部门加强监督管理和加大惩罚力度。

---

[1] 邱勋. 互联网基金对商业银行的挑战及其应对策略——以余额宝为例 [J]. 上海金融学院学报, 2013 (4).

二、金融的构成要素

总体来说，金融有金融对象、金融方式、金融机构、金融市场、金融制度和调控机制五大构成要素。

一是金融对象。金融的对象是货币，现实生活中，人们常常把货币理解为"钱"，虽然不科学，但通俗易懂。货币具有一般等价物的职能，在流通中具有周转性、垫支性和增值性等特点。

二是金融方式。金融方式一般采取借贷货币当作主要的信用方式。货币的借方是指对资金有需求的一方，贷方是指有多余资金的供给方。金融方式取决于金融市场，一般包括直接融资与间接融资两种形式。

三是金融机构。包含银行及非银行金融机构。银行金融机构通常包括中央银行、商业银行和专业银行等，非银行金融机构是指除商业银行和专业银行以外的所有的金融机构，既有存款性金融机构，又有非存款性金融机构。

四是金融市场。金融市场按照市场上交易工具期限的不同，可以划分成货币市场和资本市场两大类。货币市场是指融通一年以内资金的市场，资本市场则是指融通一年以上资金的市场。

五是金融制度和调控机制。信用工具作为金融活动的载体，是发挥作用的关键。通过信用工具能够转移货币资金的使用权时，金融制度和调控机制能监督和调控。

第二节 传统金融机构的互联网化

一、网上银行和手机银行

（一）网上银行的概念和类型

在我国，银行业一直在金融业中占据主导地位。随着现代信息网络技术的迅速发展，以商业银行为代表的传统金融机构正面临着前所未有的挑战与机遇。网上银行也被叫作网络银行，是传统金融业互联网化的主要业态之一，即由商业银行等金融机构采用信息网络技术，凭借互联网这一媒介为消费者提供金融产品和服务的线上银行，其业务主要包含传统银行业务和因信息技术应用所产生的新兴业务。

网上银行一般具有两种不同类型的模式。第一种是电子银行，通过依靠计算机和互联网技术开展银行业务，依靠信息网络技术来联系客户和开拓市场，这种银行通常只有唯一的一个办公场所，不开设任何实体分支机构，不建立线下营业网点，因此电子银行又被称为"虚拟银行"。第二种是通过采用"互联网+"和大数据等技术手段对传统银行的业务模式进行改造和创新。继余额宝掀起互联网理财的热潮后，国内商业银行为了进一步抢占市场纷纷推出了自己的互联网理财产品。如中国银行的中银活期宝、民生银行的活期宝等。另外，各大银行也大规模建立网上商城，企图探索新型发展模式。

（二）网上银行的特点

1. 全面电子化交易

网上银行在开展业务的过程中实现了电子化交易，通过电子货币代替纸质货币，电子钱包、电子支票、电子汇票代替了过去交易中所用的票据、单据。电子化交易既加快了银行业务的操作速度得，又改善了服务的质量和精准性，最终降低了经营成本和提升商业利润。

2. 突破时空限制

网上银行也叫"3A 银行"，特点是不受时间和空间约束，客户在任何时间（Anytime）、任何地点（Anywhere），以任何方式（Anyhow）都能获取各种金融服务。网上银行用户只需接入互联网，就能全天候、24 小时不间断、足不出户、安全便捷地管理自己的金融业务。

3. 运营成本较低

由于网上银行不再采用传统的面对面交流的服务模式，而采用依靠互联网技术的电子化服务方式，物理线下网点数量大量减少，降低了人员费用等成本，从而使得银行运营成本大大节省。而传统银行在成本控制方面没有竞争优势。

4. 服务更加丰富化、个性化

传统银行所设立的营业网点受到现实的限制很难给客户提供详细、丰富的信息咨询服务和不同层次的金融产品。与传统银行不同，网上银行以客户体验为中心，利用互联网技术和大数据技术能够及时、准确地为客户提供心仪的产品和更加多样化、个性化的服务。

（三）网上银行的发展现状及存在的问题

1. 网上银行的发展现状

1995 年 10 月，安全第一网上银行作为世界上首家网上银行在美国出现，随后世界银行业开始在电子化的道路上突飞猛进，掀起兴办网上银行的浪潮。1996年，我国只存在一家银行采用因特网技术向客户提供金融产品与服务。2014 年，我国银行业金融机构网上银行交易规模共有 608.46 亿笔，个人客户数有 9.09 亿户，企业客户达到1811.4万户，网上银行市场交易金额达到了1248.93万亿元人民币。网上银行越来越得到了投资者和客户的青睐，发展的潜力和空间都很大。

我国网上银行的分布具有明显的地域性，大多数都分布在北京、上海、深圳、南京、武汉、重庆等沿海、沿江的经济发达地区。经过几十年的发展，网上银行所提供的服务种类和品种逐渐丰富，服务方式也从单调走向多元，更好地满足金融客户的各种各样的需求。

2. 网上银行存在的问题

与西方发达国家相比，我国网上银行兴起的时间比较晚，相应的制度不够完善，监管措施不到位，发展明显滞后，面临着很大的挑战。

（1）法律不完善。由于网上银行交易存在着一定的特有风险，因此需要制定相应的法律予以规范和监督，而与网上银行相关的法律存在着一定的滞后性。另外，网上银行与传统银行相比，在明确交易规则、交易合同、交易双方的权利义务等方面存在着更大的难度，难以准确把控。

（2）安全隐患。为了抵御各种存在以及潜在的风险，各个网上银行都推出了网络监测安全措施，设置防火墙。但是由于现代信息网络技术的高速发展，对于超级"黑客"而言，网上银行依然存在着安全漏洞和被攻击的可能性。另外，由于银行工作复杂，业务涉及范围广泛，必须依靠严格规范的流程，否则将会产生操作风险、法律风险等不安定因素。这些不安定因素的存在将会动摇客户对网上银行的信心，对网上银行的有序发展产生负面的影响。

（3）技术风险。网上银行是以信息网络技术和大数据、云计算等高科技为依托而开展业务的，具有电子化和瞬时性等特点，与传统银行相比具有更复杂更多的风险。其中，技术风险是网上银行众多风险中最核心和重要的内容，如何防范和抵御技术风险也成为银行等金融机构和客户非常关心的焦点。技术风险复杂多样，总体而言主要表现在如何确认交易双方身份，如何保证交易中的商业机密不被泄露，如何保存交易记录，以及由于银行和客户主观方面导致的风险。

（4）业务单一，产品匮乏。由于受到传统银行业务的影响以及相关制度的约束，网上银行目前开通的业务功能还无法完全满足广大客户的广泛需求，对传统业务种类没有完全打破。另外，网上银行也迫切需要积极推出各种多样化的金融产品，满足具有不同风险承受程度的客户对理财投资不同层次的需求。

（四）手机银行的概念及产生背景

手机银行又被称为移动银行，通过采用移动通信网络以及终端来进行相关银行业务的操作。随着货币电子化和移动通信两者间的有机结合，客户通过手机银行能够在一天中的任一时间、任一地点立刻对金融业务进行办理。另外，由于移动终端具有可携带性、操作简单等特征，引起了传统商业银行等金融机构的兴趣，逐渐成了银行继 ATM、POS 等之后开展业务的工具。在长时间的酝酿后，中国移动银行业务慢慢壮大起来，取得了一定成就，对于怎样打破现有业务的发展困境、提高使用率和知名度已经成为当前移动银行业务迫切需要解决的问题之一。

(五) 手机银行的特点

1. 手机银行与电话银行

手机银行与电话银行有着明显不同的特点。通过语音对银行业务进行办理的被称作电话银行，而通过短信对银行业务进行办理的被称作手机银行。手机银行能够完成所有电话银行进行的业务，而有些业务是电话银行不能进行但手机银行能进行的，比如二次交易，银行在代替客户缴纳水、电、气等费用前必须经过客户的确认。

2. 手机银行与 WAP 银行

同样地，手机银行拥有着 WAP 银行所不具有的优点。第一，手机银行的潜在消费群体数量众多，市场规模大。第二，手机银行的安全性好、保密性强，在操作业务时必须通过 SIM 卡和账户的双重密码，相比之下，WAP 网络具有高度的开放性，在信息传递的过程中容易遭受到黑客的不法攻击。第三，手机银行迅速快捷，信息折返所花费的时间基本上为零，而 WAP 面临着网络环境拥挤和信号干扰、信号强度弱等不确定因素的影响，使得服务质量无法保证。

3. 手机银行业务

手机银行业务主要有三类：一是查询缴费业务，包括余额查询、账户明细、缴纳水电费等。二是支付业务，通过将手机卡号与银行系统绑定后，可以直接通过手机银行进行消费购物。三是理财业务，比如债券、股票等。

(六) 手机银行的发展现状

1. 手机银行特色功能突出

2000 年 5 月，中国银行和中国工商银行强势推出以 SIM 技术为依托的手机银行，紧接着中国建设银行推出了以 BREW 技术为依托的手机银行。现在技术最先进、最便利的手机银行是以 WAP2.0 为依托，在实用性和安全性方面都完全超越了以语音信息为主要手段的电话银行。目前，手机银行已经基本上拥有了网银所具有的常用功能，与网银不相上下。与网上银行相比，手机银行可以随时随地登入账户进行查询，实现现金管理、财富投资。

2. 费率优惠打折

面对激烈的市场竞争，各银行纷纷推出了费率优惠措施，以扩大市场份额。现在客户使用手机银行几乎不需要缴纳账户管理费，跨行或者异地转账的手续费用也很少。对于转账手续费，建设银行最多只收取 25 元，工商银行则是采取打九折的优惠措施。从 2016 年开始，招商银行实施全国办理转账汇款业务无须缴纳手续费的新优惠政策。这些在费率方面的优惠措施将进一步吸引潜在的消费者进入手机银行这一领域。

3. 手机银行全球发展

随着现代互联网技术和信息通信技术的迅速发展，世界俨然已经变成"地球村"。手机银行拥有着广阔的发展前景与巨大的商业利润，世界上众多移动通信运营商和银行等金融机构纷纷加入到这一行列，通过对产业链的高度有机整合，形成了复杂多变的全球商业价值链。手机银行经过多年的发展，已经成为日本最为流行的支付方式。日本高度重视手机银行的安全问题，对交易信号进行了复杂严谨的加密，银行之间也是使用专线网，因此，手机银行的安全得到了极大的保障。另外，韩国的零售银行基本上都能为客户提供手机银行服务，客户通过手机银行能够在超市购物和酒店入住。

二、网络证券公司

（一）网络证券公司发展的现状

20世纪80年代，我国证券开始起步。从起步到现在，在技术问题上基本没有任何障碍。但在证券交易制度和法律法规上，还存在一定的发展限制。我国最早的网上证券交易是由中国华融信托公司湛江营业部在1997年办理的。随后国泰君安、华夏证券等一大批证券公司纷纷开展网上证券业务。2000年以前，全国使用互联网进行证券交易的客户只有20多万名。2000年4月，中国证监会正式颁布了《网上证券委托暂行管理办法》（以下简称《办法》），这个管理条例的颁布对于中国证券业的发展具有重大意义。在《办法》的保障下，投资者更有保障，对于网络证券销售的理解也更加到位。2000年以来，我国网络证券交易量飞速增长，进入了快速发展期。2016年年底，网上委托客户开户数已经接近2000万户，是2000年的几十倍。目前，互联网证券委托已经成为继电话、营业部委托后的第三大委托方式。照目前的趋势来看，在这样竞争激烈的环境中，互联网证券委托会逐步成为最普遍、最高效的委托方式，中国互联网证券会进入高速发展的阶段。

但是，我国现行的证券监管制度非常严格，与欧美国家不同的是，我国的互联网证券准入门槛并未完全开放，因此相比而言，我国互联网证券的发展依旧处在初级阶段，互联网与证券交易的技术有必要进一步结合，充分发挥出两者的优势。随着我国证券行业的创新发展，证券业监管层面的改革也不断推进，放宽行业门槛指日可待。在今后的日子里，互联网技术和证券业的发展必将相辅相成，互相影响。

（二）网络证券销售的意义

一方面，有利于减少证券经营机构的运营成本，同时大大提高其销售结果。

并且开展互联网销售,可以利用网络传播的多维性特点,使得同一时刻证券经营机构可以针对多个客户进行宣传和销售管理活动,增强证券经营机构的运行效率。

另一方面,有助于证券经营机构客户关系的改善,有效提高顾客的忠诚度。但自从网上交易平台出现后,原本相对稳定的市场格局被打破,券商之间出现网络销售的竞争态势,原有的证券经纪商服务市场份额被重新分割与再分配,这必然促使证券经营机构积极采用先进的网络信息技术来提升证券销售工作的信息化和网络化水平,以此保持客源的持续稳定增长。

三、网络保险公司

(一) 网络保险的含义

"与其他互联网金融产品类似,网络保险的诞生是传统保险与电子商务的结合。"[1] 投保人在网上进行选择投保,之后传统保险的一系列业务都在网上操作。保险业务员和投保人以及监管部门的信息传递都通过网络实现。互联网保险颠覆了保险营销员与客户面对面交流沟通的传统经营模式,开创了全新的保险销售方式和渠道,以及全新的经营理念和管理模式。

互联网保险主要包括 B2C 电子商务模式、第三方网络平台模式、专业网络媒介模式以及广电通信终端销售模式这四种模式。

(二) 网络保险销售的特点

网络保险除了具有虚拟性、直接性、电子化和时效性外,还具有以下几个特点。

(1) 网络保险规范化程度高,提升交易信息对称程度。传统保险行业存在很大的交易不对称的问题,导致交易风险升高,人们对保险行业也存在一定的误解。互联网技术可以迅速传播海量的信息,信息也是公开透明化的,大大降低了交易信息不对称的程度,降低了交易风险。

(2) 网络保险降低销售成本,买卖双方互利。在互联网上买卖保险对于时间、地点等外界条件的基本没有要求,这使得产品的销售成本能够得到有效降低,既有利于实质提高消费者的利益,又有利于保险公司留住客户,并且对于整个保险业的发展也具有推动作用。网络保险让客户能够准确迅速地搜索、比较各种复杂的风险产品,提供了多样化的选择。

(3) 利用大数据管理优势增加市场竞争力。保险业的发展本身是建立在数据分析基础之上的,互联网为保险销售又提供了大数据分析的优势。保险公司通过对客户消费习惯的数据分析来制定相关产品,使产品和客户之间建立相关性,

---

[1] 张晓莹. 探路保险网络销售 [J]. 中国金融, 2013 (1).

提高市场占有率和竞争能力。为不同风险偏好的客户提供定制化服务，提高客户黏性。

（三）网络保险发展的现状和存在的问题

（1）网络保险发展的现状

1997年，保险网站初次成立。同年11月28日，中国保险信息网上出现了国内第一份网络保单，由新华人寿公司开具，这是我国保险业正式开始网络化发展的标志。时至今日，我国已经基本形成以网站平台为基础的互联网保险发展框架，部分网站实现保险产品的网上销售，但与日本、欧美等发达国家相比，我国的网络保险还处于初级阶段，没有形成规模。

从发展趋势来看，中国保险业发展势头强劲，潜在市场还有很大的挖掘空间，对于我国的经济发展有重要意义，对于世界保险市场的稳定发展也发挥着不可或缺的重要作用。根据瑞士再保险公司的预测，到2025年，中国有望成为全球第三大保险市场，而保险电子商务作为今后保险产业的发展趋势是任何一家保险公司都无法避免的。

（2）网络保险存在的问题

互联网保险业务主要存在以下几个方面的问题。

第一，互联网保险产品种类不广泛，服务对象受限。网上销售保险的种类并不多，主要以车险和寿险为主。消费者在网上购买保险时，所了解的信息仅仅是网上公开的产品信息和介绍，对于潜在的风险都是一知半解，对于复杂程度高一些的企财险、养老险、重疾险等往往很难深入了解，因此保险公司也有必要安排专业顾问。网络销售保险虽然是一种新型的销售方式，但对于老年人群体、农村群体等没有网络条件的人，却不能完全覆盖，仍然需要传统渠道加以辅助。

第二，互联网保险技术存在局限，不能完全实现网上交流。即便网上销售带来了不少便捷，但是仍然无法完全弥补在承包技术上的局限。客户的真实财务水平、道德风险、保险审核中的体检、个人签名的真伪等仅靠线上销售技术无法保证信息是真实可靠的，这些工作仍然需要线下人工完成。在信息不对称的情况下，互联网金融机构存在道德风险及业务风险的隐患。

第三，互联网保险易受网络安全问题的影响。客户选择在网上购买互联网保险时难免会担忧网络信息的安全性问题，对于网络支付、客户隐私等需要利用网络技术的环节都存在一定的隐忧。互联网保险交易必须依靠计算机和网络传输技术支持，在网络系统存在漏洞，加密技术、防火墙技术不完善的情况下，易受到黑客入侵导致信息泄露、系统遭遇攻击，使得互联网保险交易遭受损害，客户利益也受损。

第四，互联网保险销售渠道的法律制度尚不完善。目前我国对于互联网金融及电子商务的相关法律法规都非常不完善，有关电子商务、支付安全、合同认证等法律法规的制定完善问题亟待解决。互联网金融主要存在这样的法律风险，一方面是类似于传统金融的风险，即在互联网保险的交易中违反相关法律规定；另一方面是指传统金融的法律法规如银行法、证券法、保险法等不适用于目前迅速发展的互联网金融业务，跟不上发展的步伐。

第三节 互联网企业的金融服务

一、移动支付和第三方支付

（一）移动支付

移动支付也叫作手机支付，即用户通过手机等移动终端设备对消费进行付款的方式。个人或企业用户利用移动设备连入互联网或者在传感设备上传输信号给银行，银行处理支付及转账的行为。移动支付利用互联网将商户和银行连接，使用户可以通过移动终端进行支付、缴费等业务。

移动支付根据支付方式可以分为近场支付和远场支付两种模式。近场支付就是将手机作为钱包进行刷卡支付，可以购物、出行支付等，给人们生活带来了极大的便利。远场支付，就是在移动终端上发送相关指令到银行进行支付的方式。例如银联钱包、中行推出的 E 校园等可以让客户通过 APP 进行支付。

（二）第三方支付的定义

第三方支付，可以分为广义和狭义来理解。广义上讲第三方支付是指非金融机构为消费者提供网络支付、预付卡、银行卡收单等其他支付服务，在收、付款之间作为连接机构。狭义上说是指非银行机构在具备一定实力和信誉的基础上，利用计算机和信息技术支撑，将用户和银行连接起来的电子支付工具。

（三）第三方支付的运营模式

从发展模式和积累用户的方式来看，第三方支付可以分为独立第三方支付模式和提供担保功能的第三方支付模式。前者的典型代表是快钱，后者的主要领导者是支付宝、财付通。

（1）独立的第三方支付模式。第三方支付平台完全独立于电子商务网站，用户可以使用其支付功能，但其并不具有担保功能。平台前段为消费者和商户提供支付选择，后端与各银行相连接，进行结账。这样的模式实际上就是让独立的第三方平台执行网关的功能，比网关更先进的是，能够在被使用时收集商户信息，提供增值服务。

独立的第三方支付平台的主要客户是企业，间接服务对象是通过企业而来的消费者，在 B2B、B2C 市场上覆盖率较高。独立的第三方支付平台灵活性高，能为不同企业提供定制付款方案，但由于信用评价体系不完善，用户黏性低，容易被同行复制。

（2）有交易平台的担保支付模式。一些支付平台选择与大型的电子商务网站合作运营，再利用自身的信誉与各大商业银行签订协议进行合作。既给了客户安全便捷的消费环境，又降低商户交易成本。例如支付宝和京东白条这两个发展较大的平台，都是基于原有母公司的大型电商平台而产生的。淘宝、京东上的小微商户经济实力不足以支付全部的货款，而顾客在网络购物付款时受到时空限制时也会存在一定的顾虑，这时通过交易平台的担保支付能够先替买卖双方保管货款，以防欺诈。

有交易平台的担保支付模式使交易环境相对安全有保障，留住了大量的客户群，也促进了电商网站的交易量，海量的客户、商户资源是一些独立的第三方支付平台望尘莫及的。

（四）我国第三方支付发展现状及问题

1. 发展现状

（1）从规模上看

据统计，截至 2016 年 6 月，我国使用网上支付的用户规模达到 4.55 亿名，环比增长率为 9.3%，手机支付用户规模增长迅速，半年增长率为 18.7%。近年来，在电子交易支付市场中，支付企业规模迅猛崛起，支付宝、财付通、快钱、易宝等具有代表性的电子支付企业交易数额有了较大规模的提升。支付宝、财付通、银联商务网上支付分别占据市场前三位，前三位支付厂商占据整个市场 84.3% 的份额，市场集中度高。

（2）从数量上看

自 2011 年 5 月中国人民银行首发第三方支付牌照开始，到目前为止全国已有 20 家机构获得支付业务许可证，其中互联网支付牌照有 100 家左右。

2. 存在的问题

（1）流动性风险

流动性风险是指流动资金造成的风险，交易双方由于资金流动过程中的使用问题而造成一定损失的风险。当第三方支付机构参与进来时，买家付的款将会先进入自己相对应的第三方支付机构中，买家收到货物后，倘若没有退货问题，就按照程序付款，第三方支付机构收到买家的付款指令后就将对应账户的资金支付给卖家。

（2）业务风险

业务风险主要有两种：操作风险与非法经营风险。内部人员操作失当或者系统错误以及一些外部性会带来一定风险，这样的风险就叫作操作风险。越来越多的第三方支付机构为交易双方提供便捷交易的平台，但这样的方式存在安全隐患，一些居心不良的不法分子会钻空子，将第三方支付平台变为非法洗钱或是网络赌博的场所，给第三方支付机构带来了非法经营风险。

（3）信用风险

信用风险指的是交易双方在交易过程中有一方或者双方都没有按照规定完成合约任务，从而使交易失败带来损失的风险。交易的过程是复杂的，交易双方、第三方支付机构、银行等参与方都会签订交易合约。倘若有一方不遵守合约，就会给其他方造成损失。

（4）恶性竞争风险

电子支付中一直存在的损害支付服务一直是一个安全隐患，稍有不慎就会带来恶性竞争问题给整个电商行业带来冲击。我国目前有 40 多家专业电子支付公司，大多数都采用了纯技术网关与银行相连。但这种模式在行业间引发了价格战，整个市场趋于同质化。利用价格战的策略更是形成了"利润削减快过市场增长"的不良局面。

二、金融产品的网络销售

金融产品在互联网上销售的行为就是金融产品的供给者提供产品，需求者根据需求寻找到合适的金融产品，双方进行交易的过程。

从市场关系和方法手段来划分，金融销售有以下两种主要模式。

（1）通过自建销售平台来销售金融产品。各大商业银行早已不局限于传统业务发展，而是纷纷建立起电子商务平台，不仅包括传统支付业务，还在平台上销售理财产品，提供多样化的金融服务。

（2）从第三方平台进行产品销售。这种模式具体分为以下几种：第一种是类似于淘宝、京东商城的网络商城产品销售。第二种是类似于余额宝、理财通等将互联网与基金公司合作在网上销售互联网基金。第三种是信贷、保险类门户网站，将这些金融产品放到互联网上让投资者自行选择。

交易对象的差异使得互联网金融可以进一步被细分为互联网保险、互联网证券和互联网基金。互联网证券和互联网保险在前文都有介绍，下面主要介绍下互联网基金。

（一）互联网基金的概念

互联网基金是一种新型的基金销售模式，利用现代信息技术中的大数据、云计算等低成本高效率地实现基金的交易。

（二）互联网基金的交易流程

互联网基金的交易流程是利用网络完成的，用户先要在门户网站上进行注册，再上传身份信息进行实名身份认证以及绑定银行卡。然后再根据基金种类进行申购和赎回。以腾讯的理财通为例，理财通给予使用微信支付的客户方便快捷的互联网理财模式。主要交易流程有这样几个步骤：（1）身份认证。理财通属于第三方电子商务基金销售平台，根据有关规定，在第三方平台上进行理财的客户必须进行身份认证，实名制管理。（2）转入。是指微信用户把资金转入理财通这一步骤。一般来说，转入没有最高限额，最低1元。基金公司会根据转入时间在工作日（T）15：00前后来进行T+1或T+2的确认。（3）转出。理财通总资金可以随时转入或转出或用于微信支付，转出金额实时到达微信账户，单日/单笔最高限额为5万元。

(三) 互联网基金的特征

(1) 低成本、高收益

传统基金的销售渠道主要依靠各大银行或线下公司营销，往往效率较低且耗费的成本也比较多；互联网基金则能够利用网络平台和大数据作为技术支持，不仅降级了销售成本，还提高了销售效率，为投资者带来更高的收益。

(2) 易操作、广参与

基金在互联网上销售时，资金的交易门槛较低，操作步骤简单明了，用户体验良好，吸引了大量新老客户，社会的金融福利水平进一步提高。

(3) 渠道直接、信息对称

互联网金融模式将基金产品用直接的渠道展现给互联网消费者，消费者又通过互联网搜寻所需的基金信息，能够有效地甄别、匹配信息，完成交易。这样基金销售也实现了金融脱媒，社会闲置资金的使用效率得到了极大的提高。

三、基于大数据的征信和网络贷款

(一) 征信的概念

征信，从字面上理解，"征"是指征集、验证、求证，"信"是指信用、诚实、信任的含义，结合企业即为征求或验证信用。

征信常指征信活动，强调进行资信或信用调查的行为与过程。近现代以来，中国大陆、香港和台湾等地，征信被广泛用作信用调查的同义词。征信最重要目的在于防范在非即付经济交往中受到损失，为此需要采集在经济交往中最能显示一个人按期履约的能力和意愿的履约历史记录，并依靠这些信息来判断信息主体的信用状况。

综上所述，狭义的征信，是指对企业信用状况和个人信用状况的相关信息进行采集、采集、整理、保存、加工，并对外提供信用报告、信用登记、信用调查和信用评级等服务。广义的征信则为狭义的征信加上信用管理服务。

（二）征信的作用

征信服务于金融业、电信业、政府部门、公共管理等各行各业，服务范围十分广泛。对于市场发展，征信能够防范信用风险，促进市场健全发展；对于行业来说，征信能够将受信方的信息及时、公开地传递给授信方，有利于提升整个行业的履约水平；对于监管部门，征信有利于提高监管效率，维护金融业的稳定。

（三）大数据带来的机遇

大数据这个概念是 2008 年下半年提出的，此后不断传播开来，有关专家学者都开始进行研究。在此之前，也有很多数据的概念，但都没有得到重视，在传统金融领域，对于数据的价值性研究和应用都很少。随着互联网金融的兴起，金融行业也进入数字时代，大数据的概念应运而生。大数据与互联网的结合让传统银行焕发了新的生机，各大银行都构建新型营销手段，通过互联网创造了新的营销渠道。

大数据能给金融机构带来发展机遇，也是因为金融机构具有强大的发展实力及潜力。每个人的信用与收入、资产、个性、习惯等诸多因素相关，而且是动态的。但是通过用户在不同网站上的使用痕迹，比如网上银行、电子购物、社交平台等，可以综合分析判断用户的个人信用等数据信息，这些数据经过整合就是大数据。不同金融机构都可以通过对大数据进行挖掘分析，找到不同变量间的内在关系，建模分析用户的信用体系。这有助于金融机构针对不同能力的用户提供不同类型的服务，减少机构的风险。大数据作为金融市场发展的有力支撑，为传统金融和互联网金融的发展都提供了强劲的助力。

（四）网络贷款的概念

P2P 网络贷款是英文 Peer-to-Peer lending 翻译而来，意思是点对点信贷。借款人和投资者通过网络平台进行交易，相互借贷。P2P 网络贷款的主要服务对象是没有收入来源的大学生、刚出社会资金不太充分的创业者等，了解其身份信息就可以给出小额贷款。

（五）网络贷款的特点

1. 交易的目的是获利

出借双方通过 P2P 网贷平台实现资金的融通，借款人的目的是为了筹得所需资金，出借人最直接的目的便是获利。

2. 借贷双方不需要直接接触

借款方通过 P2P 网贷平台发布借款信息，出借人根据借款人发布的信息选择合适的出借对象，借贷双方无须直接接触便可通过 P2P 网贷平台实现资金的融通，其中 P2P 网贷平台作为中介起着撮合双方达成交易的重要作用。

3. 风险分散

出借人通过平台可以将自己的资金分配到不同项目中去，借给不同的借款人，风险也得以分散。

4. 参与门槛低

P2P 网络贷款对借款人和出借人的额度要求都不高，只要手上有闲置资金的都可以参与进来，较低的参与门槛有效地调动了社会闲散资金，市场自主进行了合理的配置。

（六）网络贷款的风险及防范措施

网络贷款的风险主要有以下几种：

（1）流动性风险

P2P 网贷流动性风险，是指 P2P 由于投资者挤兑导致流动性不足的风险。大部分平台为了留住客户，都会对投资者的资金进行担保，但由于信用体系的不完善，当有坏账出现时，平台要用自有资金去冲抵坏账，给予投资者保障。倘若投资者要提现，P2P 平台的自有资金未必能及时周转，流动性风险就出现。

（2）管理风险

P2P 网络借贷模式是属于互联网金融的一种创新形式，不光是投资人、借款人会存在盲目投资不理智的情况，一些借贷平台的管理者甚至都对借贷风险认识不足，难以管理和运营好一个平台，最终平台被坏账拖垮。

（3）技术风险

信息技术的发展日新月异，互联网金融监管也存在许多不完善支持。网络借贷发展势头迅猛，而许多平台管理者只关注利益，对于平台安全技术不重视，导致隐藏着恶意攻击，影响平台稳定、投资者的资金安全。

对于这些风险的防范可以从以下几个方面来着手：

（1）设立准入门槛、加强政府管理

P2P 网贷平台进入门槛相对较低，运营成本不大，但是利润空间不菲，因此大量的人才和资金都涌向该行业，然而由于良莠不齐，一些欺诈性平台的出现影响了 P2P 行业的公信度。政府有必要对 P2P 网贷平台的进入门槛进行设置，并及时检查监管，并且有必要记录 P2P 网贷上的交易，谨防假标出现。因为如果债权信息不能实现第三方登记和担保，一些小型的 P2P 网贷公司假造款标的动力就会一直存在。

（2）第三方资金托管

在客户资金托管方面，P2P 平台应该交由第三方支付或者银行进行托管。部分银行因为金额太小，而拒绝此类业务，第三方支付平台成为大多数 P2P 平台的选择，在资金清算的过程中，P2P 平台首先发出清算指示，然后由出借人对此指示进行确认，直接由第三方支付公司将款项打入借款人账户中，整个过程 P2P 公司只有查阅账户明细的权利，而无权调动客户资金。

（3）加强行业监管

目前，北京、广东、四川、浙江等地区的地方监管当局已经将政府力量和民间力量相结合，建立了 P2P 行业自律协会。中国各个地方都应该重视监管，加强监管力度，将 P2P 网络借贷平台纳入规范化发展的轨道。

（4）出台监管条例

我国目前还不存在专门针对 P2P 网络借贷的法律，作为民间借贷的一种创新形式，唯一可以遵循的法律依据是最高人民法院于 1991 年 8 月 13 日下发的《关于审理借贷案件的若干意见》。我国需要尽快针对 P2P 网络借贷平台拟定相关的法律法规，为 P2P 行业监管提供法律依据。

四、众筹投资

（一）众筹投资的概念

众筹，是通过向普通大众募集，以获取资金等赞助发起者的项目的一种活动。众筹支持的活动类型多种多样，大到一些灾害重建的募捐、竞选活动的筹集，小到一些创意设计、艺术发行，都可以用众筹来集资。

（二）众筹投资的分类

1. 回报型众筹

回报型众筹也叫奖励型众筹，或预购式众筹，投资者在为项目投资后，得到的回报不是资金形式的，而是一种有意义的象征形式，比如文化衫、VIP 资格等。另一种情况是预售一种产品，销售者先发布该产品的相关信息，对此有兴趣的投资者可以预先付款，对于发布者来说也是一种众筹。这样的方式通常适用于电影、音乐这样的艺术创新项目。

2. 股权型众筹

股权型众筹是指融资者通过网上众筹平台将项目展示给投资者，投资者投资后得到的回报是股权形式的。股权众筹具体可分为私募股权和公募股权众筹，有担保、无担保的股权众筹，线上、线下股权众筹等。

3. 债务型众筹

债务型众筹最早出现在美国，也被称为借贷型众筹。美国诸如 LendingcIub 和 Prosper 这些公司都取得了较大的成功。Lendingclub，建立于 2007 年，一直到 2013 年 12 月，总共借出 30 多亿美元，其中 2.7 万美元已经在分红中得到归还。

4. 募捐型众筹

募捐型众筹是一种不在意回报的众筹方式，这也是与其他众筹不同的地方。

一些 NGO 的募捐平台就可以看作募捐型众筹。募捐型众筹在公益事业中运用较多，出资者出资更多是站在做公益事业的角度，带有捐赠帮助的性质，不会在乎回报。

（三）众筹投资的特征

（1）开放性

众筹的开放性一方面体现在项目上，以往的筹资对于项目审核门槛较高，而众筹则对项目发起人不具有特殊要求，只要项目有意义，能够吸引人，就可以众筹。另一方面体现在对投资人也是开放的，不存在身份、投资能力的要求，可以根据自己的兴趣任意投资给不同的项目。

（2）数额小

众筹融资的金额往往低于传统融资，一般都是在 10 万元以内的规模。众筹投资是面向普通大众进行的，个人出资虽然都是几元、几百元、几千元这样，但聚少成多，参与的人多了就能完成众筹项目。

（3）高效率、低风险

众筹一般都是通过互联网发布信息，手续简便，相对于传统融资效率较高，投资者可以通过网络找到自己感兴趣的项目进行投资。并且众筹项目的投资者比传统项目多得多，出资小，分散了风险。

（4）大众化

传统融资一般都是"有钱人的游戏"，面对不低的筹资额，普通大众即使有心也无力。通过互联网推出的众筹，能够让普通大众通过互联网的社交属性参与进来，在网络平台上互动，了解项目的意义及创新点，从而完成融资。

（四）众筹投资的发展现状

（1）国外发展现状

2001 年 9 月，第一家众筹网站 ArtistShare 在美国成立。2003 年开始推出众筹项目，这个网站是众筹模式的诞生地，也无愧于"众筹金融先锋"的称号。随后，互联网金融逐渐在英国、北美、澳洲活跃起来。众筹融资模式在亚洲、拉丁美洲等国家也渐渐被关注并引进，如新加坡、阿根廷等走在各国前列，但整个亚洲融资规模占整个世界市场的份额还比较小，近几年有明显上升趋势。总体而言，全球众筹模式发展迅速，融资规模逐年增长，逐渐成为继公共融资和私募融资后的又一行之有效的融资方式。

（2）国内发展现状

互联网众筹的发展势头很快延伸到中国。准入门槛低、融资渠道广，这两个因素使众筹模式很快在国内掀起了水花。2011 年，众筹模式正式被引入中国，发展的速度逐渐加快。目前有一定规模、一定影响的众筹网站已有 10 多家，除了非股权众筹模式，国内股权众筹模式也悄然兴起，目前，国内股权众筹网站已超过 15 家，众筹模式的发展逐渐得到了政府的关注以及社会各界的认可。2014 年 5 月，证监会出台监管意见稿，目的是引导股权众筹行业健康发展。

国内目前发展的互联网金融中，余额宝、理财通以及一些 P2P 网络借贷是属于发展红火的模式，而众筹在国内仍属于新兴互联网金融模式，处在起步阶段。西方国家的众筹发展水平远超我国目前的水平，我国大部分众筹项目的规模都比较小，由于大众参与度低及传播不广的原因，存在感也较低，不太具有广泛的影响力。出现这样的情况，一方面是由于我国文化背景、法律环境以及人们传统思想的影响与众筹这样的新兴事物还存在一定的不兼容性；另一方面国内众筹同质化竞争严重，不同的众筹网站运营模式雷同，缺乏高品质的大型平台。但目前中国金融市场基础环境不断完善，改革也在逐步推进，可以预见的是，中国的众筹还存在很大的发展空间，是具有潜在发展性的行业。

| 第七章 ▶

服务实体经济：宏观经济中的互联网金融

  中小微企业一般是中小型企业、微型企业、家庭作坊式企业、个体工商户的统称。众所周知，中小微企业在管理体系、人才配置和资本数额等方面都与大型企业存在着相当大的差距。从国家规定来看，根据工信部 2011 年 6 月印发的《中小企业划型标准规定》，我国中小企业划分为中型、小型、微型三种类型，首次将个体工商户包含其中。由于我国的中小微企业中多数属于非劳动密集型行业，同时在生命周期中又多数处于萌芽期或成长期，因此与大型企业相比，可以说中小微企业的工作人员相对较少、营业收入相对较低、资产规模相对较小。在我国，现实情况是：中小微企业是国民经济中比较活跃的成分，它们广泛分布于服务业、制造业、高科技行业等领域，使我国的市场经济构成更加丰富多彩，而它们对于促进我国市场经济的繁荣发展、优化产业结构也可谓功不可没。

  创意型企业是一种为满足人们日益增长的文化消费需求而专门从事精神产品的生产和供给的企业。因为创意型企业主要依靠脑力劳动者完成知识的创造、转移和应用，所以这类企业在产品中加入了大量的精神价值。由于大众创业、万众创新在当今成为一种时代潮流，因此可以想到产品中包含很高创新成分的创意型企业在我国经济中发挥着日趋重要的作用：首先，发展创意型产业有助于建设资源节约型社会。我国传统产业长期以来受制于粗放型经济增长方式，因而对资源消耗巨大。然而创意型产业属于知识密集型产业，此类产业主要依靠创新驱动增长，对资源的消耗相对较少。其次，发展创意型产业能够为社会提供大量的就业机会。创意型产业的灵魂是将技术、文化和艺术融为一体，能够为拥有奇思妙想的创意人群发挥创造力提供展示创新能力的基本平台。再次，创意型产业有助于提升城市魅力。这是由于创意型产业能够为传统制造业的产品加入充分的知识含金量，从而能够将技术、商业、文化融为一体，使城市中高速发展的区域具有更强的创新力和竞争力。最后，创意型产业能够提供新的经济增长点。在供给侧结构性改革的背景下，创意型产业可以发展为我国的重要经济增长点，真正实现创新驱动经济增长。

第一节　互联网金融促进中小微企业、创意型企业发展

中小微企业和创意型企业无疑是我国国民经济增长中最为活跃的部分之一，但现实是这类企业的融资往往受到诸多因素的制约，很多时候只能凭借内部资金进行扩大生产，甚至迫不得已借助成本代价高的民间借贷融资。众所周知，中小微企业和创意型企业融资难的问题多年来并未有效得以解决，并且一直是其发展壮大的主要瓶颈。幸运的是随着互联网技术的日趋成熟和迅速普及，互联网与金融相结合而成的互联网金融在我国有望在很大程度上解决中小微企业和创意型企业的融资难题。

一、中小微企业、创意型企业的融资问题

（一）中小微企业、创意型企业的传统融资方式

1. 企业内部融资

企业内部融资是指在企业内部融通资金。正是由于资金的来源在企业本身，所以企业本身进行内部融资无须支付任何融资成本，也不需要与投资者签订合同。由于企业内部融资的封闭性使之几乎不受外界资本市场环境的影响，因此这种融资方式优点突出，可以说是一种低成本、低风险的融资方式。

自身留存收益融资是企业内部融资的一种方式。从用途上看，企业的利润可以用于给股东分红以及作为自身留存收益。因此，企业融资可以依靠留存收益，即企业提取留存收益中的部分资金。企业通过留存收益也就是自身的积累来融资的好处是不仅能有效地进行融资风险管理，而且有利于股东保障自己的利益。与此同时，需要知道通过自身留存收益融资也是一家企业外部融资的基础和前提。可以这样分析一家企业的财务报表：如果投资中留存收益的比例较大则表明这家企业具有较强的盈利能力和发展空间。这样的企业更容易受到广大投资者青睐，这就是提供了外部融资的基础条件。

票据贴现融资是企业内部融资的另一种方式，也是企业良好运作所不可或缺的。企业资金流转效率的提高，企业利润的增长都依赖于良好的票据融资体系。不可否认的是票据融资模式具有借贷期限灵活、办理手续简易的优点，这使得中小微企业、创意型企业可以突破企业自身规模的种种限制与束缚，从而能够更方便灵活地获得资金使用权。如果在融资成本方面进行比较，可以看到票据融资在这方面也是诸多传统融资方式中的佼佼者。值得一提的是：票据融资的突出优点是可以实现投资者与企业的双赢。无论是银行同业之间还是与央行之间的再贴现等都有利于商业银行信用风险的管理，此外还能增加利差收入，真可谓是一举

多得。

典当融资也是企业内部融资方式之一。典当融资需要融资者按照规定的期限支付利息，到期赎回抵押品，是企业在非常情况下紧急融通资金的一种特殊融资形式。毫无疑问的是典当融资可以在非常短的时间内为需要资金融通的企业提供应急的流动性支持，是一种历史起源非常古老的融资方式。抵押品则五花八门，从高价值实物到有价证券都能够用于抵押融资。除此以外，典当利息率也可在法律规定的最高典当利息率与费用范围内按照具体情况进行调整，非常方便灵活。

传统融资方式中的另一种重要融资方式是商业信用融资。商业信用融资是企业与企业之间的一种直接信用行为，与"一手交钱一手交货"的交易方式不同，它是一种特殊的资金与商品相分离的形式。商业信用融资也有其得天独厚的优势：首先是商业信用基础的建立难度较低。这是因为商业信用融资本来就往往发生于存在生意往来的企业之间，它们毕竟会因长期合作而具有相互之间的信任。众所周知，应付货款和预收款项就是企业之间最基本的商业信用表现形式。其次是企业可以拥有较大的主动权。企业在融资金额和期限上拥有一定的话语权，这也是商业信用融资最大的优点。最后是企业一般情况下不需要提供担保。无须担保对于缺乏抵押品的企业来说非常重要。但是由于缺乏稳定性，一旦出现特殊状况，商业信用的丧失可能导致资金链条断裂，影响企业资金的正常周转。

2. 企业外部融资

一般情况下可以将企业外部融资分为债权融资和股权融资两类。

债权融资是指企业获取资金的方式是借债，而在约定期限内向债权人还本付息。债权融资的形式主要有以下几种：（1）银行贷款。银行贷款最为常见，它以银行为媒介进行融资。具体流程是融资企业向银行提出贷款请求，通过审批后获取资金，然后根据约定时间还本付息。银行贷款的特点可以归结为：名义利率相对较低、相关费用相对较高、时间周期相对较长。（2）债券融资。债券融资也是非常普遍的一种融资方式，流程是企业遵照法律规定的程序面向公众发行在一定期限内还本付息的企业债券，然后投资者通过购买企业债券从而形成与企业之间的债权债务关系，到期去收回本金和利息。（3）民间借贷。民间借贷的概念就是指通过约定利息的方式向自然人筹集资金。（4）担保贷款。担保贷款指融资企业必须依赖于第三方担保来取得资金，这意味着通常需要支付更高的利息和手续费用。

股权融资是指企业的股东通过出让部分企业的所有权使企业完成资金融通，但同时企业所有权也已被重新分配。从财务报表上来看，股权融资使企业的总股本得以增加，而股权融资所获得的资金无须企业再还本付息。股权融资的方式主要有以下几种：（1）股权转让。指企业以筹集资金为根本目标在原股本规模下给股票估值出售而将一定比例的股权换作资金。（2）增资扩股。这是指企业依靠扩大原有股本规模从而进行融资，这不可避免地使更多投资者成为股东并分享企业的经营收益。（3）风险投资。风险投资简称风投，它专门针对高新技术型企业提供资金支持，帮助企业实现生存和发展并采取一定的退出机制最终完成成本的收回和收益的获取。（4）私募融资。私募融资的含义是通过非公开宣传向特定少数投资者募集资金。在企业经营发展取得了收益后，私募投资者再通过销售与赎回的方式获取属于自己的投资收益。

综上所述，可以说内部融资是基础，也是外部融资的前提条件。因此两者之间必须同等重视，相辅相成。

（二）中小微企业、创意型企业的融资现状

中小微企业、创意型企业在进行内部融资时往往会受制于自身条件所限的境地，直接导致了融资面狭窄。因此事实上我国中小微企业、创意型企业在直接融资和间接融资上都存在不小的困难。虽然中小微企业、创意型企业融资难的问题在我国越来越受到关注，但是至今这类问题并未得到根本上的解决。

1. 直接融资渠道狭窄

一直以来，大型企业就是我国证券市场青睐的对象。而证券市场对中小微企业、创意型企业"另眼看待"。这一点具体表现在对中小微企业、创意型企业通过证券市场融资的要求极高，最终导致了只有极少数业绩非常优秀的企业能够通过各部门的层层审核最终获得融资。毫无疑问的是这对于流动性需求迫切的数量众多的中小企业群体来说简直是杯水车薪，不可避免地在无形之中扼杀了不少很有前途的企业。虽然直接融资可以提高资金利用效率，有助于降低成本、增加收益，但相对而言直接融资也存在着非常明显的缺点：融资要求非常严格；在金额、利率以及期限上制约严重；融资风险也相对较高。由于受到各种因素的制约，可以说中小微企业、创意型企业直接融资渠道狭窄的问题十分突出。

2. 间接融资机会缺乏

中小微企业、创意型企业融资难的问题并非是我国的特有现象，在世界各地普遍存在。在各种企业间接融资方式中，作为中介的各家金融机构往往将自身安全性置于首位，因而它们更加倾向于贷款给信用风险相对更小的国有大中型企业或者跨国公司。而急需资金解决流动性不足问题的中小微企业、创意型企业因其自有资本不足而遭到各家银行的"抛弃"，使其本来就很恶劣的生存环境雪上加霜。

总之，中小微企业、创意型企业融资难问题可以归结为"三高"，即申请难度高、融资成本高、融资风险高。中小微企业、创意型企业在申请贷款过程中，因为其信息披露机制不健全、不透明、不合理，为投资者在短期内准确辨别其相关信息的真实性增加了难度。迫不得已，投资者只能通过对贷款抵押物提出要

求、提高贷款的利息以及要求提供第三方担保等方式来避免和减少信息不对称给他们造成的损失与危害。在这个博弈过程中，中小微企业、创意型企业被迫负担了更高的贷款成本。结果导致大部分属于风险厌恶者的此类企业就会因为融资成本过高而离开信贷市场，市场中剩下的那些愿意承担高融资成本的中小微企业、创意型企业则大都属于"孤注一掷"的风险偏好者，从而引发道德风险问题。随着市场中的融资成本不断提高，属于风险厌恶者、经营状况良好的中小微企业、创意型企业不得不逐步退出信贷市场。而属于风险偏好者、乐于"孤注一掷"的企业则充斥整个信贷市场。不可避免的是随着融资成本的提高，信用风险逐渐积累，贷款违约概率也在升高，这就是一种逆向选择。最终结果是在实际中，投资者倾向于拒绝中小微企业、创意型企业的贷款融资申请来避免与减少道德风险和逆向选择的损失，从而增加了中小微企业、创意型企业的申请难度、融资成本和融资风险。

(三) 融资困境成因分析

在前文中提到，中小微企业、创意型企业融资难问题可以归结为申请难度高、融资成本高、融资风险高，而造成企业融资困境的因素可以归纳为以下三个方面。

1. 信息不对称

信息不对称通常是指交易的双方无法及时、充分、完整地掌握所有一切有可能会对交易产生影响的各种有效信息的情况。信息不对称容易导致两个问题，即交易前的"逆向选择"以及交易后的"道德风险"，这两种问题的存在会增大融资成本甚至导致融资行为的失败。交易双方的信息不对称主要体现在两个方面：一方面，风险评估存在不对称。中小微企业、创意型企业的投资行为往往受到自身各种条件的约束限制。它们不仅可能在风险管理能力上存在薄弱环节，而且往往对投资项目的评估也难以做到准确，最直接的后果就是它们的投资行为风险过大。金融机构必然会对这些企业的投资渠道进行评估之后才会给予它们相应的资金支持。然而考虑到中小微企业、创意型企业的这种投资风险，金融机构当然不会轻而易举地同意给予中小微企业、创意型企业信贷资金支持。另一方面，盈利与亏损程度存在不对称。中小微企业、创意型企业自身的规模不可避免地限制了它们的盈利能力，同时它们往往没有充足的资本金去吸收损失。一旦企业资金链断裂，中小微企业、创意型企业很难生存。

2. 金融体系发展滞后

我国金融体系发展的滞后性表现在：(1) 银行体系结构不合理。目前，我国的金融格局是国有大型商业银行一马当先，股份制商业银行紧随其后。但是我国民营金融机构的发展明显落后于以上二者，普惠金融的作用无法发挥。这种

"强者愈强，弱者愈弱"的体系结构明显是不合理而且有害的。(2) 评级担保机制不健全。由于我国信用评级制度的不甚完善，中小微企业、创意型企业无法进行具有公信力的标准化的信用评级。而且由于担保机制不够完善，很多中小微企业、创意型企业在融资之路上会处处碰壁，无法实现融资计划。(3) 中介服务机构不充足。其实我国市场中的供给主体很多，它们都能够向中小微企业、创意型企业提供资金支持。这些供给主体的资金输出方式主要是通过私募和产业投资基金。中介机构作为重要金融媒介在金融体系中发挥着重要作用，但目前我国能有效提供中介服务的中介机构数量并不充足，无法满足基本需求。

3. 中小微企业、创意型企业自身存在不足

中小微企业、创意型企业自身存在的不足之处也导致它们在融资过程中面对重重困难。这些不足之处主要有：(1) 财务制度不健全。财务制度不健全的问题在中小微企业、创意型企业中非常普遍，例如财务报表不规范、财务信息披露不充分，这些都给金融机构的信贷审核带来巨大困难。(2) 诚信度尚待提高。隐瞒不利信息或者提供虚假财务报表、提供估值虚高的抵押品等现象在中小微企业、创意型企业中屡见不鲜。对银行来讲，这些行为都可能导致违约概率、贷款损失率的上升。(3) 可供抵押财产缺乏。商业银行等金融机构在信用风险管理的过程中往往需要企业提供有价资产作为抵押物，从而在发生违约事件时减少信贷损失。中小微企业、创意型企业由于自身发展规模和条件具有局限性，它们往往不具有能够作为抵押品的不动产，因此在融资过程中它们也常常会因此而被"拒之门外"。

二、互联网金融促进中小微企业、创意型企业融资的机制分析

(一) 互联网金融解决企业融资难的机制

由于存在信息不对称、金融体系发展滞后、自身存在不足等问题，中小微企业、创意型企业融资具有较高难度。互联网金融模式的出现能够从以下三方面消除或减轻中小微企业、创意型企业融资难的问题。

1. 消除信息不对称影响

在传统的融资模式中，中小微企业、创意型企业和银行之间存在着严重的信息不对称：一方面，银行由于缺乏有效的评估手段，所以难以对贷款企业的经营管理和财务状况进行全面真实的了解。另一方面，企业由于无法充分了解信贷市场，在申请贷款时也不具有信息优势，无法根据自身需求从眼花缭乱的金融产品中选择出合适选项。可喜的是，互联网金融的出现为消除信息不对称问题带来了契机。在互联网金融背景下，投资者大可放心地依靠大数据技术分析企业交易行为、资金流向等数据，从而综合判断贷款企业的信用水平，并根据大数据判断做

出对授信限额的控制。另外，互联网金融平台优势还在于各种信息的获取权限对外开放。中小微企业、创意型企业也能够通过互联网查询等手段充分比对各种贷款信息，从中选择与自身要求最为契合的金融产品。得益于此，传统金融行业中一对一的信息交换模式转变为互联网金融行业中多对多的信息交换模式，这一转变在很大程度上消除了信息不对称的诸多不良影响。

2. 增加信贷配给机会

出于安全性的考虑，商业银行在严格的风险管理制度下要求严格控制信用风险。对于银行来讲，如果需要在信贷额度既定的前提下同时考虑安全性和营利性的平衡，那么理性的银行必然倾向于选择那些规模大、信誉好、风险承受能力强的优质企业合作，这部分企业大多是大型国有企业或跨国企业。在资金规模方面，互联网金融机构往往难以与传统大型金融机构相媲美。其资金规模毕竟有限，可能难以满足那些大型企业动辄上亿元的资金需求，因此互联网金融机构的主要目标客户应该设定为中小微企业、创意型企业。在服务方式方面，互联网金融模式采用的是公开平台经营管理，这种平台对各类企业一视同仁，符合融资申请条件的企业均可由此获得服务。在经营模式方面，互联网金融模式是传统金融模式在普惠金融方面的一个有效补充，其利润增长来源于传统金融覆盖不到或覆盖不好的领域。从这三个方面上看，中小微企业、创意型企业在互联网金融模式下取得了相对公平的信贷配给机会。

3. 解决抵押物缺乏问题

由于缺乏合格的实物可抵押物这种状况在很多中小微企业、创意型企业中普遍存在，而目前在我国也没有任何具有足够资质的机构能够完成无形资产的估价和抵押工作，于是中小微企业、创意型企业存在难以获得抵押贷款的问题。总之，信用评价机制的缺失使很多中小微企业、创意型企业在缺乏抵押物的条件下获得信用贷款的难度增大。在互联网金融模式下，可以乐观地预见到基于大数据分析的信用评价机制和联保贷款模式能够有效解决企业缺乏抵押物的难题。在不久的将来，我国基于互联网信息系统的信用评价机制必将全面用于企业信用评级，这样就解决了中小微企业、创意型企业抵押物缺乏的问题。

（二）互联网金融背景下中小微企业、创意型企业融资的新路径

技术革命带来了互联网技术的迅猛发展，互联网金融模式在近年来发展得风生水起，最终为中小微企业、创意型企业融资提供了新的路径。

1. P2P 模式——以"拍拍贷"为例

P2P 网络借贷又可形象地称为点对点网络借贷，P2P 通过某种方式将多方小额资金聚集起来再贷款给资金需求者。P2P 是英文"peer to peer"的缩写，意即个人对个人。具体的流程是：首先借款人在 P2P 平台公开借款申请信息，然后

投资者在 P2P 平台参与信贷条件竞标，完成竞标后向借款人发放贷款，最后由借贷双方自行商定借贷合同。借贷双方从资料审核到资金转账再到合同签订等一切流程全部通过互联网技术实现。整个借贷过程的突出优势明显地体现在便捷的操作和良好的用户体验上。

总部位于上海的拍拍贷金融信息服务有限公司是中国第一家 P2P 网络信用借贷平台。在互联网金融背景下，拍拍贷凭借互联网技术将民间借贷升级为互联网金融。这在一定程度上解除了借贷双方的时空约束，有效地促使资金迅速在更广阔的范围内进行优化配置，提高了信息的传递效率和资金成本的透明度，因此可以更好地服务于中小微企业、创意型企业。

2. 大数据金融——以"阿里小贷"为例

大数据金融是一种电子商务平台利用其客户交易、支付信息、信用评价等数据信息对客户行为进行分析，从而更好地为潜在客户提供金融服务的模式。企业在电商平台完成交易之后，相关物流及付款信息将在系统中自动生成一串信息流。电商平台通过建立特定的大数据模型从而对交易信息流进行定量与定性的测算分析，这样得到的一个初步评估可以为中小微企业、创意型企业提供发放信贷的参考。大数据技术所使用的模拟计算方法在一定程度上可以解决传统借贷模式中难以避免的信息不对称以及缺乏具有公信力的信用评级的问题。中小微企业、创意型企业每次交易所得到的评价反馈也可以为企业贷款提供依据。大数据金融模式由于提供了企业贷款成本与收益的指示器，从而有效地降低了贷款机构的风险。

阿里小贷是阿里巴巴小额贷款公司的代表性运作模式，它以电子商务的行为数据作为信用依据，是我国国内首个专门面向网络电商发放贷款的小额贷款公司，贷款金额的上限设定为 50 万元。阿里小贷针对客户平台的不同（B2C，B2B）提供不同类型的信贷产品，一种是专门针对淘宝、天猫平台（B2C）上的小微企业提供的订单贷款和信用贷款，另一种专门为阿里巴巴平台（B2B）上的客户提供无担保无抵押的信用贷款。

3. 众筹模式——以"点名时间"为例

众筹是指企业以网上的融资平台为依托，以股份和分红等作为回报或者以向筹资人交付产品、供给服务作为宣传手段向社会公众公开募集资金。在众筹模式中，需要融资的企业可以借助于互联网平台这一媒介展示创意或项目从而吸引潜在投资者以完成融资。

点名时间于 2011 年首次将互联网众筹模式引入我国，该平台最初经营项目涉猎广泛，经过半年时间的发展点名时间上线项目越来越多，融资金额也越来越大，众筹模式开始崭露头角。"点名时间"以网络在线的方式通过"团购"加"预购"的形式来筹集资金。具体来讲，项目发起者首先根据项目内容来发布投资标的，然后投资者则根据自己需要去选择不同的投资标的。众筹项目在达到筹资人设定的融资额度后即完成融资。

4. 三种互联网融资模式的比较

通过比较拍拍贷的 P2P 模式、阿里小贷的大数据金融模式以及点名时间的众筹模式，将三者特点整理如表 7-1 所示。

表 7-1　互联网融资模式比较分析

模式	含义	特点	抵押担保	目标客户	资金来源
P2P	通过网络借贷平台达成借贷交易	中介性质，提供居间服务，无银行等中介参与	无抵押无担保、无抵押有担保、有抵押有担保	个人创业者、企业	个人资金出借人
大数据金融	通过金融网站向资金需求个人、企业提供融资平台	纯信用小额贷款，批量房贷，随借随还，支付宝监控现金流	联保贷款	网络电商个人、企业	小额贷款公司、银行融资、资产证券化
众筹	以"团购"加"预购"的形式通过平台投资	基于创意项目的融资，通过吸引投资者方式进行融资	无抵押物无担保	创意型企业、概念性产品研发公司	个人、天使投资人

资料来源：根据本书内容整理。

第二节　互联网金融助力实体经济发展

麦肯锡发布的报告显示，截至 2015 年年底中国互联网金融总交易量超过了 12 万亿元，接近 GDP 总量的 20%，互联网金融的重要程度可见一斑。目前我国正处于经济增长的换挡期，随着 2016 年各季度 GDP 增长率连续跌破 7%，央行持续致力于降低社会融资成本，实体经济的持续较快增长面临较大压力。然而，互联网金融的繁荣与实体经济的压力形成了鲜明的对比，两者的关系引起了社会各界的关注与讨论。不可否认的是，互联网金融对实体经济的影响越来越大，协调与融合互联网金融与实体经济的碰撞显得越来越重要。

一、互联网金融对实体经济的影响

（一）互联网金融与实体经济：实证分析

我国目前经济下行压力很大，需要依靠新的经济增长点予以补充，这就需要进行供给侧结构性改革。为了实现供给侧结构性改革，金融业必须提高金融体系的效率，从而不断降低实体经济的融资成本。互联网金融正好拥有这样的作用，可以改善供给端的不平衡，有效提升全要素生产率。因此，互联网金融的发展对宏观经济的影响亟待深入研究。本书使用固定效应面板模型构建互联网金融对宏观经济的影响作用计量模型，采用最小二乘虚拟变量（LSDV）法进行了实证分析。

1. 经济增长方程

大量文献研究了产出（Y）与资本（K）、劳动力（L）及"知识"或"劳动效率"（A）之间的经济关系。在任意的时刻，宏观经济中总是同时存在着一些资本、劳动和知识，这些生产要素结合起来就促成了产品的生产。索洛模型设定生产函数的形式为：

$$F_t(K_t, A_tL_t) = K_t^a(A_tL_t)^{1-a} = K_t^\alpha A_o^{1-\alpha} E^{\lambda(1-\alpha)} L_t^{1-\alpha} \qquad (7.1)$$

其中，A_t 表示技术状态，又称全要素生产率。假定它以 A_0E^λ 的增长方式增长。其中，λ 为技术进步参数。我们已知互联网技术是"知识"和"劳动效率"的一种体现，也是互联网金融发展的技术基础。由于受到与互联网金融直接相关的统计数据的获取限制而无法对其经济效应进行直接衡量，所以本书选择能够高度影响互联网金融发展程度的互联网发展程度指标——互联网普及率，即互联网使用人数与总人口的比值作为互联网金融发展的代理变量。根据切尔尼赫等人（2011）的研究，假设互联网普及率会影响技术进步参数 λ，即有 $\lambda = g(pen)$。其中 pen 表示互联网普及率。

通过分析可知互联网金融的发展不仅能够提升全要素生产率，还可以深化资本存量、增加就业，从而影响产出，而作为互联网金融代理变量的互联网普及率也是如此。因此互联网普及率还应与资本和劳动存在交互项。为此本书选择资本和劳动增广型的柯布—道格拉斯生产函数。具体设定如下：

$$Y = A\, K_t^a L_t^{1-a} \qquad (7.2)$$

2. 固定效应模型

考虑到本研究将使用我国 31 个省、直辖市和自治区的省际数据，为了体现省际间的个体差异性，我们在模型中加入代表不同省份的虚拟变量以估计个体固定效应，得到方程如下：

$$GDP_{it} = \lambda_i + \beta_k K_{it} + \beta_L L_{it} + \beta_{pen} pen_{it} + D_i + \mu_{it} \qquad (7.3)$$

其中，下标 i 表示省份，下标 t 表示年份。GDP 表示国内生产总值，K 表示资本存量，L 表示劳动力，pen 表示互联网普及率，D 表示省际虚拟变量。

3. 实证结果

由于 2013 年是我国互联网金融元年，考虑到互联网金融的潜在影响持续期和数据可得性，本书选取 2010—2014 年全国 31 个省、直辖市和自治区的省际相关数据。其中各省、直辖市和自治区以 2010 年为基期的实际 GDP 数据、劳动力和互联网普及率由《中国统计年鉴》数据计算所得，资本存量采用与张军等人（2009）相同的永续盘存法计算得到（见表 7-2）[1]。

表 7-2　固定效应模型估计结果

lnGDP	Coef.	Robust Std. Err.	t	$P>\mid t\mid$
ln$K$	0.278 829	0.065 559	4.25	0.0000
ln$L$	0.434 601	0.080 186	5.42	0.0000
lnpen	1.124 106	0.301 016	3.73	0.0000
ln$K$lnpen	-0.283 120	0.071 085	-3.98	0.0000
ln$L$lnpen	0.316 503	0.083 983	3.77	0.0000

资料来源：中国统计年鉴，由作者计算整理。

从回归结果来看，总体拟合优度很高，解释变量的参数符号与理论预期一致，且均在 1% 的水平下显著，同时反映区域差异的省际虚拟变量大多数也在 10% 的水平下显著。因此该模型既准确体现了各个解释变量的贡献，又很好地反映了区域差异的影响。首先，互联网普及率的系数显著为正，这表明发展互联网金融的基本效应是促进经济增长。其次，互联网普及率与资本的交叉项系数显著为负，这表示两者之间存在替代效应，发展互联网金融可以节约经济增长所需的资本成本。最后，互联网普及率与劳动的交叉项系数显著为正，这表示两者之间存在互补效应，发展互联网金融能够增加社会就业量。综上所述，发展互联网金融的作用非常明显。

(二) 互联网金融与实体经济：作用与影响

1. 互联网金融与实体经济发展方向相同

互联网金融融合了传统金融模式与互联网技术，是一种全新的业态。互联网金融固然对实体经济影响深远，但两者仍然有着共同的发展方向。配置资金有效、经济信息透明、市场范围宽广是互联网金融的明显优势，因此互联网金融才能够充分发挥普惠金融的作用，从而助力实体经济发展。相对地，实体经济是能够反映互联网金融发展水平的试金石。互联网金融的发展应当以实体经济为依托

---

[1] 张军，陈诗一. 结构改革与中国工业增长 [J]. 经济研究，2009 (7)：4-20.

支撑和最终目标，即互联网金融发展战略的根本动力是来源于实体经济的，而最终目标应当是反过来促进实体经济的升级发展，提高对社会的金融服务水平。因此，互联网金融与实体经济在很多方面是相辅相成的，两者的发展方向相同。

2. 实体经济是互联网金融发展的基础

当实体经济发展到一定程度后，金融系统为适应实体经济更高的金融需求而产生了互联网金融这种新金融模式。不可否认的是互联网金融持续发展的物质基础均来源于实体经济，互联网金融的长远发展不能不建立在实体经济的基础上，脱离实体经济而一味地追求创新就如同建造空中楼阁，是不切实际的。实体经济的繁荣会导致企业对资金需求量的增加，这种需求为互联网金融行业的发展提供了动力。反之可以想象，如果萧条状态出现在宏观经济中，则这种状态会作用于互联网金融行业，导致互联网金融行业的衰败。总之，实体经济的健康状况决定互联网金融行业能否稳健运行，是互联网金融正常发展至关重要的基础。

3. 互联网金融对实体经济具有促进作用

从本质上看，互联网金融的作用就是减少实体经济运行摩擦、增强金融的普惠性，从而服务更多的中小微企业、创意型企业与个人，因此对实体经济的成长具有积极的促进作用。互联网金融具有提高经济活动效率的功能，发展健康的互联网金融有助于促进我国市场经济更加完善健全。互联网金融对实体经济的促进作用从以下三个角度表现：首先，互联网金融具有高流动性的天然优势，如同一块海绵一样能够大量充分地吸收闲散资金。这样就有效地降低了社会融资成本，为实体经济的发展提供低成本的有力支持。其次，互联网金融与中小微企业、创意型企业的联系天然密不可分。互联网金融与传统金融的市场重合率低，通过提供查漏补缺式的金融服务，互联网金融对传统金融的作用发挥也是促进性的。最后，基于互联网大数据的收集与处理分析能力，中小微企业、创意型企业可以实现精细分化发展，成为实体经济新的活力点。

4. 互联网金融与实体经济存在一定程度的矛盾

互联网金融行业显然具有虚拟经济的性质，虚拟经济与实体经济的矛盾在这里也表现得一览无余。互联网金融的蓬勃发展能够有效带来实体经济的增长与发展。反之，如果过多泡沫出现在互联网金融行业中，则会给实体经济的发展带来过高风险，并进一步导致互联网金融同实体经济之间结构平衡性的丧失。一方面，互联网金融在扭曲发展的过程中会吸收大量资金、人才等资源，对实体经济的发展空间造成"挤出效应"，导致整个实体经济其他部分运行的基础亏空。另一方面，互联网金融在发展中存在的泡沫会给实体经济带来不稳定因素，甚至可能引发一连串的连锁反应。当泡沫经济受到外部冲击被"戳破"时，就可能引发金融危机甚至经济危机，对整个经济系统造成严重影响，导致实体经济的持续衰退。

二、互联网金融促进供给侧结构性改革

（一）互联网金融的责任与使命

供给侧结构性改革作为我国转型时期的重要举措，是适应和引领经济发展新常态的重大创新，将对我国结构性、体制性问题产生决定性的影响。

1. 驱动实体经济发展

实体经济是一国经济的根本支撑，而中小微企业在实体经济中占有很高的比重。2014年3月28日国家工商行政管理总局发布的《全国小微企业发展报告》显示，截至2013年年底，小微企业在工商登记注册的市场主体中所占比重达到94.15%。如果加上中型企业，则中小微企业占比达99%以上。一直以来，融资渠道不畅的问题始终对实体经济的发展形成制约，尤其束缚着小微企业、创意型企业的成长。"在全国企业数量中占比94.15%的小微企业面临融资难的问题，结果必然导致经济增长率下滑、就业率降低，最终导致全国宏观经济的增长缺乏强劲动力。"[1] 因此互联网金融必须回归服务实体经济的目的，这样可以实现互联网金融企业发展与实体经济发展的双赢。一方面，互联网金融企业应当在资源整合能力上更进一步以提高金融供给能力。这包括对各类型经济实体都要有良好的匹配性，最终目标是使金融服务档次得以提升。另外更加广泛深入中小微企业、创意型企业的产业链，在获得所需客户资源的同时使那些企业也能够及时获得足够的信贷资源。另一方面，互联网金融企业服务范围有待进一步扩大，即将服务覆盖面拓展至小微企业、农业企业、创意型企业等传统金融的"冷门"领域。互联网金融企业不仅要致力于在信贷市场中构建良好的定价机制，还应当将中间业务环节做规范、将收费标准做明白，从而实实在在地解决中小微企业、创意型企业融资难的问题，驱动实体经济的发展。

2. 推动普惠金融建设

普惠金融是一个新概念，它是指基于机会均等与商业可持续原则，金融机构为社会各阶层和群体提供便捷而高效的金融服务。由于普惠金融能够提高金融资源配置的效率，因此是供给侧结构性改革的重要推动力之一。2015年11月，中央全面深化改革领导小组第十八次会议指出发展普惠金融的重要意义。《推进普惠金融发展规划（2016—2020年）》的发布更是标志着发展普惠金融已经明确成为国家战略的一部分。虽然自普惠金融开始推行以来，我国国内金融服务的数据显示金融覆盖率和服务满意度均取得了很大的进步。但处于经济增速换挡期的新常态下，普惠金融的很多障碍与挑战逐渐显现在人们面前。一些问题如服务渠

---

[1] 陆岷峰，杨亮. 互联网金融企业驱动供给侧改革的策略研究[J]. 石家庄经济学院学报，2016（2）.

道不均衡、管理机制不健全、相关设施不完备等导致其发展一度陷入停滞。得益于大数据、云计算等互联网技术与金融业的完美融合，普惠金融的成本在各方面都得以有效降低。发展互联网金融就是以这种方式优化了金融服务的质量，提高了金融服务的效率，因此是促进普惠金融发展的可行路径。

3. 促进产业结构升级

我国目前产业结构不合理导致了产能过剩，这是传统需求侧调控政策难以解决的，因此需要实施供给侧结构性改革。在我国，传统金融机构的信贷结构扭曲大大降低了信贷资源配给效率。然而互联网金融行业也不能幸免，因此互联网金融企业负面事件时有发生。可以断定，供给侧结构性改革需要加快产业结构升级，而这同时也是互联网金融企业升级发展的必由之路。由于落后产能不能适应新的市场需求，致使落后产能过剩、产品价格持续降低。低迷的市场同时使优质企业的盈利与创新能力受到抑制，从而在行业层面上造成了不良影响。因此，供给侧结构性改革对于互联网金融企业既是机遇又是挑战。只有利用好机遇，果断地将信贷资源从产能过剩的落后产业中转移出来并转移到新兴及政府扶持的产业上，才能有效应对当下宏观经济状况带来的挑战，实现自身发展。

4. 助力绿色经济发展

我国一直非常重视生态文明建设，"十三五"规划中的重要一环就是鼓励和支持绿色经济发展，因此对于供给侧结构性改革这一环也是不可或缺的。中国人民银行预测到2020年年底我国绿色投资的年平均需求将超过2万亿元，但政府财政支出10%~15%的资金支持远远不能满足缺口。同时估计"十三五"时期的环境修复融资需求也将超过30万亿元。由此可见，其实我国对绿色投资的资金需求量是很大的。尤其在新能源、污染物排放权等领域，互联网金融将面临数量更多、要求更高的服务需求。互联网金融企业主动承担社会责任、努力促进绿色金融发展的举措能够树立良好的企业形象，最终可以形成经济效益与社会效益共同增长的双赢局面。

（二）互联网金融的机遇与市场

随着相关监管政策不断出台和落实，互联网金融行业的发展趋于规范。全球经济环境日新月异，实体经济也在不断涌现对融资的新需求。互联网金融企业应好好把握供给侧结构性改革带来的发展契机，激发创新思维，从而实现企业的快速成长。

1. 相关支持政策贡献新动力

尽管仍处于发展初期的互联网金融行业在扩张中存在不少问题，但从整体上仍得到广泛认可。一方面，政府始终对发展互联网金融持有积极态度，鼓励互联网金融按照实体经济的需要做到规范有序的发展。另一方面，互联网金融首次被国家纳入五年规划纲要，这表明互联网金融行业的快速成长和行业地位得到了肯定，国家对互联网金融的发展充满信心。随着相关监管制度的配套建立，互联网金融或许将进入一个新的黄金发展期。在国家层面给予政策扶持的背景下，各级地方政府也纷纷响应，逐步颁布了配套的扶持政策，均在一定程度上表现出支持互联网金融企业发展的积极态度。

2. 消费金融市场引领新方向

互联网金融有助于促进产业转型升级，有助于提高供给端的产品质量，提高全要素生产率，甚至可以借助拓展消费金融市场来推进供给侧结构性改革的进程，通过消费质量的升级去引导产业结构的一系列升级调整。虽然我国经济增长处于换挡期，即我国经济增长速度下行，但根据图7-1显示，我国城镇与农村居民人均收入还是出现了快速增长，并仍然保持平稳较快发展。

根据国家统计局数据，2015年全年全国居民人均可支配收入21 966元，较2014年增长8.9%。扣除价格因素，实际增长率为7.4%。全国居民人均可支配收入中位数是19 281元，

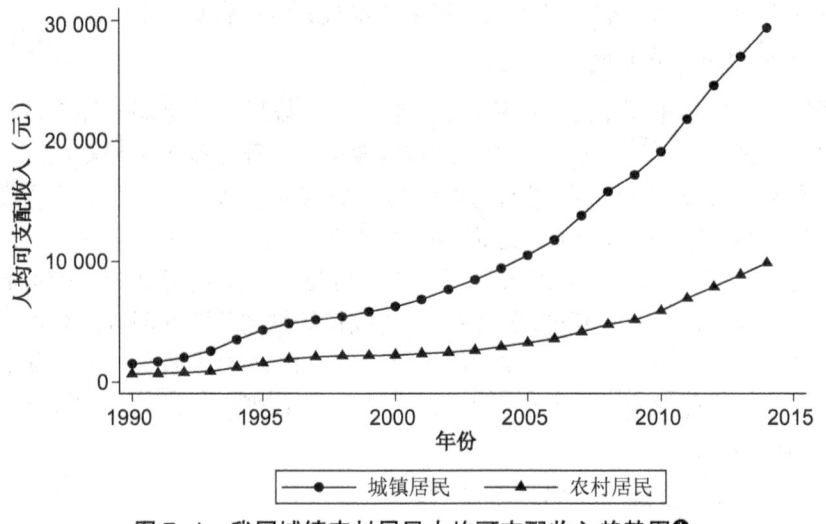

图7-1 我国城镇农村居民人均可支配收入趋势图❶

同比增长9.7%。而2015年我国的GDP增长率已降至6.9%，可见我国居民人均可支配收入的增长率明显要高于GDP的增长率。正因为这样，我国国内居民的财富水平也呈现出逐年增加的趋势。随着经济的不断增长，我国居民的消费习惯也在逐步向追求高质量的方向转变，在这个大趋势下我国消费金融的市场空间也得以迅速拓展。中国网民数量不仅位居世界首位，而且国内居民的网上消费习惯

---

❶ 资料来源：中国统计年鉴。

已逐步成熟，对互联网金融的认可度和信任度也在不断提高。特别是对于学生群体，他们往往具有更大的消费信贷需求，尤其是对互联网金融的分期业务的需要程度更高。伴随着我国"互联网+"的迅速发展，互联网金融逐步进入到千家万户的生活中去。我国国内居民消费链条的各个环节将逐步实现互联网化，从而实现互联网+消费金融市场的新业态的快速发展。

3. 大数据云计算升级新模式

由于受到个人金融信息资料碎片化的限制，提供优质的个性化金融服务耗费的各种成本将会很高。随着我国供给侧结构性改革的进程不断深化，"互联网+"以及"大数据"战略的相继出台，使得各种信息数据的开放共享程度得以提升，并为互联网金融的各种模式均带来了提升发展的良好机会。尤其是大数据和云计算技术的广泛使用，有力地推动了金融服务与产品创新，促进了客户体验的改善。由于具有实时准确、充分共享、成本低廉等优势，大数据和云计算技术对数据处理、产品升级及风险管理等方面均产生深刻影响。大数据和云计算技术的引入和运用通过实现巨量数据分析、数据可视化等新功能，能够有效提升互联网金融企业的各项服务功能。由此可见，大数据技术其实提供了一种"数据驱动力"，即通过深度提取巨量交易信息数据的内在价值，并充分发挥大数据和云计算技术的分解与拼接作用，构建专门服务于互联网金融的专业性信用评价分析体系。

4. 产业结构优化拓展新市场

《中国制造 2025》是我国强国战略的第一个十年计划，为我国今后十年的制造业发展路线提供了纲领。一方面，传统行业的优化升级逐步开展，传统企业将频繁进行整合重组，由此导致融资需求急剧加大。另一方面，由于新兴产业如互联网、信息技术、高端装备制造、航空航天、生物工程等将维持成长趋势。可以预测到，新兴产业在市场占有、就业创造、科技创新等方面均拥有很大的成长空间。因此新兴产业的萌生与成长能够不断扩大银行目标客户群体、拓展销售渠道和市场，最终创造出新的盈利增长点。除了传统的信贷需求之外，新兴产业也大量涉及商业咨询、资产管理等业务，这也为互联网金融的大显身手创造了机会。

(三) 互联网金融促进供给侧结构性改革的对策

1. 利用好大数据技术创新升级

互联网技术与传统金融模式的碰撞与融合最终导致了互联网金融这一全新金融模式的诞生。互联网金融的本质是金融，应当在供给侧结构性改革的背景下利用好互联网、大数据技术等，完成互联网金融服务模式的新革命。以云计算技术与大数据技术为例，这些技术具有信息处理方面得天独厚的优势。充分发掘其潜力能够有效提升客户对金融服务的满意度，可以利用交易大数据完成信用评级体系的构建，从而更好地为中小微企业、创新型企业服务。互联网金融的创新升级离不开大数据技术的支持，这是因为大数据技术具有独特的三大优势。第一，利用大数据及相关技术可以对客户进行全方位立体式的综合评价，提高对客户信用评级的客观性与准确性，从而实现高价值用户的再发现。大数据技术信用分析的覆盖领域很广，只要是产生过交易行为的个体就可以全部涵盖，这有利于提高普惠金融的普惠作用。第二，大数据技术能够拓展客户资源及增加客户数据的利用率。基于大数据技术的信息处理能力，互联网金融企业可以更加精准地寻找目标客户群体，快速辨识潜在的客户群体及其有效金融需求，从而满足目标客户群体个性化的金融需求，实现精准营销。第三，基于大数据技术可以提高风险管理水平，有效解决交易双方的信息不对称问题。这使得"逆向选择"和"道德风险"这些中小微企业、创意型企业的融资壁垒可以有效被打破，将金融资源输送到提供有效供给的优质企业中去。

2. 不断提高信贷资源配置效率

对互联网金融信贷资源配置方式不断进行优化是我国供给侧结构性改革的必由之路。首先，对于《中国制造2025》所包含的战略性新兴产业，互联网金融企业应适度增加信贷支持力度。在"十三五"规划期间，我国应做好战略性新兴产业的发展规划，主要关注信息技术、航空航天、生物工程等高新科技行业，为我国制造业转型升级提供技术支持。其次，互联网金融企业应重点推出具有区域特色的融资服务以帮助区域实现平衡与协调发展。随着国家提出"一带一路"倡议，各层次的多边合作机制正在形成。在国内，成功的例证有京津冀协同发展、珠江三角洲建设、长江经济带建设等区域发展长期规划，它们为国内区域协调发展指明了方向。因此，互联网金融企业应该在制定发展规划时考虑到不同区域的地方特色，形成针对不同地区拥有当地鲜明特色的互联网金融服务。最后，互联网金融企业应该在做到市场细分的基础上选取高价值服务对象。我国正处于产业结构深度调整的过程中，必须将珍贵的信贷资源用于促进产业转型与整合重组，从而实现信贷资源由低利用率行业向高利用率行业转移。总而言之，互联网金融企业需要将信贷配置同经济结构转型升级保持相同方向，这有利于互联网金融信贷结构的最优化和整个经济体效率的提升。

3. 竞争中选择差异化品牌路径

为了实现经济结构转型升级与增加对外开放程度，我国供给侧结构性改革任重而道远。不难想到未来我国互联网金融企业间将面临更激烈的竞争，因此差异化品牌路径是互联网金融企业的必然选择。首先，互联网金融企业应持续改进自身的经营管理，提高相关工作人员的职业素质，建立完善的风险控制体系，提高依靠技术创新提升价值的成分。在建立健全现代企业制度的基础上，互联网金融企业应当努力构建市场导向型管理体系，实现用户需求与市场反应的"无缝对接"。最终通过精准定位客户个性化需求、实现精准营销来提高市场占有率。其次，互联网金融企业应基于人才强国战略,重视人才的决定性作用,注重培养和储备金融专业人才,不断完善互联网金融企业的全套销售服务流程,从而及时变革生产关系释放生产力,充分解放互联网金融企业的生产力。最后,互联网金融企业还应借鉴国外互联网金融企业的先进经验,在企业管理、风险管理、技术创新等领域走在世界前列,接受新鲜的金融理念与思维,随时准备好进行自身的转型升级。

4. 注重金融风险管理能力提升

任何关于金融的话题都不得不提及风险。由于互联网技术大大提高了金融交易的效率,互联网金融的相关产品及服务的风险极具传染性。作为金融企业,互联网金融企业本质上还是经营风险的企业。由此可见,提高互联网金融企业的风险管理能力非常重要,是关乎一个企业生死存亡的重要因素。对于互联网金融企业来说,融资类业务面临的风险主要是信用风险与道德风险。一方面,由于我国互联网金融行业方兴未艾,相关法律体系尚不健全,这导致了禁而不止的监管套利行为。另一方面,在巨大的利益诱惑下,容易出现风险防范意识薄弱的互联网金融从业人员违反贷款审核规定,将资金贷给高风险项目的行为。由于互联网思维的逐步形成,互联网与金融越来越密不可分,这使互联网金融同时暴露在金融风险和互联网风险之下,客户的信息安全问题不可忽视。在这个问题上,大数据技术可以为互联网金融企业的风险控制的具体实施提供依据,以便提高监管机制的监管效率。同时互联网金融企业要对从业人员进行规范化管理,提高他们的风险意识,增强企业应对风险的反应能力。

5. 致力于发展绿色互联网金融

近年来我国经济虽然取得了令世界瞩目的高速增长,但是生态环境同时也遭到严重的破坏,因此中国共产党第十八届中央委员会第五次全体会议提出创新、协调、绿色、开放、共享五大发展理念。其中"绿色"发展理念使得我国供给侧结构性改革必然包含绿色互联网金融这一部分。互联网金融行业离不开绿色发展理念,而绿色发展理念也将指导互联网金融企业获得新的利润增长点。一方面,互联网金融企业应该牢牢把握绿色经济产业的特点,针对其特点设置专门的绿色金融产品体系。例如针对发展初期的绿色企业资本缺乏、抵押物不足的特点,互联网金融企业可以专门开发出一套具有创新担保作用的金融产品,使用知识产权作为抵押品。另一方面,互联网金融企业应该紧紧跟随宏观经济结构的新变化,从而及时完成信贷结构的最优化配置,实行个性化、即时调整的绿色融资授信。

三、如何协调与融合互联网金融与实体经济的碰撞

(一) 现阶段我国实体经济发展困境分析

我国经济目前面临着复杂的形势,面临着"三期叠加"的挑战,即"经济

增长换挡期""结构调整阵痛期"和"刺激政策消化期"。"经济增长换挡期"意味着我国经济增长速度下行。"结构调整阵痛期"意味着我国实现经济结构再平衡需要付出的代价成为必须忍受的痛苦。"刺激政策消化期"意味着刺激政策带来的高负债率等问题急需动用资源加以消化。

在上述这些矛盾和隐患中,经济增长速度的下降最引人注目。因为经济增长速度的下降使得许多问题和矛盾显露出来。从图7-2我国GDP增长率趋势图中可以直观地看出我国GDP的环比增长率自2007年以来总体上呈现持续走低趋势。2015年我国GDP增长率下降到6.9%,为近20年来最低。我国经济经过30多年的高速增长,人均收入达到7000美元,进入中等收入国家行列。但与此同时,我国经济的投资结构、产业结构、融资结构都存在着不同程度的扭曲。这些扭曲使得我国制造业产生了大面积的产能过剩,实体经济的投资回报出现了大幅度的下降,并且粗放型的发展方式使得我国生态环境遭到严重破坏、珍贵资源遭到严重浪费。对比我国30多年超过9%的平均增速,我们在感到宏观经济下行压力的同时也需要理性分析我国经济增长速度下降的原因。概括起来,可以从融资渠道、外部需求和经济转型三个方面来理性分析我国经济增长速度下降的原因。

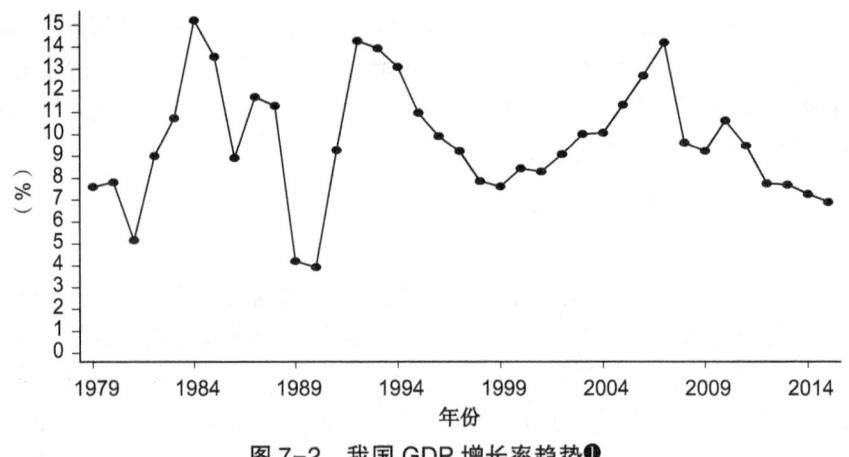

图7-2 我国GDP增长率趋势❶

(1)融资渠道不畅

考察我国的货币供应量可以发现:我国广义货币发行量位居世界前列,货币信贷增速也非常平稳,说明流动性充裕。由此看来当前我国宏观经济并不缺钱,但问题是资金流向实体经济的渠道不畅。截至目前,我国企业尤其是中小微企业、创新型企业融资难的问题仍未得到解决,每年这些企业的融资缺口依然很大,融资难的问题始终是中小微企业、创新型企业成长道路上的一个难以跨越的

---

❶ 资料来源:世界银行网站。

障碍。融资难、融资贵的问题蚕食了中小微企业、创新型企业本来就不高的利润空间，阻碍了宏观经济调控的效果，也埋下了金融风险隐患，使企业中这些弱势群体的处境雪上加霜。

(2) 外部需求低迷

2008年全球性金融危机给很多国家的经济造成了难以恢复的重创，而由于金融危机的传染性，这场浩劫也在一定程度上影响了我国实体经济的发展。本来就不堪重负的全球经济复苏迟缓，这使得世界对大宗商品的需求疲软。于是，国际市场上大宗商品供过于求、价格持续走低，我国出口也受到很大影响。另外由于消费者需求结构的变化，国际上对传统商品的需求由强转弱。我国尚处于传统制造业转型升级阶段，战略性新兴产业尚未成熟，无法满足国际上的高端需求。值得一提的是，某些国家凭借贸易保护手段和汇率干预频繁对我国进行施压。因此，在外部需求持续低迷的大背景下，我国出口这架"马车"的道路崎岖，导致国内实体经济发展面临很大压力。

(3) 经济转型代价

前文中提到，我国经济目前处于"经济增长换挡期""结构调整阵痛期"和"刺激政策消化期"这种"三期叠加"的阶段。其中，我国面临的经济结构调整和转型阵痛使经济下行压力较大。早在制定第九个五年计划的时候，我国已经提出经济结构失衡的问题，但一直没能有效转变过来。产业结构的失衡主要表现为服务业的严重落后。内部结构的失衡主要表现为投资率过高和消费率过低。外部结构的失衡主要表现为国际收支过度盈余。实现经济结构的再平衡需要付出经济增长率下行的代价，国内企业既要应对恶劣的国际环境，又要适应国内的经济新常态。

(二) 互联网金融驱动策略研究

1. 优化互联网金融的法律政策环境

与传统金融体系不同，互联网金融在传统金融的基础上深度融合了互联网思维，这种融合有力地推动了金融体系的发展。尽管互联网金融与传统金融已经不可同日而语，但互联网金融仍然具有金融的本质，最终目标仍然应该是增加实体经济的效率。互联网金融在促进中小微企业、创意型企业发展，增加社会就业机会方面具有传统金融无法替代的重要作用，为大众创业、万众创新提供了有力保障。大众创业、万众创新不仅能够扩大就业、提高居民收入，还能够促使人民在创造财富的过程中实现自身的精神追求。要不断优化互联网金融的法律政策环境，首先要继续普及互联网金融知识，加深领导决策层对互联网金融模式的认可度。其次要关注互联网金融模式与实体经济的协调性，促使互联网金融与实体经济协调发展。最后要科学制定互联网金融产业政策，使其合理健康发展，充分发挥其对传统金融的补充作用。

2. 健全互联网金融的市场准入标准

制定健全的互联网市场准入标准是保证互联网金融规范有序发展的前提。相关监管部门不仅需要建立健全互联网金融市场准入标准，对互联网金融机构的设立要严格按照相关法律政策进行审批。另外，还要设置完备的互联网金融市场退出机制，及时有效地将违法违规的企业从市场清除，以维持正常的市场秩序。具体来说，可以从以下两个方面入手：一方面，注册资本金应设立一个合理的最低限额。注册资本金作为抵御风险、吸收损失的最坚实的屏障，能够有效提高互联网企业的抗风险能力。设置一个类似于银行资本充足率标准的资本标准可以实现对投资者的有效保护。另一方面，风险管理体系的完备性不可忽视。作为经营风险的企业，风险管理水平是互联网金融企业的核心竞争力之一。因此，互联网金融企业应当重视风险控制团队的建设工作，切实做好风险防范工作。

3. 引导互联网金融的信贷资金流向

我国实体经济仍然存在融资渠道不畅的问题，融资难、融资贵依然是中小微企业、创意型企业需要面对的难题。为了引导互联网金融资金流向优质的小微企业、创业型企业，需要从以下两方面着手：一方面，政府应通过定向财政补贴或税收优惠政策，引导互联网金融进一步优化信贷资源配置，推动贷款资金流向实体经济，加大对满足行业政策、有市场需要的企业的扶持力度，特别是对小微企业的资金扶持。另一方面，政府应加快各项配套政策措施的发布实施，建立互联网金融服务绩效的科学评价体系，努力提升互联网金融企业的经营水平和服务效率。

4. 规划互联网金融的垂直细分路线

互联网金融企业走垂直细分路线不仅能够相对减少竞争对手，避免过度竞争带来的风险，还有利于自身向专业化的方向发展，在各个层面服务于实体经济。我国互联网金融方兴未艾，只有利用好差异化的发展机会才能在激烈的市场竞争中获得立足之地。凭借大数据技术的分析优势，互联网金融企业可以精准实现自身定位，在市场中查漏补缺，实现精准营销。互联网金融企业走垂直细分化路线有以下优点：第一，可以满足个性化产品需求。个性化产品制造是当今市场的主流发展趋势，互联网金融企业进行个性化产品营销可以满足各个类型的客户的个性化需求，从而在专业性上获得提升。第二，有助于提高风险控制能力。长期关注和服务于某一特定行业可以提高对这一行业的认识水平、积累这一行业的交易数据资料，这有助于风险管理体系的建立和完善。第三，有助于识别优质客户。经过市场垂直细分之后，互联网金融企业在某一特定行业上的专注有利于提高企业品牌声誉，从而更可能吸引到优质客户，并在经营中持续识别优质客户。

5. 完善互联网金融的配套产业体系

为了更好地服务实体经济,还应该围绕互联网金融建立一系列的配套产业体系,以便更好地发挥互联网金融对实体经济的驱动作用。具体来说,一方面要不断完善多层次的资本市场,提高市场的效率和有效性,并与互联网金融行业深度融合。另一方面要加快建立健全担保和信用评级体系,鼓励担保和信用评级企业拓展互联网金融业务,从而与互联网金融企业形成良好互动,相得益彰。

第八章

互联网金融与金融体系改革创新

第一节 互联网金融与金融监管制度创新

一、打破体系内"分业监管"的模式，实行功能监管

互联网金融打破了传统金融对行业、地区和时间的限制，它将互联网和金融这两个因素进行有效融合，促进了金融交易行为和消费方式的改变，使金融服务行业呈现跨行业、跨区域、全天候等突出特点，一定程度上弥补了传统金融服务的不足。然而，互联网金融的边界拓展也给现行金融监管体系带来了挑战。目前，我国仍然坚持传统的分业经营、分业监管的金融监管体制，实行"一行三会"的分业监管模式，即银监会、保监会、证监会各司其职，分别监管银行、信托业务，保险业务，证券业务。随着各商业银行和部分金融服务企业全牌照布局的加速，我国目前已经确立了互联网金融业务的综合化经营模式，互联网金融呈现混业经营的突出特点，分业监管的模式已经难以适应银行业、证券业、保险业间的交叉性业务创新。此外，互联网金融机构办理业务不受地域网点的限制，全国各地的客户都可以通过网络进行交易，这导致注册所在地的监管部门难以对跨区域业务实行监管，异地部门的监管范围也会因为实体网点的限制而难以界定，导致传统的分业属地监管模式面临较大挑战。而功能监管的优势在于它可以根据各个业务监管机构最熟知的经济功能来分配法律权限，提高监管效率，并且以功能为导向的金融监管体系可以大大减少监管职能的冲突和盲点，避免监管混乱。因此，对于互联网金融的监管应该打破体系内"分业监管"的机制，实行以功能监管为主的监管模式。

与传统金融业务一样，功能监管也主要是针对互联网金融企业在办理具体业务时可能面临的操作风险、信用风险以及市场风险等风险进行监管。根据功能监管的具体内容，互联网金融监管可以分为审慎监管、行为监管、金融消费者保护三种主要类型。审慎监管是在风险识别的基础上，通过引入一系列风险管理手段，控制互联网金融的外部性，保护公众利益。行为监管主要包括两部分：一是

对互联网金融机构的股东、管理者的监管；二是对互联网金融有关资金及证券的托管、交易和清算系统的监管。行为监管是对互联网金融运营的优化，能够保证互联网金融交易安全、公平、有效运行。针对金融消费者保护，政府监管机构应该要求互联网金融机构加强信息披露，使金融消费者更加清晰地了解某项具体互联网金融业务的风险和收益的内在联系，同时，相关监管机构要为金融消费者提供更加便利的申诉维权渠道，充分利用网络平台增强金融消费者维权投诉的信息扩散效果。实行功能监管，要把握好以下三点。

一是强调业务行为监管。互联网金融功能监管是针对企业的具体业务行为进行监管，它不会因为机构形态的不同而有所差异。如果互联网金融机构与传统金融企业办理的业务类似，则需要接受一样的监管；同样，从事相同业务的不同互联网金融机构也会接受一样的监管。否则，就容易造成监管套利，产生风险盲区。

二是增强监管措施的针对性。互联网金融各业态以及实际发展阶段都呈现出不同的特点，互联网金融监管要针对具体业务和发展阶段实施具体的监管措施，对互联网金融机构的营业场所、软硬件设施、安全保障设施和风险管理措施进行重点监管，排除信用不良、能力不足的股东和管理者。

三是构建多层次的互联网金融监管体系。我国政府应该根据互联网金融市场运行的实际情况，构建中央与地方金融监管相结合、政府与行业自律监管相结合的多层次监管体系，防止出现监管重复和空白的现象，以免造成市场运行混乱，为互联网金融行业提供良好的发展环境。

二、实行以负面清单为主的市场合规监管

（一）负面清单的概念

负面清单主要用于国际贸易和投资领域，它遵循"法无禁止即可为"的原则，即仅列举法律禁止的事项，对于法律没有明确禁止的事项，都属于法律允许的范围。负面清单管理主要包括行政法制化、贸易国际化和投资自由化。近年来，我国全面深化改革，在市场准入制度改革方面强调实行负面清单管理模式，建立公平公正、开放、透明的市场规则。

负面清单是一种投资准入管理模式，政府在清单上明确列出禁止企业投资经营的行业和领域，而对于清单以外的业务，企业只要按照规定的程序办理相关证件即可投资经营。我国在上海自贸区率先实行外商投资准入领域的负面清单制度，按照"法无禁止即可为"的原则，该区域已经形成了"非禁即入"的负面清单管理模式。随着该模式在上海自贸区的成功运行，政府开始在全国进行推广。在全国范围内广泛应用负面清单管理模式，对于扩大市场主体在投资领域的自由以及进一步激发市场主体的活力具有重要的作用。

（二）互联网金融监管的负面清单的内容

借鉴负面清单管理模式在国际贸易投资领域的运用，互联网金融领域也开始尝试采用负面清单管理模式，这在一定程度上为金融创新打开了空间，同时也为市场主体平等进入金融领域奠定了基础。在实行以负面清单为主的合规管理体制下，政府监管将变"行业准入"为"行业禁入"，变"指导目录"为"禁止目录"，使政府从事前审批向事后管理转变，促进政府进一步简政放权。互联网金融监管负面清单的内容主要包括有关金融监管部门对于金融市场主体准入、金融业务准入和金融产品准入等领域所规定的准入条件。

1. 互联网金融市场主体准入

互联网金融机构、投资者和融资者是互联网金融市场的三大主体，其中，金融机构是负面清单管理中主要限制的对象。负面清单主要从准入资金要求、资金实缴形式、金融机构所有权结构和内部控制制度等方面规定金融市场主体进入该领域的限制条件。在准入资金要求和资金实缴形式方面，对于不同的金融机构规定也不相同，即银行、保险、证券等进入该领域的资金要求不一样，有的仅允许以现金出资，而有的允许以流动性强的证券出资。互联网金融机构的运营在很大程度上受高级管理人员管理的影响，所以政府对银行、证券、保险等金融机构的高级管理人员做出了聘用限制条件。投资者是互联网金融市场中的资金提供者，政府要求金融机构根据投资者的风险承受能力办理投资。融资者则是通过在市场发行债券或股票等金融产品来进行借款，政府一般对融资者的市场准入不做限制。

2. 互联网金融业务准入

互联网金融业务准入包括三部分。一是某金融行业的企业进入其他金融领域办理业务。如网上银行同时从事买卖证券和办理保险业务，这部分业务的办理不会受到监管机构的限制。二是互联网金融机构从事需要获取许可证和营业执照的金融业务。对于这部分金融业务，政府有关部门会明确列出禁入清单并严格执行，对违反清单有关内容的企业进行惩罚。三是互联网金融机构从事尚未出台负面清单限制的新金融业务。在这种情形下，互联网金融机构进入新金融领域属于市场主体的权利，政府有权根据市场运行情况对该行为进行规范和限制。

3. 互联网金融产品的进入

互联网金融产品包括标准化和非标准化金融产品两类。其中，标准化金融产品主要包括在金融市场中常见的股票、债券、基金及其衍生品等。在以负面清单为主的合规监管模式下，政府有关部门对非标准化金融产品的市场准入限制主要是为了保护消费者的合法权益，促进互联网金融市场的稳定。

三、加强互联网金融机构监管和协调监管

互联网金融的机构监管是以对互联网金融机构进行分类为前提,根据所提供金融产品和服务的不同机构类别来划分监管权限,使得某类金融机构的所有业务活动均由其所属的监管机构监管。但是,目前部分互联网金融活动已经出现了混业经营的特征,一个互联网金融机构可能产生和提供多种业态的金融业务。在这种情况下,就需要根据互联网金融机构具体的业务、风险,从功能监管角度制定监管措施,同时加强监管协调。

(一) 对移动支付和第三方支付的监管

目前,我国已经建立起了针对移动支付和第三方支付的监管框架,包括《商业银行法》《电子签名法》和《反洗钱法》等法律法规,以及中国人民银行发布的《非金融机构支付服务管理办法》《支付机构客户备付金存管办法》和《银行卡收单业务管理办法》等规章制度。其中,《非金融机构支付服务管理办法》明确支付机构必须在中国人民银行的监督管理下取得支付业务许可证。

在移动支付和第三方支付系统中,客户的备付金容易引起信用风险,即支付过程中的备付金是否被平台挪用。中国支付清算协会发布的《关于加强预付卡行业风险管理防范业务风险相关事宜的提示》强调要加强预付卡业务的备付金监管,杜绝消费者资金被挪用的可能。为了控制客户资金风险,政府可以要求第三方支付平台成立财务部完全独立运营的客户资金管理部,使客户资金与企业自有资金完全独立运营,用两套不同的账户进行管理。

总之,对于互联网支付服务的监管要紧随技术的发展,不断提高监管水平,树立起行业支付风险防备的第一道防线。

(二) 对 P2P 网络贷款的监管

P2P 网络贷款又称"人人贷",是指个人或法人通过独立的第三方网络平台相互借贷。中国的 P2P 网贷平台最早出现在 2007 年,主要包括三种模式:一是无抵押无担保模式(拍拍贷);二是无抵押有担保模式(宜信);三是第三方担保模式("有利网"和"陆金所")。在 P2P 网贷模式中,P2P 网贷平台主要扮演着中介的角色,借款人通过该平台可以以比较优惠的利率条件获得融资,同时出借人也可以通过该平台与他人共同分担同一笔借款额度来分散风险。近年来,我国 P2P 网贷模式发展迅速,其机构数量和贷款规模都已经超过了其他的国家。P2P 网贷规模的不断扩大在一定程度上解决了部分投资人和小微企业在企业发展过程中所面临的投融资难的问题,进一步促进了我国民间金融借贷行业的阳光化、标准化。但是,由于业务的复杂性,P2P 网贷业务同时混集了多种业务属性,难以清晰界定其监管归属。

针对 P2P 网贷发展过程中出现的问题,监管机构可以使用"放开准入,活

动监管,事后追责"的理念进行金融监管。对于准入监管,监管机构要建立基本准入标准和"谁批设机构,谁负责风险处置"的机制,拒绝不符合标准的 P2P 网贷平台进入市场。同时,要加强 P2P 网贷平台的运营监管和信息监管,确保平台如实披露信息,促进金融市场的稳定运营。

(三) 对众筹融资的监管

众筹是指一种为了支持个人或某组织的活动而向群众募资的行为,它由发起人、跟投人、平台构成。众筹与传统的融资方式相比,具有更为开放的特点,只要是网友喜欢的项目,都可以通过众筹方式获得项目启动的第一笔资金,为更多小本经营提供了无限可能。但是,由于众筹模式较多,如奖励制众筹、借贷制众筹以及股权制众筹等,使得众筹领域尚无明确的界定和规范,从而阻碍了众筹模式的扩张发展。

监管机构对众筹融资的监管可以借鉴境外监管经验,根据国内发展阶段和业务特点,坚持适度监管和创新监管的原则,强化行业自律,保护投资者的合法权益。

(四) 协调监管

目前,随着互联网金融行业的发展,我国在该领域已经出现了混业经营的现象,但是我国却还坚持实行着"一行三会"的分业监管模式,这限制了行业的健康发展。因此,为适应互联网金融新发展带来的新挑战,就需要建立起互联网金融风险防范和监管的协同体系,在分业监管的格局下推进金融监管部门、司法部门、信息主管部门以及财税部门等监管的"无缝对接"。

第二节 互联网金融与金融机构的市场准入

一、缺乏明确的市场准入制度

行业准入制度是机构进入行业的第一道防线,只有符合规定条件的机构才能顺利进入市场。互联网金融业务模式有六种,我国相关法律已经明确了大数据金融、信息化金融机构和基于互联网的基金销售这三种模式的市场准入标准,而第三方支付、P2P 网贷和众筹三种典型的互联网金融模式还缺乏完善的市场准入制度。

对于互联网的监管,首要的就是资格准入问题。目前我国互联网金融市场出现良莠不齐的局面,主要是因为我国缺乏明确的互联网金融市场准入制度,很多从事互联网金融的公司其实并不具备很强的实力,但只要掌握一定的网络技术就可以进入该领域,从事金融活动。正是前期准入工作不严,才导致后期不可避免地出现信息安全、网络技术安全、人员操作安全等问题，损害互联网金融参与者的合法权益，直至危及互联网金融行业的稳定。为了在一定程度上降低风险发生的概率，监管机构需要从源头进行控制，建立互联网金融经营者市场准入制度，剔除劣质经营者，防止缺乏相应风险防范能力的经营者进入市场，确保互联网金融市场的健康稳定发展。

目前，我国缺乏明确的互联网市场准入制度。虽然《管理办法》第八条列出了第三方支付的市场准入条件，但有些准入条件规定得不够清晰。例如，"有符合要求的反洗钱措施；有符合要求的支付业务设施；有健全的组织机构、内部控制制度和风险管理措施等"，其中"符合条件"没有具体的衡量标准，只能由监管机构自由裁量。随着第三方支付平台交易规模的扩大，我国《管理办法》分别针对省内支付业务和全国支付业务设置了注册资本门槛，但是，对于注册资本的静态要求可能与实际交易金额并不匹配，无法有效规避风险。互联网金融是将互联网和金融业结合起来，但其本质仍然属于金融行业，它必须满足与该领域相对应的市场准入条件。例如我国的 P2P 网贷平台数量增长很快，一方面是适应市场经济发展的需要，另一方面则是因为在该领域缺乏市场准入门槛，只要有平台网站的系统就可以轻松进入，这导致我国 P2P 网贷平台处于野蛮生长状态，该行业存在众多不合格企业，"跑路""欺诈"问题频繁发生。

因此，为了从源头上管控风险，监管机构应建立相应的市场准入制度，完善市场监管体系。首先，要对营业场所、技术设施、风险管理等制定清晰、合理的标准，避免监管机构自由裁量的随意化。其次，准入门槛的设置可以根据不同的金融模式特点探索实施审批制度。坚持采用牌照管理，明确规定从业人员资质、注册和运营资本要求、技术安全要求、业务范围等，对具备一定资质、具有运营能力的公司发放互联网金融业务牌照，确保进入行业的机构符合互联网金融运营要求，杜绝不具备相应金融服务能力的公司进入市场。最后，相关监管机构还应该建立与市场准入机制相对应的市场退出机制，使不合格企业及时退出市场，减少对互联网金融参与者权益的损害，促进该行业健康持续发展。

二、完善互联网金融法律法规

从法律理论的角度考虑，监管的根本意义在于用国家的信用来为金融行为背书，制定完备的法律法规体系并严格遵守是实现金融价值的重要途径。

随着经济的发展，互联网金融发展速度越来越快，但是，我们也应该正视我国互联网金融市场已经呈现出的混业经营的态势，其法律风险、信用风险、市场风险和操作风险等也在进一步积聚。因此，我国必须加强互联网金融监管。而强化监管首在立法，监管当局以及机构人员必须做到"有法可依、有法必依、执法必严、违法必究"。然而，我国目前还缺乏比较完整、具体的互联网金融监管规则，现有的金融监管规则主要是针对传统金融业务制定的，其制定时间早，制定内容鲜有涉及互联网金融领域的。进一步补充完善我国互联网金融监管体系可以从以下两方面进行。

第一，通过立法界定互联网金融范畴，明确监管主体。

立法监管首要的是完善互联网金融基础性立法，我国立法机构应该以美国为例，修订、补充和完善现有的金融监管体系，通过立法界定互联网金融范畴，明确监管主体，正确引导经济参与者的法律行为。目前国内已经初步构建起网上银行、网上保险、网上证券等相关的金融监管框架，但是，随着互联网金融业务的不断扩展，相关监管法律还有待更新完善。在《中国人民银行法》《证券法》和《保险法》等法律中鲜有涉及互联网金融业务的内容，并且由于近几年来互联网金融新模式、新载体的发展速度不断加快，特别是 P2P 网贷、第三方支付、众筹等普及率日益提高，现有的管理办法需要做相应的修订和补充。因此，监管部门要通过完善相关法律明晰各交易主体的权利和义务，明确准入条件以及何种行为可以做、何种行为不可以做，而且需要准确把握相应的互联网金融活动分别由何种部门（央行、银监会、证监会、保监会等）进行监管，或者是进行跨部门的协调监管。同时，监管机构要规范互联网金融的市场准入、市场退出制度，对安全防范和风险承担等法律责任分配和争端解决程序进行立法。只有在全面而规范的法律监管体系下，互联网金融的发展才能迸发出更大的活力。

第二，完善互联网金融配套法律体系。

国家立法机构可以借鉴欧美发达国家的互联网金融监管经验，结合我国法律监管的现实状况，完善相应的配套法律体系，提高法律监管在实践中的可操作性。我国需要加强互联网金融消费权益保护立法和防范互联网金融犯罪立法等。我国现行法律中已有专门的《金融消费者权益保护法》，从长远来看，为适应互联网金融的发展，需要在相关法律中加入互联网因素，明确互联网金融消费者享有的权利和受保护的范围，强调维护消费者的资金安全和信息安全，鼓励互联网金融消费者选择多种投资方式，分散投资风险。目前我国缺乏互联网金融市场准入制度，因而监管部门应该对金融主体的法律资格进行审核，设置一个合理的准入门槛，方便有关部门进行监管。在防范互联网金融犯罪方面，对于个人或组织逾越法律底线的金融犯罪活动，相关金融监管部门与司法机关要通力合作，及时惩戒犯罪行为，推动互联网金融长期、健康、有序地发展。

三、进一步完善全国征信系统

信用是实现资金、时间和空间错配的充要条件，是金融的核心。网络征信做不好，大数据金融、P2P 网贷、众筹融资、第三方支付等所有能够使资金移动的金融模式都不可能实现。征信系统的建设能够提高金融机构风险管理水平、提高审贷效率、预警高风险，是现代金融体系运行的基石。

（一）国内互联网金融征信体系的现状

我国征信业最早可以追溯到1932年第一家征信机构"中华征信所"的诞生，伴随着国内信用交易的兴起、金融体制改革的不断推进和社会信用体系建设的加速，我国征信行业也得到了快速发展。目前，我国已经初步建立起以央行征信中心为核心，各类征信机构并存，信用信息基础服务和增值服务等丰富发展的多层次、全方位的征信市场。截至2012年年底，我国有各类征信机构150多家，征信行业收入20多亿元。近年来，我国互联网征信活动日益频繁。一是以阿里巴巴为代表的电商平台通过采集、整理用户在网上的行为数据，分析用户行为，形成对用户的风险定价，再将分析结果提供给与其合作的机构，与之分享并用于信贷审批决策。二是一些大型网贷平台自建用户信用系统，服务本机构的业务。三是同业信息数据库通过采集互联网金融机构借贷两端的用户信息，向加入该机构的平台提供查询服务。

与传统征信系统相比，当前互联网金融征信产品种类更加丰富，服务范围更加广泛。各征信机构借助互联网平台，利用大数据、搜索和云计算等技术推动传统征信产品的创新。目前国内征信产品涵盖企业信用报告、个人信用报告、债券主体评级报告、担保机构评级报告和持续跟踪评级报告等。征信产品的服务范围包括信贷市场、债券市场、商业信用市场等，通过各市场的相互配合，使互联网金融信用信息征集范围覆盖面更加广泛。

虽然，我国征信业总体发展取得了一定的成就，但是就目前来看，国内的征信系统还存在很多问题，制约了征信业的进一步发展。

第一，征信数据采集有限，数据格式不统一。

2013年1月出台的《征信管理条例》，对个人信息的采集做了明确规定，限制有关征信机构对个人的有关资产信息进行采集。个人的收入、存款、不动产以及纳税额等信息是能够反映个人信用的有效信息，《征信管理条例》禁止有关机构对这些信息进行采集，该规定也对征信业的发展起到了明显的限制作用。并且，金融机构的征信数据主要来源于银行，征信范围较窄，征信数据较单一，需要进一步丰富征信维度。同时，当前有些征信机构对数据的定义不同，所采用的信息采集标准和授信标准不同，导致各机构所征集的大数据形态各异，降低了互联网金融机构加工和应用数据的效率。

第二，信用信息共享平台有待建立。

目前，国内已经建立了以小额信贷行业信用信息共享服务平台（MSP）、网络金融信息共享系统（NFCS）为代表的同业信息数据库。MSP平台采用封闭式的会员制共享模式，该平台通过采集借贷两端的客户信息，向加入该平台的各类小额信贷组织提供信息查询服务，降低借款人的违约风险。NFCS平台则是主要为人民银行征信系统尚未涉及的互联网金融领域提供信用信息服务。但是，这些互联网金融信用信息共享平台的数据都是相互隔离的，由各平台自己采集、整理、分析和使用，大多都不愿意共享。随着互联网金融行业的发展，信用信息共享平台的数据难以满足互联网金融行业发展的需要，征信业发展的脚步跟不上互联网金融创新的脚步。

第三，失信惩戒机制不完善。

较西方发达国家，我国互联网金融征信业务起步晚、发展慢，互联网金融服务中对失信者的惩戒措施较少，失信惩戒力度不够。例如一些网络金融平台常采取的做法是将失信者拉入"黑名单"，拒绝与其再次发生业务往来，这种惩戒措施力度比较弱，不足引以为戒。

（二）完善我国征信体系对策的建议

针对国内互联网金融征信业存在的问题，相关监管机构要采取措施进一步完善全国征信系统，采取的具体措施有以下三种：

1. 健全征信法律体系

加强征信立法建设、健全征信法律体系是我国建立互联网金融信息服务的基础。首先，要在法律层次上规范征信行业对信用信息的采集标准，并通过立法使信用信息采集、整理、运用的全过程都能受到法律的保护，加强对征信市场的监管。其次，为了保护互联网金融市场参与者的权益，相关部门应该深入实践，透彻研究我国现行征信市场的具体情况，针对实际问题制定相应的行政法规，规范信用信息报告机构和信用信息报告使用者的行为，防范市场风险。最后要根据互联网金融市场的变化，及时更新、完善相关的法律法规。

2. 加强信用文化建设

诚实守信是中华民族的传统美德，是市场经济发展的基本原则，信用贯穿于我国经济社会的各个方面。加强信用文化建设，可以形成良好的信用文化范围，提高市场交易者的自律性、减少交易成本。各级政府部门可以从教育、培训、宣传等多个方面普及信用知识，重视并加强信用教育，提高公民的信用法制观念，营造一个诚实守信的良好社会氛围。

3. 完善失信惩戒机制

完善失信惩戒机制可以借鉴信用市场完善的西方发达国家的经验，将用户的失信行为与其日常生活的各个方面相联系，建立"黑名单"制度，提高失信者的市场交易成本，加强对信用记录有污点的企业或个人的惩戒力度。各征信机构要促进平台间用户信息共享，从经济、行政、司法等多方面建立信息互通的联合惩戒机制，并加大司法力度惩戒较严重的失信行为，达到约束和威慑失信者的目的。

第三节 互联网金融与金融服务业的开放

一、互联网金融服务行业发展状况

随着经济的发展,服务业在国民经济中所占比重逐渐增大,其中,金融服务业快速发展,成为增长最快的产业之一。金融服务业是各种社会资源以货币形式进行优化配置的重要领域,对国民经济的有效运行产生重要影响,是现代市场经济发展的血脉。金融服务业业务领域涵盖证券、保险、银行、信托等相关的金融业务活动,具体包括五部分。(1)证券服务证券市场分为两大板块,即发行市场和流通市场。发行市场是股份有限公司发行股票、筹集资金、将社会闲散资金转化为生产资金的场所。流通市场负责买卖、转让已发行或补充发行证券,为已发行证券的流通提供条件。通过证券在两个市场上的流动,充分利用社会上的闲置资金,实现资本的合理配置,形成资金流动、滚动盈利的良性循环机制。(2)信贷服务又被称为贷款业务,商业银行通过发放贷款收回本金和利息,这是商业银行主要的盈利手段。信贷服务是金融服务业历史最久的初级业务,承担了金融行业一半以上的盈利额。(3)保险服务的内容主要包括提供保险保障、防灾防损、附加价值服务等,保险人通过购买保险将人身财产等风险转移给保险机构,从而保全自身利益。保险服务是保险公司为社会公众提供的一切有价值的活动。(4)银行服务的银行业务主要包括三类:负债业务、资产业务和中间业务,银行主要为客户提供一般存贷款、简单外汇买卖以及贸易融资等服务。(5)其他服务金融服务业除了四大支柱业务外,还拥有交易服务、资产管理服务和信息资讯服务等业务。在这些服务中,金融机构扮演了中介机构的角色,为交易双方提供金融类的交易信息和资产管理服务,促使社会资源合理配置。

目前,随着网络技术的发展,互联网金融极大地改变了传统金融服务业的运行模式,它依托互联网广阔的平台,秉承互联网"开放、平等、互助、共享"的精神,以其技术优势把金融服务业务延伸到了传统金融机构不能覆盖的领域,提高了金融服务业务的透明度和开放性,提高了资源优化配置,增强了风险控制能力。

(一)对银行业的积极影响

银行的三大核心业务即"存、贷、汇",在我国,银行原本具有绝对的垄断地位,人们手中的闲散资金大多会选择存入银行,以获取较低的银行利息收益,而互联网金融的渗透极大地影响了人们对闲散资金的运用,一方面给传统银行业的生存带来了威胁,另一方面也促使了银行提高服务质量,进行银行业务创新。

1. 扩宽银行客户来源

丰富的客源是互联网金融服务业持续发展的基础。在互联网模式下，金融机构可以利用"云计算"等网络技术收集、整理客户信息，通过标准化、结构化的客户数据来分析客户的心理需求，并利用互联网金融的行销手段为客户提供极具诱惑力的金融产品。通过这种方式，商业银行可以挖掘很多的潜在客户，并利用现代化的网络技术实现远程销售，推动信贷规模的不断扩大。

2. 商业银行被迫加快金融创新

互联网金融的发展在客户资源和业务功能两方面都给传统银行业带来了巨大的冲击，它导致传统银行业的组织结构和经营模式发生重大变革，这也在一定程度上迫使商业银行创新业务功能，提升服务质量。近年来，商业银行加大资金和技术投入力度，组织专业团队针对不同的业务领域实施差异化发展策略，提供多元化的金融产品组合，满足不同客户的需求。例如浦发银行推出的"天添赢"、民生银行推出的"如意宝"、平安银行联合南方基金推出的"平安赢"等理财产品都是商业银行根据市场的不同需求进行的业务创新。

(二) 对银行业的消极影响

1. 支付业务下降

互联网支付手段将支付业务由线下转到了线上，第三方支付平台取代了传统银行的支付结算方式。以阿里金融为例，2004—2016 年，阿里金融经过十多年的时间从电商平台发展成最大的第三方支付平台，逐渐实现了互联网金融对传统金融的渗透。目前，我国通过第三方支付平台完成交易的客户量的增长速度很快，交易规模不断扩大。针对此种情况，传统银行业必须根据市场的发展需求，调整原有的经营模式，否则势必会被市场淘汰。

2. 银行存款、小额贷款快速流失

目前，互联网金融产品大热促使银行存款"搬家"，各商业银行人民币存款大规模流失。很多国内中小企业资金的供应者基于互联网金融小额贷款所具有的门槛低、放款快等特点，将资金供应渠道由传统的商业银行转变为小额贷款机构（网络贷款方式约占小额贷款机构的 80%），银行贷款快速流失。随着阿里、京东、百度等电商平台纷纷成立自己的贷款公司，传统金融行业的存贷款业务将会受到更大的冲击。

(三) 对保险业的影响

对比传统的银行业，我国的保险业和证券业在互联网金融的发展中可能获得更多的发展机遇，同时也面临着更多的挑战。机遇在于互联网金融的发展为保险业创造了更多的生活需求和理财需求，保险产品的定制化和个性化也正实现着从

"产品导向"向"用户需求导向"的转变。例如消费者网上购物的退运保险、消费者信用保险支付以及互联网平台上的理财产品需求等。挑战在于线上投保企业可以利用网络技术收集、整理客户信息以找到匹配的客户资源，降低企业在投保、核保、理赔等过程中的成本，这势必会瓜分传统保险业的市场范围，形成更加激烈的竞争。

(四) 对证券业的影响

目前，对于证券业来讲，由于我国证券业受网络证券牌照准入门槛并未打开的限制，国内仍然以传统券商提供简单网络交易服务通道为主，投资者的开户和资金收付等重要环节仍然需要在有形营业网点进行办理。但是，随着互联网金融的发展，证券公司正积极拓宽销售渠道和服务边界，使证券业务的办理突破地域和空间的限制，推行证券业务的电商化。证券企业可以依托互联网，建立一站式的综合金融服务平台，把客户的货币资产、金融资产集中在一个账户，提升全方位营销服务能力，推进证券业和互联网的融合。

二、互联网金融服务行业发展趋势

传统金融服务业受到互联网信息技术的冲击，遭遇到前所未有的挑战，但同时也带来了很大的发展机遇，抓住机遇迎接挑战的领头者必然在这场经济形式的转型中获得更广阔的发展空间。面对日益激烈的竞争局面，传统金融服务企业纷纷转变经营理念，借助互联网技术实现对原有基础业务的升级和改造。然而，我们也应该注意到互联网金融服务行业在发展过程中所面对的较高的操作风险、信用风险以及市场风险等问题。因此，互联网金融服务业这一新兴领域要在发展过程中找准方向和趋势，逐步解决这些问题。

(一) 互联网思维与传统金融服务业深度融合

互联网思维与传统金融服务业深度融合是相关企业转型升级的必然要求，同时也是政府"互联网+"战略的发展趋势。"互联网+"战略思想的核心是要求金融服务企业把互联网思维融入服务中，不断创新商业模式，积极推动互联网思维与实体经济融合。

互联网金融的迅猛发展，给商业银行带来了剧烈的冲击。商业银行要想获得健康持续的发展，就必须转变发展理念，并根据互联网发展动态调整其发展战略。首先，商业银行要积极面对互联网金融为其带来的机遇和挑战，不断提高客户网络金融服务水平。商业银行在现有传统银行的基础上，将建立网上银行、手机银行和社区银行等一站式互联网服务平台，为客户及时提供支付结算、投资理财以及信贷融资等金融服务。随着各家银行不断加大网络金融服务的建设和推广力度，二代支付系统逐步上线，客户体验升级，差异化服务和产品不断涌现，网上银行的交易规模和存量用户数高速增长。其次，商业银行将强化以"客户为中心，以市场为导向"的经营服务理念。各家银行可以利用互联网技术，深度挖掘客户信息，在充分了解客户实际情况的基础上，提供具有针对性的金融产品，提升客户的参与度和体验感，以便达到提高营业效率、普及金融服务的目的。

随着国内互联网金融服务业的发展，金融业务种类不断增加。证券公司为了在激烈的竞争中谋求长远发展，必须和商业银行一样，转变原有的经营理念和经营方式，从服务客户的角度出发，量体裁衣，为不同需求的客户提供不同的金融产品和服务。同时，证券公司要寻找相关互联网企业合作，发挥各自优势，提高互联网证券服务业务的创新能力，制订多样化的投资组合，实现标准化和个性化的网络金融服务。

构建互联网思维平台，寻求跨界合作是中国保险业发展的必然趋势。随着金融服务需求日益多元化和复杂化，保险业仅靠自有渠道无法高效获取有效客户，企业必须与其他机构跨界合作，充分发挥彼此的资源优势，通过建立企业间人才交流机制、鼓励企业间金融产品合作研发与推广、共享保险、理财以及信托的营销渠道等手段，推动互联网保险业的可持续发展。

(二) 互联网金融服务业全方位发展

互联网金融服务业代表了现代服务业的前进方向，其发展意义十分重大。当前互联网金融服务业利用网络的便捷性和广泛性，开始与其他行业之间展开合作，形成优势互补，实现互联网金融服务业的全方位发展。

网贷资金具有"短、急、小"等特点，多集中于银行忽视或者不太重视的领域。但是目前越来越多的民众对小额信贷模式的需求愈加强烈，于是 P2P 网贷、众筹等新的贷款模式开始出现并发展迅速。在这样的形势下，各传统金融服务机构把握时机，充分利用互联网平台，推出多种互联网小额贷款金融产品，提高机构的金融产品广度。

随着互联网金融服务业的发展、消费者消费习惯的改变以及政府监管政策的配合，网上销售基金将会更加普遍。对于基金销售机构来说，网上销售可以利用互联网的便捷性增加开户量和销售量，大幅降低销售成本。同时，可以通过有效的资讯传播和与客户的互动交流提升客户黏性，推动互联网基金销售服务的发展。

三、影响行业发展的有利因素

(一) 互联网信息技术

自从进入互联网信息时代以来，全球经济呈快速发展的态势。互联网信息技术在促进金融企业发展方面起主导作用，它将纸币形式的资金转变为电磁信息的外在形式，提高了资金的运转效率。并且，随着互联网信息技术的发展，部分金融服务业的服务方式也发生了改变，越来越多的客户可以摆脱地理、时间、空间的限制，利用网络平台方便地接触到与金融有关的服务。总的来说，互联网信息技术从以下两个方面促进了金融服务业务的发展。

第一，互联网信息技术的应用降低了金融服务业务的经营成本。互联网金融服务业务的出现使得传统金融机构日常经营所使用的票据全面电子化，实现了无纸化办公，直接节约了企业的经营成本。而且，越来越多的金融机构和客户都选择利用网络平台进行电子信息和数据的交换，这种网上办公的方式提高了双方的办事效率。

第二，互联网信息技术推动了金融服务机构全方位发展。互联网信息技术的发展推动了网上办公的普及，各金融机构利用互联网交流各种经济和金融信息，正确引导社会资源的流向，使资源在各经济部门间实现最优配置。同时，各金融机构利用互联网打破了原有的分业经营的模式，模糊了各业之间的截然分别。通过建立一站式服务平台为客户办理支付结算、信贷融资等金融业务，实现了全方位发展。

（二）政府政策支持

近年来，互联网金融服务业快速发展的同时也带来了许多市场风险和信用风险，影响整个金融市场的稳定。互联网金融服务业能否有效利用网络平台，发挥互联网的独特优势并使该行业成为推动我国经济增长的新动力在很大程度上依赖于政府政策的引导和规范。互联网金融的热潮引起了各地政府的广泛关注，它们纷纷出台相应政策，从对互联网企业的支持、投入资金额度规定、财政贡献补贴和小微服务奖励等多方面进行规范。从政策可以看出，各地政府出台很多优惠政策，鼓励互联网金融服务企业进行融资，对投资互联网金融项目的企业给予奖励，并且对于互联网金融载体同样给予补贴。在金融监管方面，政府依然严格遵循"适度监管、分类监管、协同监管、创新监管"的原则。政府政策一方面加大了对互联网金融服务业的扶持力度，另一方面继续严格监管市场环境，这两种手段的配合能有效引导社会资源向互联网金融服务业流动，并对互联网金融服务机构的行为进行引导和规范，保证金融系统的稳定，促进该行业的可持续发展。

（三）互联网金融创新能力

互联网金融服务机构为了自身的长远发展，必须依靠提升创新能力来获取竞争优势。企业金融创新的动力一方面来源于金融机构追求最大经营利益的内在压力，另一方面来源于企业应对市场激烈竞争的外在压力。无论是内在压力还是外在压力，都是提高金融创新能力的必要条件。目前，金融企业创新能力的大小与企业的人力资源、信息技术应用水平以及员工的创新意识密切相关，并逐步成为金融机构的核心竞争力，谁没有创新谁就会被淘汰出局。因此，各互联网金融服务机构可以在长期发展中不断积累金融动力，并利用政府的支持政策主动进行创新，提高企业的创新能力，推动企业的进一步发展。

四、影响行业发展的不利因素

（一）金融服务创新环境

随着互联网金融服务业的发展，为了满足国内经济社会发展的各层次金融需求，各机构纷纷根据自己业务发展的实际情况对经营模式、金融产品和服务等进行创新，金融服务机构改革创新的步伐逐步加快。金融创新需要好的环境，没有完善的监管体制，没有投资者的理性支持，金融创新难以实现。但是，从国内金融服务创新外部环境来看，我国具有比较严格的互联网金融管制，市场竞争制度不健全，导致我国互联网金融服务机构中间业务发展迟缓，缺乏业务创新动力。同时，国内互联网金融服务机构创新缺乏统一的规划指导，不同区域和业务之间难以进行有效的衔接；从内部环境来看，国内大多数互联网金融服务机构内部缺乏创新的文化理念和长期性的金融创新机制，公司员工缺乏创新意识和风险规避意识，并且在创新过程中，各机构没有对相关业务进行深入调研和仔细分析，导致不能有效防范创新风险。因此，国内有关监管部门、互联网金融服务企业以及投资者要联合承担责任，共同构建和谐、健康、可持续发展的金融创新环境。

（二）人力资源状况

21世纪企业间竞争的本质是人力的竞争，人力资源是企业最具有竞争力的资源。互联网金融服务创新需要高素质人才，具有较强的专业素养和活跃思维的人才是创新的核心要素。因此，吸引和培养一批高素质的优秀人才是互联网金融服务机构提升核心竞争力和创新能力的关键所在。但是，我国大多数互联网金融服务机构对人才的重视程度不够，缺乏引进和继续培养优秀人才的机制，导致企业没有足够的人力资源来实施创新计划。另外，根据互联网金融服务工作的不同需要，各岗位对人才的要求也是不一样的，比如高层次的管理型人才、掌握先进技术的科技型人才以及能说会道的销售型人才等。但是，国内有些互联网金融服务机构对人才需求的定位很模糊，没有把人才擅长的领域和企业相关工作对接，无法充分利用优秀人才的独特优势，从而阻碍企业进行金融服务创新前进的道路。因此，各互联网金融服务机构需要引进来自不同领域的优秀人才加盟，为企业进行金融服务创新注入新的活力。

（三）企业文化

企业文化是企业理念的载体，它作为企业全体员工共同遵循的意识、价值观、行为准则和规范的总和，在企业经营管理的各方面发挥着重要的作用。在知识经济时代的背景下，企业想要获得长远发展，必须在市场中获取竞争优势，而创新恰恰是企业竞争最强有力的竞争资源。创新文化不仅有利于培养员工的创新意识，而且有利于提升企业的核心竞争力的重要途径。因此，互联网金融服务机构在进行文化企业建设时必须加强创新文化的构建,这对于企业的发展具有非常重要的作用。

但是,长期以来我国大部分金融服务机构创新意识淡薄,不重视对创新文化的培养,没有在工作中给员工灌输创新文化知识,这直接影响了企业员工的行为方式,导致全体员工的智慧和创造力没有得到有效利用,造成了企业员工创新资源的浪费。并且,国内很多企业为了获取短期利益而采用粗放的经营模式,一味地进行规模扩张,没有意识到创新才是提升企业核心竞争力,最终导致企业创新意识不强、创新动力不足,影响企业的生存和发展。

| 第九章 ▶

互联网金融风险剖析

第一节 互联网金融风险成因

互联网金融作为一种全新的业务运作模式,它充分利用现代信息网络技术,融合各类金融业务,给经济社会带来了变革。互联网金融并没有使传统金融行业的风险消除,反而因为互联网技术的广泛运用带来了新的风险因素,互联网金融风险变得更加复杂、破坏性更大和更加难以防控。要更好地监控互联网金融风险,就要弄懂究竟是什么导致了互联网金融风险的出现。总体来说,互联网金融风险的成因主要包含以下几个方面。

一、缺乏相应的规范标准

互联网金融作为新兴事物,兴起的时间比较短,许多都是依靠民间资本从民间自发形成,所以缺乏相应的规范标准。"互联网金融在技术系统、数据资源管理等方面缺乏行业标准,没有官方的指导约束,基本上处于自生自灭的状态[1]。"同时互联网金融没有建立起明确的市场准入制度,进入门槛比较低。各种业务模式自成一体,相同的模式也有着不同平台。网络平台掌握着巨大的周转资金,但没有统一的运营标准,可能存在着资金挪用、平台倒闭的风险,统一行业标准的缺失使得互联网金融平台的整体质量不高。

二、现存的监管体系不能满足新的业务发展需求

由于互联网金融的本质仍然属于金融,因此将互联网金融纳入现有的监管体系很有必要。经过长时间的发展,一套比较严格和完善的监管体系在传统金融业已经形成。从中央来看,以四家金融监管部门为主体的"一行三会"的监管格局已经形成,包括:中国银行业监督管理委员会、中国人民银行、中国保险监督管理委员会和中国证券监督管理委员会。从地方来看,相对应的金融监管机构也

---

[1] 赵刚. 我国互联网金融运营模式及风险评估研究 [D]. 南京:南京邮电大学,2015.

已经建立。尽管如此,互联网金融作为新兴事物,金融创新产品和业务层出不穷,模式丰富多变,现有的监管体系无法满足互联网金融的监管需求。互联网金融缺乏明确的监管主体,没有与之对应的法律法规,正处于监管的边缘地带,而现有的金融监管体系又很难在短时间内有比较大的突破和改善,从而会造成互联网金融风险的频发,无法抵御风险,阻碍金融行业的发展。

三、互联网技术缺陷造成各类风险频发

互联网金融是互联网技术同金融业相结合的产物,互联网金融充分运用云计算和大数据等信息技术围绕着金融业务展开研发和创新。由这两者所结合而成的技术体系一般具备比较高的开放性,所涉及的技术又很广泛,体系复杂,从而面临着比传统金融更高的风险。由于这些信息网络技术更新换代得非常快,新旧体系的交替、新技术的缺陷都可能会导致互联网金融行业爆发金融风险。另外,由于黑客的存在,互联网金融公司的计算机系统可能会遭受到病毒攻击,客户信息和商业机密会被窃取,公司数据库的可靠性容易被破坏,互联网信息保护机制急需完善。因此在互联网金融条件下,由互联网技术的缺陷会导致金融行业面临更加严峻的挑战。

四、互联网金融行业法律法规不健全

互联网金融行业法律法规的不健全导致了互联网金融环境的不完善,而这种发展环境的不完善给互联网金融监管造成了更大的困难,增加了互联网金融爆发风险的可能性。互联网金融的高速发展,使得专门的法律法规不能及时跟进,即使这种法律的不完善已经引起了国家相关部门的注意,但是出台一部法律还需要时间,造成了一定的滞后。另外,即使存在关于互联网金融方面的法律,也不可能覆盖互联网金融的整个运行过程。由于法律法规的不健全,当投资者在合法权益受到不法侵犯时,很难通过法律手段来维护,而一些不法分子可能会采取逾越法律红线的不法行为牟取暴利,增添了互联网金融行业的风险。

第二节 互联网金融风险主要类型

现今,我国的互联网金融蓬勃发展,各式互联网金融业务纷至沓来。但与此同时,"互联网金融在发展中日益积累的行业风险也在日渐凸显,若不及时科学应对,长此以往,互联网金融的未来发展将遭遇巨大滑铁卢"[1]。

---

[1] 姚国章,赵刚. 互联网金融及其风险研究 [J]. 南京邮电大学学报(自然科学版),2015(2).

一、技术风险

互联网金融的产生与发展依赖于互联网信息技术以及计算机技术的产生与发展，前后相辅相成，相伴而生，相伴而长，技术水平的高低以及先进与否直接或间接地影响客户利用互联网金融的满意度。比如，一套系统设计得既流畅又人性化，那客户的体验效果也会事半功倍，业务市场也会随之拓宽；企业数据库能够建设得安全牢靠，企业自身不仅能够预防信息丢失、泄露等风险，也能够给客户提供一个安全高效的操作环境。反之，计算机系统发生故障，互联网金融则会因此遭受严重影响。

互联网金融在运营过程中由于自然原因、人为因素、技术漏洞、管理缺陷等原因在技术层面表现出来的风险叫作技术风险，主要体现在系统性的安全风险、技术选择风险和技术支持风险三个方面。

（一）系统性的安全风险

互联网金融是计算机网络技术广泛发展传播的产物，互联网金融的正常发展与运行必须有着严密安全的电脑程序和软件系统作为坚强后盾。否则，系统会由于互联网传输故障、计算机病毒、服务器宕机以及黑客攻击等不安全因素瘫痪。因此系统性安全风险是互联网金融最重要的技术风险，它主要表现在以下四个方面。

一是 TCP/IP 协议的安全性差。TCP/IP 协议是互联网经常采用的一种协议，此协议传输过程简单高效，但是在强调信息传输通畅性的同时反而将传输的安全性问题给忽视了，使得信息在传输过程中很容易被窥探或截获，从而导致信息传输故障，双方交易受扰，严重的可能造成用户资金损失。

二是计算机病毒易感染扩散。计算机病毒感染扩散是一种比较严重的系统性技术风险，正如传染性禽流感一般，一旦某个程序或电脑感染了这种恶性病毒，这个病原体就会通过计算机网络将病毒传染给企业中的全部关联电脑，使得网络交易系统受到严重威胁，甚至产生毁灭性的破坏。企业的整个网络系统因此瘫痪，企业和用户的资金也因此发生损失。

三是服务器宕机。服务器宕机是指系统由于交易密集需要持续不断地对大量交易数据进行分析处理，从而导致服务器负载过重，交易平台动荡的一种系统性安全风险。

四是加密技术和密钥管理机制不完善。互联网交易系统中存储着交易客户的各种资料信息，因此对交易进行严格的加密处理十分重要。而不完善的加密技术和秘钥管理机制相当于给网络黑客攻击系统、盗取客户资料制造便利，由此将给企业和客户造成重大资产损失。

(二) 技术选择风险

随着互联网金融的发展，市场上可供使用的技术方案琳琅满目，良莠不齐，因此互联网金融在为自身选择技术方案时往往会面临选择上的风险，我们称为技术选择风险，主要表现在技术陈旧落后和所选系统信息传输效率低下两个方面。

一是技术陈旧落后。互联网金融企业更新技术方案的速度往往落后于互联网技术的创新与发展，技术的陈旧落后导致业务运营低效、成本高，用户体验效果差，广大用户参与和使用互联网金融的愿望与机会也跟着下降，将带来不小的损失。

二是所选系统信息传输效率低下。互联网金融企业在为自身开发的客户终端选择合适的技术系统时必须要考虑"兼容性"的问题。若后者与前者兼容性好，则二者之间的信息传输效率佳；反之，二者之间的信息传输效率差，将会严重影响消费者的交易行为，从而降低客户满意度，导致企业客户流失。

(三) 技术支持风险

技术支持风险主要针对的是从事互联网金融事业的非互联网性质的企业，这类企业虽从事互联网金融，但自身没有过硬的互联网技术，它们不得不依赖于其他的互联网企业，寻求外部的技术支持，从而大大提高企业自身的工作效率。但与此同时，这种技术外包的形式也存在一定的局限性，一旦它们的技术外包来源由于各种原因中断，那么这些非互联网性质的互联网金融企业将无法开展自身业务。而我国互联网金融领域就面临着这种技术支持风险，大量的互联网金融软硬件都是从发达国家进口，这无疑是一个严重的威胁。

二、业务风险

业务风险常常由计算机系统或交易主体引发，常见的有操作风险、市场选择风险等。

(一) 操作风险

导致操作风险的原因有很多，总结起来主要是互联网金融安全系统、产品设计缺陷以及交易主体操作失误，具体表现如下。

1. 技术操作风险

互联网金融是经济高速发展的产物，但仍不成熟，存在各种问题与缺陷，比如不健全的金融内控与监管机制、不完善的规章制度、管理不够精化的金融业务。因此互联网金融在运营的过程中很容易产生各种风险，其中一点就是技术操作风险。互联网金融主要利用的是网络信息技术，对员工的素质要求非常高，员工在操作的过程中容易由于互联网金融自身固有缺陷以及自身能力欠佳等原因出现失误，黑客趁机潜入寻找系统漏洞，攻击系统，这样一来病毒入侵，系统瘫痪，交易异常，客户信息安全、资产安全遭到严重威胁。在第三方支付平台上，这种操作风险尤为明显。

2. 消费者操作风险

消费者操作风险产生的原因主要包括三个方面：一是消费者自身操作能力欠佳导致操作失误，主要表现为流程错误、输入错误等；二是客户端系统或电脑的安全性导致的操作风险，比如客户在进行客户端电脑维护的时候，电脑出现安全漏洞，导致病毒入侵电脑或木马植入电脑，使得客户的个人资料、网银密码等重要信息被窃取；三是互联网上陷阱、诈骗手段种类繁多，让人防不胜防，客户的一个无意操作可能就已经中了不法分子的圈套。

（二）市场选择风险

由于市场的缺陷和信息不对称的影响，互联网金融机构在操作业务时会做出不利的选择和承受由道德风险所带来的损失，这种业务风险叫作市场选择风险。

一方面，互联网金融业务和服务都是在虚拟世界中进行，交易双方处在虚拟平台的两端互不见面，各自提供的身份、信用评价也不进行当面考察确认，仅依靠互联网进行信息传递、支付结算。而目前社会信用体系还处于初步完善阶段，第三方力量还不足以能够对交易双方的信用进行监督与约束，这样一来一方当事人即使存在隐瞒、欺诈等问题，另一方当事人也无从得知，信用风险极大。同时在互联网金融模式创新的过程中，由于大数据资源与大数据技术的落后，导致多种模式偏离"互联网金融"核心。我们常见的 P2P 平台就存在上面提到的两个问题，客户在 P2P 平台上进行交易一般都被强制要求提供本人基础资料，财产证明、工作证明、学历证明等详细信息 P2P 平台也要求客户自愿提供，但是仍存在信息不对称导致的市场选择风险。客户可能确实按照平台要求提供了这些资料，但是资料的真实性却无法识别，而且 P2P 平台所获取的资料一方面存在一定的滞后性，另一方面也不可能全面反映客户的信息，因此难以构成"大数据资源"。

另一方面，信息的不对称还可能使互联网金融市场变成"柠檬市场"，即金融产品的卖方比买方更加了解自家产品的优劣。在如今互联网金融起步阶段，市场中虽有不少的互联网金融机构，但也参差不齐、鱼龙混杂，客户在选择金融机构和挑选金融产品时往往难以获得有关产品质量、收益等方面的真实可靠信息。因此更多的通过价格贵贱来选择，这样一来一些价廉低质的金融机构被消费者选择，而价高质优的互联网金融机构则无奈被排挤出互联网金融市场。

三、流动性风险

所谓流动性对于传统商业银行而言指的就是银行的清偿力，银行面对客户的取款能够随时随地地支付即说明银行的清偿力高、流动性强，反之清偿力低、流动性弱。相对于传统金融而言，互联网金融平台凭借高效便捷、成本低、收益高、信息较对称等优点吸引了大量个人及中小微企业，但与此同时仍避免不了流动性风险，而且所面临的流动性风险会更大，这主要来源于以下两个方面的原因。

（1）互联网信息传播的速度快、范围广。这一特点表明一些负面消息一旦出现，便会快速大范围地传播而引起客户恐慌，导致大量客户为了防止损失在短时间内将产品赎回，这样一来互联网金融机构就会面临巨大的清偿压力，带来流动性风险。

（2）互联网金融平台缺乏资金保障。例如 P2P 网贷平台为了推广平台、吸引客户往往会保证赔偿本金，但是实际情况却是大多数的这类平台保障金量远远小于交易量，并没有足够的资金和能力来做出这样的承诺，只要平台出现坏账的情况超出自身承受能力，就会产生流动性风险。

互联网金融在流动性风险方面除了面临以上两个方面的挑战，还面临新的挑战。

一是金融产品的创新和复杂化。对于创新的金融产品而言，面市时间短、历史数据少、交易欠活跃以及信息披露和透明度低，使得其流动性风险特征难以被全面准确地了解和评估。

二是支付系统的变革和发展。目前随着互联网金融的逐渐普及，消费者使用网络金融和手机金融越发便利，消费者可以随时随地利用网上支付清算系统进行电子支付，与此同时也使得流动性风险管理难度增加。

三是跨境业务的发展。在现今的经济全球化时代，各个国家之间互通贸易，跨境交易日益繁盛，规模也不断增大，资金往来频繁，但是也不乏存在一些自我保护意识强烈的国家对本国资金的流动进行约束，这就使得流动性问题在各经济体的经济体系内扩张。

四、信用风险

信用风险通常又被叫作违约风险，是金融风险主要类型中的一种，与传统金融相比，互联网金融所面临的信用风险有过之而无不及。这是因为传统金融会采用中国人民银行的个人征信体系来控制金融领域的信用风险，而互联网金融则不同，参与交易的主体被分割开来，互不见面，仅通过互联网金融机构为其提供的中介平台进行信息传递。这样一来就难以辨别交易主体之间的身份信息以及交易的真实性，交易主体之间的信息不对称就会很容易导致信用风险的产生。而信用对于互联网金融的未来发展至关重要，一旦信用丧失，互联网金融的未来将堪忧。信用风险主要有以下几个方面的表现。

（一）违约风险

互联网金融相比于传统金融而言在信用控制方面存在很大的缺陷，主要表现在征信管理系统缺失。以 P2P 网贷为例，贷款者或者互联网金融平台就经常面临借款者的信用违约风险，现实生活中类似平台也经常因为征信系统缺失信用违约制度、风险严重而屡屡倒闭，这对整个行业的运行造成极大的消极影响。

（二）个人信用信息被滥用的风险

用户使用互联网金融机构提供的各种平台时都会被要求留下自己的基础资料或者其他相关资料，使用过程中也会留下自己的相关交易记录或信息。而互联网金融有义务也必须防止这些信用信息丢失或泄露，因为一旦用户信用信息泄露被他人滥用，则表明互联网金融业务存在巨大的安全隐患，长此以往，用户自然会为了避免个人信用信息的滥用而减少使用互联网金融进行交易的行为。因此互联网金融必须不断健全用户审核机制和建设完善风险评估体系的各项指标来降低个人信用风险，留住用户，让用户用得安全、用得放心。

（三）内部欺诈风险

内部欺诈风险主要来自互联网金融企业内部，尽管我国法律法规和公司制度明确规定故意盗取、盗用用户资金属于违法行为，但是仍有一些企业员工枉法从事这些违法行为。他们所使用的手段主要有两种：一种是利用未经授权的项目引诱用户投资，骗取用户资金；另一种是隐瞒手头交易、挪用公款。无论是哪种欺诈行为都严重威胁用户资金安全，也使得互联网金融面临严重的信誉风险。因此，企业要加强对员工的培训管理。

（四）外部欺诈风险

外部欺诈风险主要来自第三方平台，欺诈行为可以分为两种情况：一种是第三方故意盗取、盗用用户资金；另一种是平台通过承诺高收益引诱用户进行项目投资，进而进行非法集资、擅自挪用沉淀资金等欺诈活动。这两种欺诈行为用户都要多加防范，尤其是后一种。

五、法律监管风险

我国互联网金融发展时间短，与互联网金融监管相匹配的法律法规还没有完全建立，部分法律法规不太适应互联网金融的发展，在规范互联网金融市场方面存在着漏洞，由此给互联网金融发展带来了一定的法律监管风险。健全的法律体系、完备的监管是促进互联网金融健康发展的重要因素。互联网金融法律监管风险主要表现在以下几个方面。

（一）法律法规缺失风险

由于我国的互联网金融是一种新型行业，现有的法律法规存在一些滞后性，不能很好满足当前我国互联网金融行业的需要，新的法律法规又无法立即出台实施。目前网上证据的采集、电子数据有效性的认定等都还不完善，当参与的各方由于利益受损、发生纠纷时，会使得问题处理起来比较困难。

（二）监管缺位风险

由于互联网金融创新产品层出不穷，创新业务广泛，涉及领域众多，既有的监管体制并不能很好地与之配套，具体由哪个部门进行监管尚不能下定论。当前，银监局、证监局、保监局、金融办等地方政府部门都和互联网金融存在着密切关系，互联网金融业务究竟由哪个部门来实施监管，存在着利益的博弈，短时间难以简单得到结果。从互联网金融业务不断加强的综合化发展趋势来看，它所提供的创新性产品和销售渠道都将有力地冲击当前分业监管的体制。例如主要接受工商部门日常管理的互联网理财机构，在如今金融分业监管的模式下，虽然互联网理财具有金融属性，但是还没有金融监管部门明确将其纳入到监管的范畴。

（三）主体资格合法性风险

有些和互联网金融相关的法律法规，我国尚没有出台，这使得互联网金融行业地位尴尬，处在互联网行业和金融服务行业的中间灰色地带。主要表现为以下两点：首先，传统金融机构和互联网金融企业在金融业务存在相似性；其次，相关互联网金融企业还没有获得证监会正式认同与批准。有些平台服务商极有可能由于新出台的某一政策被取缔经营资格，所以不可小视经营主体存在的合法性风险。

（四）洗钱、套现风险

由于网上支付、电子货币、网络银行等服务方式层出不穷，他们与传统洗钱方式相结合，就会导致互联网金融洗钱、套现风险的出现。这个问题的成因主要有以下三个方面。

首先，因为互联网金融具有便捷、快速和隐蔽等特点，会导致反洗钱日常工作无法有效地进行，在识别客户身份和可疑交易、检测资金流向等方面造成不便，给获取交易信息资料带来麻烦。

其次，在当前互联网金融监管体系不健全、法律法规不完善的背景下，互联网金融公司在审核客户的信息和资料时往往不是很严格，对交易的过程没有认真监督，对资金的流向没有进行后续跟踪，增加了洗钱、套现、诈骗等金融犯罪的可能性。

最后，由于虚拟电子货币具有无法识别用户身份、自由流通等特点，给在全球范围内进行洗钱、诈骗、逃税等犯罪活动增加了途径，加大了金融监管的难度。世界各国的法律体系都不一样，对金融业也有着不同的法律规定，当出现这种跨国犯罪活动时，单个国家对犯罪活动的即时处理会遇到一些困难。因此，为了促进互联网金融的发展，应该采取全方位、多角度的措施，加强国际金融合作，建立全球金融风险预防机制，对犯罪活动进行惩处。

第三节 互联网金融的风险特点

互联网金融是一种新模式，它由互联网信息技术和金融业相融合产生，并依靠互联网平台与技术发展各式各样的金融服务。如今，互联网已经成为一个开放的平台，它的影响范围广、用户基数大，各种各样的信息在互联网上进行广泛的传播，所以，互联网金融的风险既包括和传统金融风险相似的特点，也具有因运用互联网平台与技术而产生的属于自己的独特之处。

一、互联网金融风险具有虚拟性

互联网本身具有虚拟性，因此互联网金融风险也具有虚拟性。互联网金融业务和交易都是在虚拟的网络世界中开展的，是虚拟化的数字信息，交易的双方存在着严重的信息不对称的问题，一方对另一方的身份、住址、信用等信息都不甚了解。在实际交易中，一方可能会出于某种利益考虑利用虚假信息做出危害另一方和互联网金融平台的行为，践踏法律的红线。另外，互联网金融还处在不完善阶段，由于网络的虚拟性和不真实性，用户对于各种新型的金融产品不甚了解，存在着一定的盲目性，从而会贪图便宜选择一些价格便宜但是质量不合格的产品或服务，而质量高、服务好的金融产品却被淘汰，最终损害整个互联网金融市场的发展，也损害用户的自身利益。

二、金融风险的交叉传染可能性增大

由于传统金融机构通常通过分业经营的方式来运作，因此传统的金融监管依靠国家信用作为后盾可以采用各自监管、设置市场屏障或者特许经营等各种方式将金融风险隔离在相对独立的领域，使得风险的传播范围小，破坏力减弱。然而在互联网条件下，互联网金融的交易虚拟性、销售渠道的宽广性使得这种物理隔离的有效性相对减弱，金融风险交叉感染可能性增大。

一是整个金融行业交叉感染性增大。随着信息网络技术的大力普及，互联网金融渐渐渗透到了证券、保险、信贷等各类金融行业，各种金融业务风险相关性日益增强。当互联网金融机构中的某一个金融机构发生了风险，便会立刻波及其他的行业，形成连锁反应，最终造成整个行业经济的损失。二是互联网技术拉近了世界各国的距离，使地球变成了"地球村"，各国金融业务相互渗透、相互影响。因此当一个国家的金融产生风险后，其他国家会受到风险的传染和影响，无法独善其身。

三、风险传播速度更快、影响范围更大

一方面,云计算、大数据等网络信息技术能够提高互联网金融快速远程处理的能力,为给用户提供便利、快速的金融服务作为技术支持。无论是 P2P 网络借贷,还是众筹平台,包括第三方支付和大数据金融等互联网金融利用网络技术开放共享的特点,给用户带来了极好的用户体验,减少交易时间同时提高了效率。另一方面,互联网信息技术在提高信息传播速度和效率的同时,也提高了风险的扩散速度。在传统的金融交易结算中,对于出现的差错可以在一定的时间内进行修改和补救。但是在互联网金融中,一旦金融风险突然爆发,就会立即向外扩散,加大了补救的困难,给互联网金融公司带来无法挽救的损失。

相对于传统金融行业,互联网金融涉及范围广泛,市场规模量大,用户基数众多。另外由于互联网金融风险扩散速度的加快,风险的传播范围会更加广泛,影响会比传统金融业大得多。

四、网上瞬间交易量增大引致的支付风险

以往传统金融机构通常会保持比较高的超额储备来应对交易清算,对于每一笔资金的使用方向和目的,机构都会深思熟虑确立计划来提高收益。但是信息网络技术的运用使互联网金融交易拥有不受时空的局限、更加方便操作等优势,金融机构便降低了抵御风险的能力。为了增大互联网金融交易量,获取更多利益,许多网络信贷平台都向客户许下包赔本金的承诺,并且大多数都违背了担保公司的杠杆不得超过十倍的担保办法规定。如果网上交易量一瞬间增加,支付、清算风险和信用危机一旦发生在交易环节,将会造成巨大的风险和经济损失。

另外,和传统金融业不同,互联网金融风险扩散速度快,当互联网借贷平台杠杆率过高时,很可能会出现大规模的坏账情况而无法清偿债务,最终导致流动性风险,进而形成毁灭性打击。

五、金融风险监管比较困难

随着移动支付的快速发展,人们可以通过手机银行或者网络银行随时随地进行网络购物支付,不受时间和空间的局限性。相对于传统的金融机构,互联网金融交易具有虚拟性,交易对象变得模糊,交易身份不明朗,交易过程不透明,一切都是在网上进行,因此金融风险也变得更加不可预测。监管者和被监管者由于之间的信息不对称,加大了金融监管机构对风险和违法犯罪的监管难度,难以对可能产生的风险采取预防措施。一旦交易过程中的某一个环节产生了问题,将会给交易的一方或双方造成无法估量的损失。因此,互联网金融风险监管要比传统金融更困难。

| 第十章 ▶

促进互联网行业健康发展

互联网金融作为一个时代的新生产物,变化和发展的迅速是其最大的特点之一。运营范围、产品形态、传播范围和传播速度一直处于不断更新的状态,这也给互联网金融赋予了更多的风险性。成本带来的优势,便捷带来的效率为行业的发展提供了无限的可能性,当然,行业发展的不可预测性也使得理论体系难以健全,法律制度滞后性更加突出,如何对互联网金融行业进行监管,争论声不断。

经济行为的基本属性就是寻利行为,利益的获取常常会导致他人利益的受损,甚至当利己行为在侵占他人财产时,有可能会导致效率的损失和内生交易费用,导致损人又不利己的情况产生。"由于市场存在信息不对称、逆向选择和道德风险等因素,为了促进金融机构和金融市场的稳定、高效和健康的发展,建立有效的管理机构和监督机制就很有必要❶"。

20世纪90年代以来,随着经济结构的改革与互联网技术的冲击,我国金融体系改革不断推进,逐渐建立金融行业的分业监管体制,"一行三会"的分业监管模式开始出现在大众视野中。"一行三会"是指由中国人民银行、中国银行业监督管理委员会、中国保险业监督管理委员会、中国证券业监督管理委员会组成的,按照行政区划进行分业监管的一种监管模式。但是随着互联网技术的发展,地域性差别甚至国界的区域划分对金融行业的影响越来越模糊,甚至给行业数据的统计监测带来阻碍。

第一节 互联网金融的监管模式

一、我国传统金融监管模式

随着金融行业的发展,金融监管应运而生。对于一个国家来说,什么样的金

---

❶ 陈耀平. 大数据下传统银行与互联网金融风险的博弈 [J]. 金融经济,2014 (10).

融制度取决于该国的经济、政治、文化发展水平，金融制度的重大抉择以及监管模式也在随着社会的发展不断进行演变。在20世纪30年代，各国金融业基本上采取的是混业经营与集中监管模式，这种模式一直持续到第一次世界大战后的"大危机"时代。凯恩斯主义受到整个经济学的追捧，国家干预经济的普遍推行，使得金融行业开始愿意接受行业监管，至此美国进入分业监管时代。20世纪70年代，发达国家一度出现经济的滞胀现象，金融业再度进入混业经营与集中监管的阶段。但是此时的混业经营与集中监管不再是简单的30年代的模式，而是为了更有效地控制金融风险建立的监管机构之间的协调与合作机制。在这一时期还出现了"牵头式"监管体制、"双峰式"监管体制等。1992年，我国设立国务院证券委员会和中国证券监督管理委员会，这也标志着我国正式进入分业监管的队伍。

金融监管模式是对金融监管机构和金融监管法规的体制上的一种安排。分业监管模式是指根据不同的金融机构或者金融业务范围，分别设立不同的金融机构进行监督管理的模式。集中监管模式是指对于一个国家来说，只设置一个统一的金融监管体系，对国家金融进行全面监督的模式。

我国的金融监管模式在我国的经济和金融发展过程中起到了很大的促进作用，金融监管模式和金融经营模式也是相对匹配发展的。但随着时间的延续也出现了许多需要我们去思考的地方。我国金融监管模式是在改革开放后建立的，伴随着金融体制改革和金融体系的形成逐步完善。2003年，我国正式成立银监会并对外行使职能，履行银行业监管职能，我国金融行业的"一行三会"格局正式形成。我国当前仍然实行的是在国务院统一管理下的分业监管体制，主要有财政部、证监会、中国人民银行、保监会以及银监会共同参与。我国目前的金融经营模式是分业经营。从匹配度上看，我国实施分业监管模式更能发挥专业监管模式的优势性。此外，采取分业监管模式也符合我国渐进式改革的要求，经济效率最好，也更好地与原有监督制度进行衔接。

但我国金融发展的融合性越来越强，金融机构开始出现业务交叉和渗透，分业模式也已经开始出现松动，而我国还未出台完善的金融政策法规，并且整个金融监管体系仍然按照原有的分业监管模式进行分工，这就导致了在对有交叉和渗透的金融发展模式的监管中，出现了要么是职责重叠，要么是谁都不愿意管的情况。这种立法的空白以及监管的空白，导致很多"三不管"地带的出现，降低了金融机构的监管效率，也致使许多违法犯罪行为开始萌芽。

伴随着我国经济的腾飞以及金融的开放，混业经营的趋势已经势不可当。从我国传统金融监管模式来看，在混业经营之下，分业监管模式显然效果不佳，长此以往我国金融监管的发展还是会走向统一监管或者集中监管模式。如何界定和明确这些交叉性金融发展模式，怎样进行风险监测，是否进行统一监管？中国人民银行发布的《中国金融稳定报告（2015）》显示，2013年我国建立金融监管协调部际联席会议制度，截至2015年该会议制度已经召开了8次会议，研究了35项议题，监管当局已经开始尝试对监管模式进行改革。

二、我国互联网金融监管模式

目前，我国金融行业在现阶段仍然存在较大问题，尤其是互联网金融监管并未完全纳入监管范围之下，监管套利和无监管现象普遍存在。缺乏信息的共享和监管的统一协调方式，在"边界模糊""混业跨界"的金融发展环境下，监管滞后所带来的矛盾更加突出。我国一直对金融行业秉持严格的监管模式，但是近年我国对互联网一直持有"等等看"的包容态度，害怕一旦过早或过多地介入新兴产业，会扼杀它的生命力，影响互联网金融自身的发展。这也是为什么近年来很多互联网金融的投资者遭遇P2P平台诈骗或者众筹平台捐款逃跑等情况。由于互联网金融监管未能及时跟进，导致互联网金融的发展出现恶性循环。在新兴事物发展的初期，立法的缺位更需要落到实地的调研和考察，如果盲目地就进行突兀的监管立法，不但会加重互联网金融行业监管的滞后性，还会损害我国互联网金融发展的长远利益。

现在我国的互联网金融监管中，只有第三方支付被纳入监管，其余的金融模式仍然处于监管缺失的状态之中。互联网金融发展的无序性急需政府出台相同的法律法规对互联网金融的监管进行规制。但是，由于互联网金融风险具有极强的爆发性和快速性，监管的法律规章的制定难以跟上其发展的速度，导致互联网金融监管滞后。目前我国对于互联网金融行业的监管基本上属于缺失状态。不仅没有专门的法律规定，而且对于行业的监管措施缺乏明确标准。

在我国现有的法律体系框架内，虽然也根据需要出台了一些有关互联网金融的规章制度，如有关第三方支付的《电子支付指引》和《电子银行安全评估指引》，但这些零散的制度缺乏协调性和统一性，也难以适应日益发展的互联网技术的更新。对于风险更为集中的P2P网贷平台和网络理财也没有任何规范性的文件和指引。当前，由于缺乏一部专门用于规范互联网金融发展的法律法规，难以对互联网金融形成有效系统的监管。此外，对于互联网金融行业我国还缺乏具体的监管措施。由于监管主体不明确和监管法律缺失，互联网金融的合规与否没有明确的标准，也得不到有效的监管，这是互联网金融行业无序竞争、风险频发的主要原因。风险高度集中的互联网金融行业，缺乏必要的事前、事中和事后监督，无法做到防范风险、识别风险和控制风险，在风险发生后无人问责、无人整顿，互联网金融处于监管措施缺失的真空地带。

对于互联网金融行业的监管，我国缺乏行业门槛。现有的法律法规和行业规章对互联网金融几乎没有规定准入门槛、资本要求，导致其风险普遍较大。互联网金融中对资金要求最高的第三方支付规定中对于发展起步较晚的 P2P 网贷，没有任何准入门槛，导致 P2P 行业鱼龙混杂，行业风险极高。

以下，我们将就已纳入监管模式的第三方支付行业监管模式进行探究。随着互联网技术的发展，大众的生活得到了极大的改变，"穷家富路"这句老话可能仍旧适用于今天的生活，但是估计很难再出现携带大量现金行走在外的情况了，因为今天生活中的支付方式发生了天翻地覆的变化。1998 年，美国 PayPal 网络服务商成立；1999 年，我国第一个第三方支付平台易支付推出网络支付平台；2003 年，淘宝首次推出支付宝功能。2016 年 1 月 12 日，蚂蚁金服对外发布 2015 年支付宝年账单。账单显示，2015 年移动支付笔数占整体比例高达 65%，而这一数据仍在上涨。网购交易迅速壮大，使得第三方支付已经发展成为我国金融服务领域的领头军。2010 年，中国人民银行先后出台了《非金融机构支付服务管理办法》以及《非金融机构支付服务管理办法实施细则》，将非金融机构支付纳入央行整个监管体系之中，明确规定对支付服务实施许可准入制度，规定了申请支付业务许可证的程序，明确了在资金安全、规范运营、系统运行等方面支付机构应承担的责任和业务，明确了整个支付过程涉及的各方主体应承担的法律责任。为了有效规制第三方支付行业的健康发展，央行又先后出台了《支付机构互联网支付业务管理办法》《支付机构反洗钱和反恐怖融资管理办法》《支付机构预付卡业务管理办法》等规章条例。

但是我国第三方支付行业的监管并不完善，行业整体缺乏信息安全规范，技术和规范的不完善会导致内部和外部风险；行业平台业务仍然面临政策的变更以及套现带来的风险，风险带来的不信任以及消费者权益保护的不完善也将对第三方支付行业的发展起到阻力作用。当然，高速发展的第三方支付服务行业需要和市场需求相匹配，过于严苛的监管手段可能不利于行业的发展，应当采取适度监管，鼓励部门监管和自律监管的协调发展，积极寻求央行的统一协调能力以及行业自治协会的发展。此外，创新作为行业发展永葆青春的秘诀，一定要放在重要位置，一定要在监管中进行创新，要考虑到互联网金融行业未来的发展趋势和发展空间，并能够提供一个可持续的发展环境。

多数欧美国家对于互联网支付业务的规范是立法层面的规范，而我国目前仅以部门规章以及条例的形式出现，效力层次过低。在制定并完善既能鼓励推动又能防范风险的监管模式过程中，我国还需要对第三方支付机构实施行业准入制度，设置一定资本金的门槛要求，以保障支付行业的稳定发展；我国法律法规应当加强对于消费者权益保护的力度，对于消费者个人信息的保护应当采取机构监管和大众监管双管齐下的方式；此外，要建立识别洗钱犯罪的措施，做好防范洗钱行为的准备，完善客户身份的有效识别和核查力度，划分客户风险等级，并加强央行监管部门的监管力度。

三、综合监管模式及其组织体制

我国互联网金融行业现阶段采取的是将不同的模式分开规范，针对不同态势的互联网金融模式的发展特点采取符合其特点的金融监管模式。由于互联网金融行业不能完全按照传统金融行业的划分来进行监管，所以在监管缺失的情况下，我国互联网金融行业存在很大风险，并且风险越来越大。

我国第三方支付平台基本上是按照"一行三会"的分工，目前由证监会进行监管。但无论是中央级别的监管，抑或是地方层面的监管，都存在着极其严重的协调监管问题。互联网金融风险的识别、长期数据运行的支持都需要各级监管机构的合作才能完成。巨大的金融风险笼罩下的互联网金融行业，需要进行有效的监管，否则行业发展将面临巨大危机，而分业监管的模式由于缺乏沟通和协作，很难实现对于行业的完善监管。但是直接从分业监管模式向混业监管模式过度，显然也不符合我国具体国情。那么如何选择监管模式？

由中国人民银行牵头的金融监管协调部际联席会议制度已经就互联网金融监督的立法进行探索，欲形成"一行一会"的金融监管体制，推行分层监管的金融综合监管。

该会议制度将拟制定专门的互联网金融法律，并依法尝试建立互联网金融监管的独立监管机构，建立互联网金融监管信息交流平台以促进监管信息的资源共享，改善传统金融监管手段的缺陷。但是互联网金融模式众多，更新速度也非常之快，在不同领域还是有很大的差别，所以这也需要根据不同模式的特点，结合特定的需求，针对性地制定符合具体发展的监管措施。对互联网金融实施综合监管，更大程度地降低了交易成本，分散了金融风险获得协同优势。而综合监管模式也可以在更大的范围内保障互联网金融行业的创新和发展。

从分业监管模式到综合监管模式，首先要坚持金融监管立法的整合和重构。对于互联网金融行业，我国现采取的是通过"一行三会"进行金融监管，多头监管产生了监管重叠和监管空白，在成本上也出现监管不经济的情况。但是互联网金融行业并不能严格按照传统金融行业进行划分，针对我国互联网金融行业监管的现况，首先，应当在监管手段上调整监管理念，从行政监管向法律监管进行过度，明确法律规定，保障监管效率，促进金融稳定发展。其次，要完善监管体制，明确不同互联网金融行业的准入机制和市场退出机制，对业务、风险、隐私保护的标准进行清晰明确的规定，对不同特点的行业进行针对性的规定。最后，一定要完善和发挥协调监管的作用，促进跨行业信息共享和金融监管，促进互联网金融行业的发展。

四、互联网金融监管的全球化

互联网在很大程度上提升了整个世界金融市场的融合范围和效率，对于有效进行资源配置和提高全球生活水平有很大作用。在互联网经济全球化和互联网金融全球化的今天，为了更好地适应和促进国别间的金融发展和融合，互联网金融监管也必须要重视国际化。

西方发达国家互联网发展较我国程度高，金融创新节奏快，通过对西方国家先进经验的学习和借鉴，也可以有效地为我国互联网金融行业的发展提供良好的借鉴模式和路径选择。

互联网金融全球化客观上也要求有相应的国际互联网金融协调和监管机制。为了规制金融全球化，国际货币基金组织、世界银行、国际清算银行应运而生，随着互联网金融的全球发展，也需要建立国际互联网金融新秩序。但由于不同国家在互联网金融行业的立法规制有所不同，国家间管辖权的冲突导致跨国监管难度很大。首先，我国要从互联网金融发展的整体态势进行全覆盖考虑，要能够适应跨地区、跨国别的互联网金融发展所带来的新问题和新风险，并且能够与国际监管进行接轨。其次，要建立与国际互联网金融法律冲突的纠纷解决机制，有涉外因素的介入就需要考虑哪个机构对于该问题是否享有管辖权，以及应当适用哪一国实体法和诉讼规则。因为不同国家对于管辖权和冲突的纠纷解决机制不尽相同，需要建立明确的统一规定。最后，要完善多边金融监管合作，以推动合作双方或多方当事人的金融发展和建设。

第二节　互联网金融的功能性监管

如何进行互联网金融的经济监管？要回答这个问题，首先要弄明白金融行业的监管。作为一种时代混合性的产物，互联网金融不仅是互联网与金融的简单结合，更是一种新思潮和新技术的革新，是通过对互联网技术的运用对金融行业进行创新和重塑，是互联网技术对于金融行业的一种重构。与传统金融行业相比，互联网金融行业具有更低的交易成本、更高的收益，却也伴随着更大的风险和更神秘的未知性。今天，传统金融行业的规则显然已经不能够满足不断创新和发展的互联网金融行业的需求，因此，我国现阶段的分业经营和分业监管的模式，以及单纯利用过去的金融风险控制和监管方式来管理和监督互联网金融行业的习惯显然应该加以调整。

改革开放初期，我国金融行业的机构性监管和功能性监管模式基本上是重合的，随着金融行业的飞速发展，越来越多的行业融合和行业交叉，使得单一的机构性监管出现弊端，需要向机构性监管和功能性监管相结合的监管模式进行过渡。我国在结合具体国情的情况下，尝试由中国人民银行牵头的金融监管协调部际联席会议制度来对金融行业进行监管，在保持原有监管模式之下，由金融监管协调部际联席会议制度进行有效的总协调监管，由具体部门按照各自的功能进行分别监管。

功能性监管的基础是机构性监管。机构性监管的本质是按照不同类别的行业分类进行不同的监管，独立进行监管不干涉其他行业发展。机构性监管适应我国分业监管的模式，但是也造成了责任的空白和重叠；功能性监管更适合综合监管模式的发展。功能监管的本质就是针对风险进行监管，通过对风险的识别、计算、防范、预警和处置进行监管。其优点在于能够更好地进行信息流通，调动资源，避免空白，综合判断。功能性监管体制也能够更加适应我国新形势下互联网金融发展对于监管体制的要求，更好地对风险进行防范，促进金融发展。随着互联网金融国界的逐渐模糊，互联网金融监管标准的不统一也阻碍了监管的发展，功能监管可以推进经济一体化，便于国际协作监管。随着互联网技术的革新，行业间的分界线越来越模糊，互联网金融因其依托的大数据技术的风险性，也导致其不但摆脱不了传统金融产生的系统性风险，还加大了金融行业本身的流动性风险。

一、互联网金融系统性风险监管与流动性风险监管

在传统金融行业将一个冲击事件所带来的对金融系统造成一系列严重后果的可能，以及对实体经济和社会福利造成威胁的可能性称为系统性风险。系统性金融风险的本质可以归因于金融系统内在的不稳定性，主要包括金融机构和金融市场。在金融监管中，巴塞尔委员会将流动性风险定义为银行在可接受成本下为资产的增加和在债务到期时履约的能力。互联网金融行业的流动性风险主要是指互联网金融机构没有足够流动资金，无法兑现客户电子货币，出现经营困局的风险。其本质可以归为违约导致的信用风险。互联网金融行业的流动性风险直接关系到互联网金融行业的稳定和安全。比如支付宝推出的余额宝产品由于高流动性带来的风险就产生了许多质疑，如果余额宝客户提现超出了其准备金，必然会导致余额宝信用受损，进一步恶化，不能履约提出资金，进而出现流动性风险。

互联网金融风险监管应当构建系统性风险监管的核心地位，利用互联网技术有效拓展金融服务范围，提升服务质量和服务内容，提高资源配置率，缓解融资危机，实现惠普金融，推进实体经济发展，有效降低系统性风险。当然，由于监管链条的缺失、规则的不完善，互联网技术的发展也会带来极大的系统性风险。为了有效阻止互联网金融不稳定性演变为整个互联网金融系统甚至是整个金融系统的风险或者危机，政府必须采取风险监管和控制管理措施。对于不同时期的不同状态的风险必须能够准确地进行度量，以便掌控风险，以此防止风险的扩大和威胁。巴塞尔银行监管委员会通过的《巴塞尔协议Ⅲ》引入了防范系统性风险和流动性风险的新指标，通过计量和报告频率、应用范围、货币种类和监管标准

的观察期以及过渡安排，以降低金融风险，并加大对金融机构和金融市场的监管。美国还通过增加金融机构的资本准备金、完善储备银行的紧急救助政策来降低系统性金融风险。随着互联网金融的发展，全球经济的流动性风险更加常态化，为了确保流动性风险监管的有效性，必须结合国际层面的发展要求，制定具体监管标准。

二、互联网金融审慎监管

互联网金融的外部性主要是信用风险的外部性和流动风险的外部性。审慎监管的目标就是通过控制互联网金融的外部性，以确保公众利益的安全。微观审慎监管主要是对于单一主体的互联网金融机构风险防范和健康发展的监管。宏观审慎监管主要是对整个互联网金融行业的金融安全防范和健康发展以及对实体经济发展影响的监管。金融危机的爆发，使得传统的系统性金融风险监管思路被重新审视，加强金融监管的宏观审慎监管政策得到空前的关注。宏观审慎监管的目的是防范金融体系顺周期波动和跨步传染导致的系统性风险，维护金融体系稳定以及金融体系风险对金融危机的溢出。我国在宏观审慎监管制度方面，应当提出有战略意义、全局观以及可操作性的制度框架，完善监管职能部门的职能和职责，此外还应当建立宏观审慎监督机构之间的协调合作机制，完善政策工具的创新以及优化。建立功能性监管模式，能够更好地适应现阶段我国分业经营的监管要求，同时也可以满足互联网金融行业综合发展对监管模式的要求。功能性监管是我国由分业经营向综合经营转变过程中的理想选择。

在由机构性监管模式向综合性监管模式以及功能性监管模式的转变中，更应当重视宏观审慎监管和微观审慎监管的协调作用，要明确并发挥中国人民银行的监管地位和作用，加强监管部门之间的监管合作，调配好机构之间的协作监管，更好地防范风险，打击犯罪，促进互联网金融的蓬勃发展。

三、互联网金融信用风险监管

信用就是他人对于支付主体或者借贷主体对于支付能力的评估。信用风险就是指借款人无法偿还欠款的可能性。随着金融行业的发展，我们对于信用风险的了解也逐步深入。违约行为一直存在于我们的生活之中，同样也遍布整个互联网金融行业。由于我国尚未建立完善的信用体系，互联网金融行业的相关法律法规也并不健全，这些均导致互联网金融行业的违约成本较低，违约行为频发。我国传统金融行业中的社会信用记录与互联网金融行业中的社会信用记录并没有进行有效的链接，信息的不畅通阻碍了金融市场的资源配置。

互联网金融行业与传统金融行业有一个非常大的区别，就在于它们服务的目标定位不一样。传统金融行业认准大客户和大项目，而互联网金融行业则更多地吸引了零散资金的加入。所以，从某种程度上说，互联网金融其实也是一种对资源的集约化配置的行业模式。对于数量庞大的小客户而言，如何保护分散的资金权益，防止小客户群体的经济利益受到侵犯，互联网金融的信用风险在很大程度上决定着他们的行为。

在互联网金融信用风险的监管中，应当建立适当的信用风险环境。互联网金融行业的经营者应定期对信用风险战略和重要的信用风险政策进行评估和批准。信用风险战略应当规定授信的质量、收益以及增长目标，经营者还应当进行风险选择和利润最大化战略选择，确保企业资本金有能力承担系统性风险。此外，互联网金融行业的经营者还应当提高行业信用风险的识别能力和管理能力，识别和管理潜在风险，是有效的信用风险管理程序的基础。此外，还应当建设信用评级机构，以及对于信用评级机构的监管。互联网金融行业的经营者除了要严格遵循信用风险管理原则之外，还应当建立统一的用户信息和评估系统，互联网金融行业用户的信息和评估系统是管理系统和决策系统的重要部分，尤其是在我国尚未建立完善的信用制度的状态下。

我国还应当加强完善征信体系建设。征信就是为了信用活动提供的信用信息服务。多数西方发达国家均已建设完善的征信系统，然而我国的征信体系却仍然处于初级阶段。政府监管部门应当制定符合标准的程序，引导互联网金融行业经营者有序与国家征信系统进行对接。此外，还应当与商业征信系统进行合作，完善风险的准确评估。

四、互联网金融消费者保护监管

互联网金融监管有两个主要目的，第一是通过审慎监管维护互联网金融的稳定发展，第二是通过对于行为的监管保护互联网金融消费者的合法权益。只有完善的消费者保护机制才能促进互联网金融行业的健康竞争，促进互联网金融行业长久的发展。基于大数据时代的互联网金融发展使得消费者的权利保护更加困难，需要根据互联网金融机构的具体业务和风险，制定具体的产品信息展示机制。当然，互联网金融关于消费者的保护监管也应当考虑在个人隐私保护与信息资源正当合理利用之间的平衡关系，以及互联网与大数据技术引发的特殊问题。

信息的收集者、管理者应当保障消费者的个人隐私信息的安全，经营者必须采取相关措施防止消费者个人信息的泄露、丢失和损坏。为了减少互联网金融行业消费者隐私的暴露，监管机构应当建立数据库对数据信息的收集、存储、处理和交易进行全面的记录和跟踪，还应当要求信息收集者和管理者提供能够证明信息来源是否正当合法的证据，要求信息管理者提供必要的渠道使消费者能够查询到自己的信息状态。

保护消费者的权益，还要消除信息不对称带来的风险。对于互联网金融行业消费者的保护必须要求具体行业对自己的产品如实展示风险、定期进行信息披露，要求我国完善互联网金融机构主体的准入制度以及行业退出机制；尤其要对涉及用户信息的方面进行详细的规定以及事后追责制度，以保障消费者的知情权和隐私权，保障消费者合法权益不受侵犯。

应当出台互联网金融消费者权益保护的具体救济制度，保护消费者在权利受到侵犯时有具体的救济机制和举证责任的规定；我国消费者权益保护法中已经对互联网平台规定了连带责任，以此确保互联网金融消费者在遇到产品欺诈时诉讼权利的落实，应当进一步明确互联网金融营业者和互联网金融平台的责任与义务，强化信息披露制度的作用。此外我们还应当完善互联网金融消费者的权益保护机制以及快速投诉、处理机制；此外，还需要落实具体责任承担的方式以及损害赔偿的形式等。最后，必须利用互联网行业的信息传递功能及时共享信息，防范消费者再次受到权利侵犯。

五、互联网金融行业自律监管

我们每个人对于互联网金融都不陌生，但互联网金融确是一个新兴的产业，在我国还存在非常多的监管空白，立法者对于互联网金融的许多模式也并不熟悉。互联网金融又不同于传统金融，我国特色的中国国情也不能直接照搬原来的传统金融监管模式或者国外的监管模式。因此，在监管模式的制定和创新过程中，我们要想保护互联网金融自身的发展，防范互联网金融系统的风险，保护金融体系的稳定，就需要对互联网金融监管模式进行创新，发挥行业自治和行业监管的优越性。互联网金融行业的自律监管，能够很好地连接权力监管部门和互联网金融行业经营者，形成一条良性的沟通桥梁。

我国互联网金融行业的自律监管在事实上已经走在了法律监管的前面，行业的自律监管能够在法律监管与行业发展中构建良好的桥梁作用，可以有效地发挥行业的专业能力以及范围辐射优势，更加有效地维护行业发展。对于行业自律协会组织的建设应当积极推进，增进其多元性，破除行业协会的垄断性。我国行业自律监管历来具有极强的强制性和官方性，而随着金融行业自律协会的发展，需要不断提升行业民众的自主参与度。

行业自律协会首先要在法律允许的范围内尽量为互联网金融行业的发展留下应有的发展空间和行业利益。其次要建立和实施互联网金融行业内部的合作机制，订立集体性合约。最后要建立行业内信息共享平台，共享行业内部信息和风险信息，定期公布行业发展状况数据、征信信息以及行业"黑名单"，以便进行行业内部风险的及时预警和反馈；要完善行业的备案机制，保障有效地协调行业内部；此外，针对我国在互联网行业主体准入机制和推出机制方面存在的法律空白，互联网金融行业自律监管机构还应该建立行业内部的监管机制和惩罚机制。

第三节 互联网金融信息技术监管

互联网金融是金融服务和互联网技术的结合，它并不是传统的相加，而是一种有机的结合。随着大数据时代的推进，互联网金融给广大用户带来了碎片化的金融管理服务体验和更便捷、更高效的全新体验模式。但是因为大数据技术本身发展的局限性，互联网金融行业的风险还未完全暴露。由于互联网金融行业所依托的大数据技术还处于萌芽阶段，大数据带来的技术风险尚不能完全预测，所以只能进行部分推测以便进行预防。

从技术层面上来说，我国互联网金融近年来出现的井喷式发展，主要有赖于互联网技术的高速发展。首先，社交网络、电子商务、第三方支付、搜索引擎等会产生大量的数据；其次，云计算和行为分析理论为实现大数据挖掘提供了可能；再次，数据安全技术是隐私保护和交易支付顺利进行的保障；最后，搜索引擎降低了参与者获取信息的难度。这些技术的实现会大大降低金融交易的成本和风险，金融服务的边界也因此而扩张。

互联网技术风险的主要问题是如何确保互联网数据的真实性、保密性和可靠性。具体来说，技术风险主要来源于数据物理状态下带来的风险、互联网连接带来的风险、身份鉴定、程序漏洞和系统漏洞产生的风险。这些技术风险也会带来网络欺诈、互联网盗窃、网络黑客、网络病毒等具体的风险。操作风险主要是源于系统的稳定性、安全性和真实性的重大缺陷而导致存在潜在损失的可能性。它具体来源于系统错误导致的风险、互联网金融消费者或者互联网金融行业经营者的疏忽和错误，或者系统和产品、平台设计的缺陷和操作失误。具体可以导致系统遭受入侵、内部欺诈、数据篡改、系统失效、信息外泄、资金损失等现实风险。

互联网金融行业的发展有赖于互联网技术的支持，广义的互联网技术包括传统的互联网技术、移动互联网技术、大数据以及云计算技术。

一、互联网金融信息安全问题

互联网金融信息安全越来越重要，信息安全的保护对于促进互联网金融发展的维度有很大影响。信息安全包括信息、信息载体以及信息环境，信息安全管理主要是对信息安全的风险管理。互联网金融信息安全主要包括互联网金融信息的物理安全和逻辑安全。互联网金融信息的物理安全是指系统设备以及相关硬件设施在物理上所受到的保护，以防止数据的丢失和破坏。互联网金融信息的逻辑安全包含互联网金融信息的完整性、可用性和保密性。互联网金融信息的安全需要考虑互联网的边界安全、内部安全以及数据和系统的安全。

随着快速发展的社会高度信息化的进程，利用互联网技术进行信息处理、加工和传递在金融行业的发展中也起到了重要的作用，但是新的技术和系统一旦开发制造，投入社会使用，就必然会产生各种模仿和复制的行为，如何保障互联网金融的信息安全？从互联网行业信息技术和信息系统的非法模仿和复制行为的界定、防范和惩治方面来说，保障互联网金融信息安全就必须要保障互联网行业知识产权的界定和安全。

构建互联网金融信息安全体系需要完善建立对于符合互联网金融信息需求的系统设计，需要完善对于信息安全和数据安全的保护技术。海量数据的收集、存储、处理和传递，数据侵入方式的多样化和侵入技术的更新，也都更容易产生数据和信息的丢失、泄露和破损。互联网金融行业较之传统互联网行业，也要求互联网信息技术安全有着更高层次的保护。互联网金融领域的信息安全保护就应该注重保护数据存储的安全性，防止信息泄露。

二、互联网金融信息安全监管

互联网金融信息安全防范就是为数据处理系统建立技术层面和管理层面的安全保护，保护互联网金融不因偶然和恶意的原因遭受更改、泄露和破坏。对于互联网金融信息系统安全的防范主要考虑系统漏洞存在安全隐患时，能够有效地检测风险、阻止风险和风险后有效对数据进行恢复。互联网金融信息安全必须要上升到系统安全的层面，从整体出发，建立安全保护机制，完善安全保护机制，明确用户的权限和责任，以对风险进行防范。对于系统外部的保护有必要进行完整的互联网安全物理防护设计，对于互联网金融信息内部安全的保护应当加强数据库直接的过滤和检查作用。还应加强平台环境的安全保护，包括用户名以及用户口令的识别和验证、用户账号的限制与检查。

对于互联网金融信息安全的保护，最重要的就是技术安全防范。互联网金融信息安全风险防范需要保障信息传递时数据的完整度和保密性；要通过建立互联网身份识别系统，对互联网金融主体实施统一的用户管理，监控资源和用户之间的访问情况；此外，要通过技术手段和行政手段建立统一的审核审查制度。

互联网金融行业的操作风险主要来源于系统风险和非系统风险，分别为技术和系统问题带来的信息盗取、数据丢失和系统瘫痪问题以及设计缺失和人为操作引起的风险。互联网金融信息安全操作风险的防范重点是建立风险防范的内部控制机制，着重对数据处理进行控制，通过人机双重控制对风险进行防范；还应加强互联网金融从业人员的技术水平以及消费者的防范意识，最大限度地保障程序的正确性和信息的安全性。

在大数据和云计算高速发展的今天，我们必须要重视对大数据安全存储的保护措施，需要进行数据的加密处理以及筛选和备份处理，更好地防范数据的丢失、损坏以及非法获取。此外还需要完善互联网技术的内部体系以及监管方式。

三、互联网技术安全——大数据安全和云计算安全

大数据的安全问题一直引发网络的激烈讨论，互联网技术带来的挑战伴随着发展和风险一同向金融的发展袭来。当前，我国互联网金融行业对于互联网技术的认识和运用都还处于初级阶段，尚未达到成熟状态，尽管对于数据信息的来源、技术处理、数据存储传输的安全性等都存在不足，但是这并不影响互联网技术的全面展开。

互联网金融行业的发展有赖于互联网技术的支持，广义的互联网技术包括传统的互联网技术、移动互联网技术、大数据以及云计算技术。大数据就是指需要通过新处理模式才能够具有的强大决策力、洞察力和流程优化力的海量、高增长率和多样化的信息资产；云计算是指通过互联网以服务的形式提供动态的可伸缩的虚拟化资产的计算模式。

大数据主要由大数据技术、大数据工程、大数据科学和大数据应用构成。与传统数据相比，大数据的类型十分丰富，但数据价值的密度并不高。大数据具有"4V"的特点，包括容量、多样性、价值和速度。由于符合大数据标准的数据集根据不同的部门要求有所不同，其数据集合的范围是不确定的，会随着数据处理技术和时间的发展而有所变化，一般情况下的数据集合范围为数个 TB 到数个 PB 不等。大数据的来源主要是非结构化数据，结构化数据只占 15% 左右。《中国金融大数据白皮书》认为，金融大数据的运用，将使金融机构的核心竞争力得到全面提高。大数据金融是一个综合性的概念，企业拥有的数据不再局限于单一业务，第三方支付、信息化金融机构以及互联网金融门户都将融入大数据金融服务平台中。大数据金融服务在各家机构各显神通的基础上，实现多元业务的融合，对大数据的运用将推动互联网金融企业的发展。

云计算在今天已经发展得非常广泛，通过对互联网资源的整合，为多数行业提供了一种全新的服务模式。云计算基于互联网的动态易扩展的方式，而且并不需要用户了解云内部设施的细节，它依赖资源的共享以达成规模经济，服务者集合海量的资源以供给多个用户使用，用户可以轻易地请求使用更多的资源，并随时调整使用量。《中国公有云服务追踪研究》显示，2015 年我国全年公有云市场规模达到 9.81 亿美元，同比增长 28%。《中国云计算 IaaS 服务市场年底综合报告》显示，2015 年我国 IaaS 市场规模达到 39.6 亿元人民币，市场增长率上升为 76%。NIST（美国国家标准与技术研究院）将云计算的服务模式分为 IaaS、PaaS 和 SaaS，该组织对于云计划进行了整体性描述，将云计算分为五个技术特点，分别为按需自助、网络访问、资源池、快速弹性配置以及可计量服务。

大数据安全和云计算安全是互联网金融发展最重要的资产。大数据安全风险主要源于在线风险和对数据处理和分析产生的风险。随着互联网金融行业的发展和融合，互联网金融数据逐渐开放，开放的数据也带来了更大的风险。人才的短缺、道德感的缺失以及用户认知度不高也加速了风险的扩张和蔓延。云计划对互联网金融的影响集中于客户服务、市场竞争和金融监管，云计划安全风险主要来源于对金融产品的市场性分析、信用评估、风险控制等。由于云计算服务的监管缺失和法律标准的不健全，给互联网金融的发展带来风险问题。互联网金融有赖于互联网技术的发展，只有建立完备的互联网金融安全技术、风险防范技术以及风险管控技术，才能使互联网金融真正向健康的方向发展。

四、互联网金融技术安全监管与大数据监管

在爆炸式的大数据时代下，互联网金融行业的发展具有无限可能性。互联网金融伴随着互联网技术应用的不断深化和融资模式的不断创新应运而生。大数据在互联网金融领域主要解决了企业的交易成本问题，还解决了资产与负债流动性不匹配的问题。但是，数据信息中所蕴含的未知机遇在我国互联网金融行业的发展中已经初现端倪，并有实践性的成果。麦肯锡的金融数据研究显示，金融业在大数据价值潜力行业指数的排名之中居于首位。银行、证券、保险、信托、直投、小贷、担保、征信等金融以及P2P、众筹等新兴的互联网金融领域，正在利用大数据进行一场全新的革命。

随着互联网技术的革新，传统金融的部分行业已经开启了互联网金融模式，通过更低的交易成本和更高的回报来进行交易，互联网金融行业也在不断进行创新。越来越多的互联网金融行业主体的加入也加速了行业的竞争和合作。将数据进行技术性处理和利用就能推动互联网金融的发展，面对大数据和云计算的发展，就必须从长远上考虑我国互联网金融技术安全的监管，包括对硬件基础设施的监管和对软件基础设施的监管的考虑。

大数据时代的到来挑战着传统金融服务业，在为中小微企业提供金融服务的过程中，更应该注意信息的交流和传递，防止企业处于封闭的状态。业界已经认识到数据的量化、公开化、透明化可降低金融服务行业的运营成本、增强金融服务提供企业的安全、保证行业健康有序发展。改变这一状况需要建立数据开放共享所需的基础设施，实现资源共享。但是数据的开放共享也会导致用户信息的泄露，防控与信息泄露之间好似始终如影随形，一方面，是因为网络技术发展太快，相关法律规范滞后，无法同步于信息技术前进的速度；另一方面，政府部门和用户个人还没有足够重视网络信息安全。因此，对于信息的获取、存储、处理和流转的过程监管就非常重要。建立完善的风险评估系统，完善金融风险预警系统的操作程序。通过系统的风险评估考核机制掌握数据流向，也通过对于数据的利用进行风险评估，双方面对互联网金融的技术风险进行控制。尝试运用大数据技术建立互联网金融行业风险暴露信息体制，全面反映互联网金融行业的变化和发展，提供全面的风险评估和决策信息。完善金融风险预警系统的操作程序，已达到大数据技术对于事前风险的预判作用。

建立数据的系统性数据保护监管机制和数据标准评估机制。对信息的保护在很大程度上影响了企业的信用保护和发展前景。互联网金融行业的数据信息包括用户信息、交易信息、文本数据以及其他数据。一个完整的用户信息应当涵盖用户的一些基础信息、用户的行为信息、数据分析信息以及用户的偏好信息等。大量的数据的收集、存储、处理和传输要求必须有系统性的监管机制。通过有层次的数据管理层、数据整合层、数据分析层和数据解释层，结合以"数据"为中心的体系进行监管，降低硬件基础设施和软件基础设施带来的风险。再对其在数据标准评估机制建设的完成情况进行考评，保证数据评估标准的统一性，保障数据的可靠性和准确性。通过系统性、体系完整的数据考评机制调动互联网金融经营者的主观能动性。

需要建立互联网金融行业之间的协调机制和合作机制，通过对信息技术的分享和监督，共同完善行业标准和提升技术水平。

大数据时代的互联网金融监管要求必须将大数据作为互联网金融风险监管和信息监管的手段之一。大数据监管作为一种以量定性、科学监管的基本手段，需要针对不同互联网金融行业的不同特点，建立不同的监管标准。大数据监管需要从收集数据和管理数据两方面进行监管。大数据监管必须要进行精细化监管，才能够达到实现具体行业的风控管理和风险预估。数据信息的爆发性增长带来了更多的风险，却也更好地为监管机构提供了足够完备的数据对互联网金融主体进行评估和监管，但是互联网金融行业的冗杂使得监管成本巨大。

第四节　互联网金融的法律监管

一、互联网金融监管法律体系的构建

互联网金融行业的法律监督还处于摸着石头过河的阶段，必须要结合我国的现况对互联网金融的监管制度法律化。尤其在金融监管模式变革的节点，互联网金融监管将如何选择最优监管模式尤其重要。基于审慎的立法原则，我们不应当在互联网金融风险完全暴露之前，就通过完全的立法将互联网金融的发展可能性完全限制，所以完善互联网金融行业法律监管，首先要对我国现有法律进行整合和完善，而不是急于立法。

我国互联网金融行业的监管基本上适用《民法通则》《刑法》《合同法》《公司法》《证券法》《担保法》《物权法》《消费者权益保护法》《侵权责任法》《商业银行法》等法律，此外关于互联网金融的法律还有由中国人民银行等十部委共同发布的《关于促进互联网金融健康发展的指导意见》以及央行发布的《支付机构网络支付业务管理办法》《非金融机构支付服务管理办法》、银监会发布的《P2P网络借贷业务管理办法》、证监会发布的《私募股权众筹融资管理办法》、保监会发布的《互联网保险业务监管规制》等。

二、互联网金融监管法律关系的构建

监管权的设立需要政府在微观经济层面对经济调整进行干预。政府在实施特定公共政策时，通过行使监督权保障经济的协调稳定发展。监管权的实施主体应当具有中立性和权威性。对于监管权配置，首先要审查监管权的合法性和合理性，其次应当考虑监管权是否和如何进行横向配置。实践中我国并未确定互联网金融行业的发展模式，一元监管或者多元监管模式的监管主体有所不同。我国金融监管协调部际联席会议制度正在推进多元的综合性监管，在该模式的监管下，我国也应当推行多级监管主体，包括隶属于国家行政部门或者专门机构的行政监管主体，如中国人民银行；不隶属于国家行政部门或者专门机构的具有独立性的专业监管委员会，因为互联网金融行业具有极强的专业性和普世性，非政府的独立机构可以有效地保障监管权的中立性和权威性，保护互联网金融法律关系主体之间的信任程度，保障私权利和公权力的平衡；此外还应当包括行业自律机构行使的监管权。

为防止公权力的滥用，防止监督权过度地对私权利进行限制，我们还应当对监管权进行严格的法律监督。谁来对监管者进行监管？对于监管权的制约一般分为事前的规范制约和事后的规范制约，通过对权力预先进行范围、程序和原则的规范和对权力行使过程以及产生结果的监督，已达到规范和制约监督权力的作用。对于行政监管的权力我们必须贯彻法无明文规定不处罚的原则，允许法院对监管权的违法行为进行审查，此外还应设置相应的行政相对人权利的救济途径。通过法律对监管者进行监管需要在特别法中对互联网金融监管权的范围进行规范，其次需要依靠一般立法和特别立法规范监管者的行为是否符合和遵循法定程序，最后需要通过法律的基本原则保障互联网金融监管权的行使。

对于监管机制，应当设立相应的审查机制，对权力的行使进行结果性的监督，主要分为法律为受监管者提供的权利救济机制和救济途径。对于监管行为的异议可以通过行政复议、行政诉讼和行政赔偿来进行。在这些救济途径之中，不仅是监管机关的许可权、调查权和处罚权受到监督，监管机构的规则制定权也受到限制。对监管者的监管，其本质性的目的并不是捆绑住监管者的权力，而是希

望能够公平公正地进行公共管理,使得公平公正和效率之间达成一种资源配置最优的平衡状态。

不同行业的监管内容有不同行业的特点,在进行监管时要参照不同的标准。互联网金融一般监管的内容包括对市场准入的监管、行业退出制度的监管、价格制定的监管、反垄断监管、信息披露监管等,此外还有对经营行为准则的制定、监督和处罚等。互联网金融监管权不是直接介入经营主体的执行决策,而是通过制定经济政策,通过对经济杠杆的调整,以市场机制的传递效应来间接影响经营主体决策的宏观调控权。对于监管手段一般包括审查权、许可权、处罚权、强制执行权等。

三、互联网金融法律监管的建议

一要立法建议。由分业监管模式向综合监管模式的转变,需要经历很大的困难,在立法上尤其如此。因为分业经营的立法需要通过法律的手段明确地在各个行业的监管范围之间树立分界点,保证各个领域的监管在自己的领域内实行职责,监管权不得越界。而这种分业监管模式在很长一段时间内,对我国金融行业的发展起到了很大的助推力。但是随着金融行业的发展,尤其是在大数据时代的今天,很多行业开始出现经营的交叉和融合,分业监管模式就有些力不从心,而综合监管模式却以其更协调的监管方式、更及时的资源共享、更低的监督成本以及更透明的监督手段对金融发展进行助力。法律监管作为一种底线监管,不能轻易地制定,尤其在新鲜事物发展的初期。基于以上原因,我们应当将我国互联网金融行业相关立法进行整合,对法律规定之间有相抵触的法律进行协调,将不能够适用的法律进行及时废止、修改或者解释;其次要基于我国现阶段的具体国情对监管机构进行明确,确定监管原则,建立监管体系,落实监管职责。

二要完善社会信用体系建设。完善社会信用体系建设是我国法治建设的重要组成部分。首先,信用和信誉的缺失,在很大程度上阻碍了金融行业的发展,而互联网的虚拟性也要求加快完善社会信用体系的建设。其次,信用信息的流通不畅,也使得行为人违法成本过低。我国传统金融行业中的社会信用记录与互联网金融行业中社会信用记录并没有进行有效的链接,信息的不畅通阻碍了金融市场的资源配置。对于信息的审核基本上还是依靠个体本身,没有充分的信息共享。我国应当学习国外的先进经验,运用互联网信息技术的广泛性和时效性,建立和完善信息共享、信息登记、信息等级评估以及信息查询服务,更好地推动互联网金融行业的信息流畅,保障其健康发展。

三要加强对反洗钱监管的协作。互联网的发展使得资金的流转更具有隐蔽性和迅速性,互联网金融支付、借贷功能也已经变成洗钱犯罪的重灾区,反洗钱工作的难度将更加巨大。洗钱行为的目的是掩盖非法所得,它造成资本外逃,导致社会财富流失；为犯罪集团介入合法企业提供资金，为进一步扩大犯罪势力提供支持；对金融安全产生不利影响，导致不良金融事件的发生，给社会政治和经济带来严重危害。在全球经济整体信息化不断深化的背景下，金融信息化正在向信息化金融转变，洗钱犯罪也不可避免地会呈现由传统支付工具向信息化支付工具转移的趋势。在对反洗钱的监管中，更要注重监管的统一性和协调性，此外还应加大互联网金融反洗钱的国际合作，通过与国际金融监管的全面协调与合作，在国际信息分享披露平台下推进互联网金融健康发展。

四要完善对消费者权益保护和信息安全的监管。加强互联网金融消费者的信息安全保护，维护消费者信息安全，增强消费者风险防范意识和互联网金融产品的识别能力也是我国互联网金融法律监管任务的重点。互联网金融行业是典型的依靠数据和技术驱动的行业，而消费者的个人数据需要依赖平台和营业者的保护，所以针对个人信息保护的法律监管更应该注重对消费者账户的管理和维护。此外还要提高消费者的自我保护意识和风险防范意识，建立广泛的风险防范教育机制，采取一系列传播的新举措和信息反馈机制来达到预期。

五要完善对于互联网金融违法犯罪行为的监管规范。随着互联网金融的飞速发展，P2P行业、互联网众筹行业等新兴互联网金融行业中出现大量犯罪行为，比如非法集资类犯罪，包括非法吸收公众存款犯罪、集资诈骗犯罪等。2013年，我国P2P行业出现大批老板携款逃跑案件，网络诈骗问题也成为互联网金融行业发展的巨大绊脚石。法律本身具有滞后性，现今标准和监管的缺失更是放大了法律的缺陷。很多金融主体根本没有任何资质，甚至没有资金链条，就是披着互联网金融的外套从事非法行为。很多经营者瞅准时机，游走在犯罪和运作的边缘，很容易就触碰了法律的红线。在互联网金融行业中，非法行为比比皆是，类似擅自发行和欺诈发行股票和债券、进行虚假广告、非法经营、恶意欺诈、违规交易、买卖用户信息、侵犯知识产权等违法行为。此外，民事违约行为、侵权行为等都要求我国要加快完善对违法犯罪行为监管规范的制定，依法严厉打击互联网金融行业的违法犯罪行为。

六要完善知识产权保护相关法律规定。知识产权的保护已经和一个行业的发展、一个企业的竞争力产生了密切的联系。依托无形物为客体的互联网行业中，非法复制问题已经上升到阻碍金融发展的程度，为了保障互联网金融健康向上的发展，防止非法复制的恶性循环，必须完善知识产权对于互联网行业的相关法律规定。我国已经将计算机程序软件、数据库等互联网信息产物规制为著作权保护的对象，但是互联网新兴产物并不类同于传统的著作权保护客体，在实际生活中并不能够得到著作权的保护，需要更完善的法律法规对之加以更为专业和详尽的规定。

七要建立互联网金融行业监管机制。完善互联网金融行业监管的问责机制以防止权力的滥用和责任的推卸，在监管出现问题、监管者出现腐败或者效率低下的情况下，能够稳定行业的发展秩序。能够积极利用行业监管的时效性、主动性和灵活性，在互联网金融监管部门监管制度不合理时，也有合适的内部约束机制能够对不法行为或者不合理行为进行审查，以确保互联网金融的健康发展。

八要完善纠纷解决机制。纠纷解决机制的完善应当包括纠纷解决机制的形式以及管辖权的归属问题。互联网金融基本上都是在线完成交易，由于受到地域和空间的限制，一旦发生纠纷，我国现阶段的纠纷解决机制的滞后性进一步加重了信任危机。加上我国互联网金融法律体系不健全，消费者维权很容易遭遇尴尬的局面。我国政府对互联网金融机构是否合法无明确界定；有关法规中对于网上交易权利与义务的规定大部分没有界定标准。大数据时代下对客户隐私权的认识模糊，隐私权保护条文缺失；对互联网金融非法洗钱流程与方法没有深入的研究，反洗钱规章制度不明确；在网络交易活动中，侵权行为实施地与损害结果发生地难以精准界定；等等。在立案调查时，警方对损失金额也有相应的要求和规定，难以寻求公力救济渠道，只能单方面与运营商进行交涉。

目前，我国缺乏高效便捷的跨区域纠纷解决机制，一旦出现纠纷就会拉远互联网金融行业和消费者之间的距离。完善互联网金融纠纷跨区域、跨国的管辖权问题，积极推动低成本纠纷解决机制，使消费者能够找到并负担得起纠纷解决方法；积极发展在线纠纷解决机制，使得当事人能够跨区域对结果进行有效控制；发展替代性纠纷解决机制，更好地节约时间和成本，推动纠纷的顺利解决，提升结果的执行力。

第十一章

构建互联网金融健康发展的新环境

通过互联网技术，将各个碎片化的空间和时间进行拼接，充分发挥互联网技术高效便捷的优势，将传统金融服务从零散的形态变成集约化的发展模式，从而达到金融资源的优化配置和更为有效的利用。依托互联网技术，使得金融服务变得高效、便捷、多样。互联网金融行业正在悄无声息地扩张，势如破竹。尽管互联网金融行业已经发展得如火如荼，但我们并没有能够真正拨开它神秘的面纱。具有颠覆性和爆发性的互联网金融行业，迫使我们去了解去梳理它的特征和发展状况，从而更好地将发展思路映射到互联网金融行业的发展中，也能够更好地为发展互联网金融行业创造更适宜的环境，寻找更适宜的发展路径。

第一节 构建互联网金融健康发展的社会环境

一、构建互联网金融健康发展的法治环境

互联网金融行业的健康发展需要国家的政策、法律法规的支持。在管与不管方面，呼声基本是一致的，但是如何进行监管，监管的范围和标准，监管的模式和路径却引起了极大的争议。面对新兴行业的发展，"不管乱、管即死"的恶性循环要如何破除？在互联网金融带来更高效、更便捷、更多样的选择时，金融安全也受到了更大、更快、更深的威胁。如何在发展的过程中，逐步降低安全风险，逐步阻断风险的传染源，也是我国政策法规应当重视的问题。

如何构建适合我国互联网金融服务行业发展的社会环境，首先要根据我国相关互联网金融行业的已有立法进行整合，由立法部门尽快出台相应的政策法规，确立明确的监管原则，建立有效的监管体系，落实具体的监管职责。尽快改善由于互联网金融监管的滞后性所带来的行业发展的恶性循环。建立和完善信息共享、信息登记、信息等级评估以及信息查询服务，通过完善的社会信用体系建设，推动互联网金融行业的信息流畅，进一步加强互联网金融行业的优势作用。

通过合理完善互联网金融行业经营主体的市场准入机制和市场退出机制，提高政府监管水平，保障互联网金融市场有序健康的发展，构建互联网金融健康发展的新环境。

进一步健全互联网金融产权的界定和保护。建立互联网金融行业的产权制度，完善清晰的权属关系和明确的权责关系。推进产权保护的法治化，依法对互联网金融行业参与人的权属进行界定和保护，保障权利个体的私有权利不受侵犯，保护企业的自主经营权。进一步健全现代市场竞争体系，促进产品和要素更加自由、有序、平等地进行流转。

加大对于互联网金融违法犯罪行为的监管和处罚力度，保护经济秩序稳定有序，保护互联网金融行业参与者的财产安全。在大数据时代下，互联网金融领域的发展也带来了一系列挑战，比如洗钱犯罪、财产诈骗、知识产权侵犯等违法犯罪行为频繁发生。不断增长的数据容量和信息数量，加上不断创新的违法犯罪手段使得我国必须加大对互联网金融违法犯罪行为的处罚力度。当然，刑事法律作为最为严苛的法律工具，一定只能适用于犯罪行为，所以进行民事和刑事相结合的惩戒手段，将更有利于保护互联网金融参与人的合法利益不受侵犯。

在执法方面，要进一步完善监管机构之间的配合协调机制，积极提升监管人员和执法人员的法治水平和专业水平，做到执法必严、违法必究，保障互联网金融行业法治环境的落实和发展。我国现今社会中，恶性事件层出不穷，由于大多数人对互联网金融存在着好奇，不法行为人利用互联网金融进行违法犯罪的活动屡见不鲜。这些鲜活的事件也引起我们进行必要的反思，执法机关是否已经履行了相应的管理职责和监督职能，是否及时有效地发现、阻绝违法犯罪行为的发生，在出现违法犯罪行为后，是否及时进行有效管理。随着政府对行政权力的细化，出现了各种更为精细化的部门，但是部门之间的精细化区分也导致更多的权力重叠和权力空白。

二、构建互联网金融健康发展的经济环境

互联网金融行业打破了时间和空间的限制，提升了服务的便捷性和高效性，极大程度上降低了经营者和消费者的交易成本。在服务范围上，互联网金融通过互联网技术将各种金融服务快速进行网络化运作，也使得服务范围扩张，服务更加标准化、规范化。互联网金融行业的发展有赖于资金通融的模式，需要针对性地为互联网金融行业的发展提供更适应的经济手段和经济环境。

国家应当进一步统筹互联网金融行业的发展，整合资源，提升政策服务和公共服务的水平。通过经济手段为互联网金融行业的发展助力。经济手段指政府通过间接的方式来对互联网金融以及互联网金融参与主体的行为进行调控。包括货币政策、税收政策和宏观调控政策。

货币政策是指中央银行运用各种工具和手段来调节货币供应量,再通过货币供应量来调节市场利率,以实现既定目标。货币政策本质上就是通过影响总需求来对宏观经济运行进行调节的各种方针措施。货币政策是由货币政策目标、货币政策手段以及货币政策工具组成。货币政策工具主要由法定准备金率、公开市场业务和贴现政策组成。互联网金融行业的发展对于国家货币政策产生影响,反过来也受到国家货币政策的影响。为更好地促进互联网金融行业的发展,国家应当适时调整货币政策的目标和工具,利率目标和货币总量目标无法兼得,根据不同的经济状况,应当选择不同的货币政策目标。反之,由于互联网金融对于实体经济的变化相对于传统经济更为敏锐,如果能够对其进行充分的统计监测,则有助于央行更为精确地把握货币经济的走势,所以国家应当有效利用互联网更好地制定和执行货币政策。

税收政策是指根据具体的经济发展状况和社会发展需求,政府选择确立税收分配活动的规则和原则。在任何企业进行决策时,都会将税收成本纳入决策过程当中。我国应当通过出台针对互联网金融行业的税收优惠政策,加大财政资金的支持力度和统筹力度,扶持互联网金融行业的发展,通过享受过渡性税收政策鼓励互联网金融行业中具有发展前景、创新势头的企业大力发展,带好龙头作用。此外,国家还应当对发展对外经济合作和技术交流的互联网金融企业进行重点扶持,让我国的金融走出去,让国外的金融走进来,更好地学习外国先进经验。国家鼓励开发新技术、新产品的互联网金融行业在纳税时享有国家相关的优惠规定。国家应当加大对于偷税、漏税、抗税的违法行为的打击力度,引导纳税人采取合法的税收管理手段,比如税收筹划,纳税人可以通过对生产经营活动的一些行为进行调整和安排,最大限度地减轻税收负担。我国税收筹划产业并不发达,多数人对于税收筹划都存在误解和偏见,这也很大程度上阻碍了税收筹划产业的发展,加剧了逃税漏税行为的发生。

我国已经构建了包括中国人民银行、商业银行、政策性银行、非银行金融机构和外资在华金融机构在内的多样化金融机构体系。多种金融机构分工协作、职能互补,通过多种融资渠道协调发展的方式,共同推进互联网金融行业的构建和发展,为互联网金融行业的持续健康发展带来良好的货币发展环境和金融发展环境。此外,我们应当完善合理的金融运行机制,使互联网金融体系能够更加标准,竞争市场能够更加有序。

构建适合互联网金融发展的经济环境,更好地促进互联网金融健康发展,全面提升互联网金融行业的服务能力和惠普水平,鼓励互联网金融行业的融合创新,更好地为消费者提供更多元、更有深度的金融服务。

三、构建互联网金融行业健康发展的创新创业环境

当今世界,互联网技术正在加快金融发展的节奏。推动大众创业、万众创新

政策的实施，构建适合新一代创新创业者发展的经济环境显得尤为重要。国家应当引导创新创业要素资源的聚合和交流，打造更为开放和包容的创新创业环境，通过保护市场环境的公平竞争以及保护知识产权的交易和流转，进一步鼓励创新创业的发展，构建创新创业发展环境。

完善鼓励创新创业的机制，突破传统禁锢，大力推进创新创业优质环境的发展，需要对创新创业政策的供给进行优化。按照我国制定的"十三五"规划纲要，进一步深化科技管理体制改革，完善科技成果转化和收益的分配制度，构建普惠性的创新创业支持政策体系，营造激励创新的市场竞争环境，激励企业增加研发收入，包容创新创业对传统金融形势的挑战。

此外，构建互联网金融行业健康发展的创新创业环境，还需要完善互联网金融行业创新创业投资的引导机制，更好地增加大众资本的参与度，引导创新创业投资更多地走向新兴互联网金融行业，尤其是互联网金融企业发展进步的最前沿。鼓励建设互联网金融创新创业投资引导基金和发展基金，逐步完善支持创新创业和互联网金融行业发展的市场化长效运行机制。

加快互联网金融行业创新创业基地的建设，进一步鼓励创业孵化服务，通过创业与就业、创新与创业、线上与线下合作的发展模式，完善创新创业人才的培养和流动机制，进一步发展和推广大众创业、万众创新的新模式。

四、构建互联网金融健康发展的思想文化环境

互联网金融行业是一个新兴行业，行业的主力军也是新生代。抛弃了计划经济的限制，抛弃了传统思想的负累，新兴行业与新生思想的碰撞也开启了这个时代一个全新的篇章。

互联网金融行业是一个融合性和专业性都极强的行业。但是复合性人才资源和专业性人才资源的缺乏却在很大程度上阻碍了行业的发展。21世纪互联网金融行业的竞争是人才的竞争，21世纪互联网金融行业的发展是人才的发展。随着大数据发展带来的时代转型，为应对大数据时代下互联网金融带来的机遇与挑战，对人才的教育和培养的要求进一步提出了更高的要求。教育与金融业和互联网技术的结合，应当紧随时代进步的步伐，进一步转变观念，将人才教育和培养的后坐力融入互联网金融行业发展中，形成企业在互联网金融行业发展中的核心竞争力。充分认识和认知现代化互联网技术的发展水平，有助于改革创新的发展。互联网技术的蓬勃发展，也使得金融行业产生了颠覆性的发展，但是教育的脚步却明显落后。

国家应当出台一系列政策，鼓励互联网金融专业性、复合型技术人才的培养和发展，加强互联网金融行业人才队伍的建设，切实发展互联网金融行业。推动科教融合发展，以教育带动技术发展，科技创新。在《国家中长期人才发展规划

纲要（2010~2020年）》的指导之下，中国人民银行会同银监会、证监会、保监会共同发布《金融人才发展中长期规划（2010~2020年）》，明确了关于金融人才发展的指导思想、战略目标和主要任务。随着互联网技术的发展，国家应更加注重依托高等院校、企业、科研院所，结合优势进行突破性创新，也应当将互联网金融人才发展并入人才发展长期规划之中。为更好推进我国互联网金融的发展，互联网金融的复合型教育和专业性教育任重而道远。

加强舆论监督和大众监督的力度，拓宽舆论监督和大众监督的范围，弥补政府监管不足。互联网技术的发展不但与金融行业有机地进行了结合，还极大地带动了社交网络和舆论媒体的发展。通过高效、平坦的信息传播途径，获得更广泛的关注，更自由平等的信息获取、传播途径，有利于推动社会监督和公众的参与。所以，我们更要利用技术带来的便利对互联网金融行业进行大众监管，才能够真正地对中国金融发展产生助推力。

互联网金融行业也需要转变自身的经济思维模式，注重各种需求的变化，依靠先进的技术手段和管理手段聚合零散的需求，形成范围经济和新型规模经济。推动企业自身创新的突破，重视对颠覆性技术的创新，重视人才的培养和维护；优化企业组织形式，强化互联网金融行业的优势地位，形成更有竞争力的新型金融企业。

要加强消费者自我保护意识和风险防范意识，要通过大力宣传让广大互联网金融消费者明白如何甄别风险，如何进行信息安全保护，在发生侵权行为后能够采取何种手段维护自身利益。

第二节　构建互联网金融健康发展的技术环境

今天的世界，以大数据为代表的新兴互联网技术革命正在加快催生新金融与新产业。互联网金融是建立在互联网大数据和云计算的基本数据框架和基本技术框架之上的新型行业发展模式。技术在互联网金融发展的过程中起到十分重要的作用。而互联网技术的革新和普及也使得互联网金融服务的广度和深度迅速扩张，电子银行、电子交易服务、电子货币与支付服务、在线金融信息服务以及其他通过网络提供的互联网金融产品及服务迅速得到推广，金融业务版图被不断重构。在此趋势下，互联网金融服务催生了金融的大数据时代，也进一步要求大数据技术应用环境的革新和安全保障。

借助大数据、云计算等互联网技术，互联网金融的交易活动可以对传统金融行业的海量数据进行有效的提取、传输、分析和整合，通过分析金融用户的海量数据，制定定制化的服务。把握互联网技术的发展趋势和发展特点，掌握新兴互联网技术，通过打造全区域覆盖的信息环境，可以赶上金融发展的潮流，形成强有力的创新力和竞争力，实现金融行业的革新。

一、完善数据的整合和利用

大数据时代，数据就是生产力。在大数据时代，加强大数据技术配套设施建设也影响着互联网金融客户关系的建立、维护和发展。大数据的首要特点就是数据的规模化以及复杂化，而云计算是通过资源的共享，形成有规模的经济运转，为更多的客户提供更为庞大的资源，并进行更好的整合。所以，做好数据的整合和利用工作，决定着大数据发展的程度。数据的资源化是经营者和社会大众关注的重要战略资源，并已经成为大众抢夺的新产品。

随着互联网技术的进步，网络传输速度和传输效率都有了显著的发展，我们可以更好地通过数据对于金融进行更透彻的和更深度地了解。尽管大数据的密度值不高，但是却显现了更好的商业价值。利用数据的整合和分类，分析客户的需求和习惯，通过数据的资源化形成更大的竞争力，利用大数据发展对金融的风控模式进行有力的影响。所以建立大数据战略有助于企业的经营活动，有利于推动产业的发展。

推进大数据和云计算更为深入和更为有机的结合。大数据是云计算的基础，云计算为大数据提供了具有弹性的基础设备。大数据技术和云计算技术有效地影响着经济的调控，金融市场具有极大的风险性，通过大数据和云计算的发展，可以通过对金融数据的处理结果，对宏观经济发展和趋势进行预判。

此外，可以完善互联网金融数据的使用效率和可管理性，通过建立互联网身份识别系统，对互联网金融主体实施统一的用户管理，监控资源和用户之间的访问情况。

二、创造更加安全的数据环境和网络环境

随着收集、存储、传递的数据数量的激增，互联网安全问题在近几年也愈演愈烈。在线数据的增加使得互联网金融的风险愈加攀升，互联网金融违法犯罪行为的组织性更强，专业性更高，破坏范围更广，作案手段更难以攻破，所以大数据时代的网络安全的防范以及网络安全的恢复能力是关键。对于大数据手段，复杂的分析手段可以有效提高数据仓库的门槛，防止数据侵入和盗取。在互联网金融运营方面，还应当进行分级授权和身份认证登陆，对非法行为进行限制，利用数字证书为交易主体提供安全保障。

加快互联网金融行业数据环境和网络环境的净化，重点应当建设加密与电子认证技术、无线视频识别技术、在线支付安全保障技术、互联网金融参与人信息管理技术和信息识别技术等关键性安全保障技术，降低选择风险，打造更为安全

的数据环境。及时妥善的信息备份也可以有效保障数据的安全。备份的控制目标就是保持数据和数据处理的完整性和可用性,完善数据系统的风险防范策略和备份策略,进行定期备份,并及时测试系统和软件。此外,还需要完善互联网访问控制系统和监视的建设,根据不同互联网金融经营者的业务要求定制访问控制系统,对用户访问进行管理。通过审计日记、监视系统的定期评估、日志信息的保护、管理员与操作员日志的记录、故障日志的记录和分析来监视信息是否存在未经授权的处理或者流转。

完善网络基础设施建设,加强网络配套设施建设,通过进一步落实政府扶持政策,对互联网信息技术标准体系、信用体系、电子支付体系等建设进行加强,建立合理的防火墙配置和数据入侵监测系统,完善数据漏洞,营造更安全的互联网金融网络环境。可尝试运用大数据技术,建立互联网金融信息统计体系,加强风险暴露的信息统计,构建总量与结构、数量与价格、存量与流量相结合的高效金融统计框架,全面反映金融体系资金变化、货币创造、资金流量和流向等状况,细化影响互联网金融稳定的监测统计指标,为宏观审慎监管提供全面风险评估和决策信息。

现今市场上存在着各式各样的操作系统和应用软件,盗版软件也层出不穷,而系统软件和应用软件的风险也加在了互联网金融的风险之中。更加严格的知识产权保护和更加严格的软件应用,也可以有效保护数据安全和网络安全。此外,国家应当普及技术水平的教育,普及大数据的社会分析技术和实时监测技术,使大众用户可以通过运用数据技术进行危险防范。大众参与的技术监督也可以有效降低监管的资金投入。

三、完善互联网硬件设施建设

创造更安全的物理环境,对于数据的收集、存储、处理和流转来说至关重要。对于企业设备的安置和保护,应当专门设置资产保护管理人员,以减少由于环境威胁造成的各种风险,一般可以采取物理隔绝,或者以检测物理环境的变化等方式对设备进行隔离和专门保护。

数据的安全有赖于硬件的发展,没有升级的硬件设施,就不能满足软件的发展,硬件故障、软件故障、硬件软件不兼容,都会对庞大的数据分析产生致命的影响。推动互联网金融的发展,就要推动互联网硬件设施的建设。完善互联网硬件设施建设,首先,要从技术层面上进行,企业需要更为专业的研发人员和更为先进的管理技术以减少硬件故障的产生,进一步推进针对系统元件损害修护、性能提升的研发力度;其次,要从资金层面上,利用云计算带来的更低廉的营运成本来缓解技术创新的压力;最后,从维护层面上,应当鼓励采取租用形式,这样既支持了共享经济的发展,更在很大程度上有效缓解企业的运营支出,促进企集中资金对核心业务进行更为深入的探索和发展。

互联网硬件设施的建设可以有效地保障信息传递时数据的完整度和保密性。硬件设施建设主要以计算、存储、联网等形式进行展现，基本上从电脑、数据传输光缆为载体。大数据仍旧需要依赖互联网硬件设施的发展。我国针对大容量程控交换、光纤通信、数据通信、卫星通信等技术手段正在不断加大投资力度和科学研发力度，正在走向数字化、智能化和宽带化的发展模式。

带宽的技术优势也可以有效促进互联网金融的发展和升级。我国网络基础建设发展没能有效地跟上互联网金融的发展，数据不能进行直接传输，需要中转，这在很大程度上影响了互联网金融的发展。进一步加大对宽带城域网建设的投入，打破原有互联网金融信息网络建设的束缚，可以降低企业运营成本。

从互联网技术的发展历史上看，互联网硬件基础设施作为一种工具和手段，具有较强的时间相关性和一定的生命周期，随着时间的推移，固有的互联网硬件基础设施终将被替代或淘汰。更加先进的硬件基础设施建设需要更加高端的人才梯队。尽管我国互联网金融行业发展速度很快，却仍然处于初级阶段，人才供给也较为缺乏。打造更为高端、更为专业的人才梯队才能使整个行业的技术保障走向高效化和创新化，储备人才就是储备竞争力，就是基础建设的基石。

第三节　构建互联网金融健康发展的市场环境

互联网信息技术手段拓展了中小微金融企业的市场，互联网金融出现以后，增加了市场的容量，不仅服务于现有的客户，还可将碎片化的需求和供给进行整合，从而细化渗透到很多中小微企业市场。互联网和大数据打破了信息不对称和物理区域壁垒，使得中小型、区域型金融机构与大型、全国型金融机构站在同一层次竞争，迫使中小机构转型开展差异化竞争，否则难逃被这个时代淘汰的命运。在互联网金融的聚宝盆效应之下，大量的民间资本跟随着互联网金融的发展开始野蛮地生长，它们借助互联网技术的发展，将民间资金进行整合，通过透明度高和创新性强的新型金融服务来推动互联网金融行业的发展。互联网金融行业发展的势头高涨，国家已经加快脚步推进互联网金融的发展，主动适应和引领互联网金融市场的新常态，形成市场新动能，打造市场新环境。

一、完善信息交流平台建设

在大数据时代，搭建信息交流平台具有战略性的意义，企业可以通过信息的交换或流转，实现信息共享，提高信息的使用效率，最大限度上节约人力成本，也利于信息资源的再利用。建立专业的互联网金融网站信息服务平台，通过线上线下的信息交流活动，进一步扩大互联网金融的影响力和信息安全的意识，更好地推动互联网信息安全的发展，保护互联网金融的蓬勃发展。

互联网金融行业的发展极大程度上降低了信息不对称带来的风险，但是互联网金融行业的信息交流平台建设仍然较为薄弱，仍旧存在信息优势方，也总能通过信息不对称获得更大份额的利润。信息不对称所造成的逆向选择和道德风险会对市场运行造成极大的破坏。一方面，互联网金融信息输入平台规范不完善，时效性差，导致信息更新不够及时。另一方面，信息交流平台的运行机制不够充分，信息交流平台的普及度不高，实用性不充分。要进一步完善信息交流平台，通过建立互联网金融监管信息交流平台以促进监管信息的资源共享，改善传统金融监管手段的缺陷，充分利用互联网金融的优势，提升资金和供需之间的匹配度。

二、建立个人和企业诚信体系

加强信用品牌建设，鼓励互联网金融行业参与者不断提升个体诚信度，从而提升整个互联网金融行业的整体形象。随着互联网金融的发展，出现了很多不诚信的交易现象。互联网诚信在某种程度上已经制约了互联网金融进一步规模化的发展。国家和行业协会应当完善互联网金融的相关法律法规，通过建立个人和企业的诚信体系来规范和引导互联网金融行业的稳健发展。

基于互联网技术发展的金融行业仍旧缺乏研发的投入、产品的推广和技术的革新。一些金融企业只是披着互联网的外衣，并没有在网上进行交易，内涵还是传统的金融模式。

健全完善的诚信体系，为互联网金融行业的发展提供强有力的保障。互联网金融行业的中介平台和经营者也应当积极采取行动，通过诚信自查行动、给予服务认证等方式进一步补充诚信体系。

三、强化企业风险管理能力

无论是传统金融行业，还是新兴互联网金融行业，都存在经验风险，企业金融风险的管理能力对企业的发展来说至关重要。爆发式增长的互联网金融行业带来了以迅速扩张达到盈利目标的发展方式，也导致互联网金融的内部控制和风险防范能力被分散和弱化，无法紧跟互联网金融行业的迅猛发展，这也将企业的弱点更直白地暴露在互联网之下。

风险管理是具有透明度的，参与人员具有广泛性。所有的决策人员都应适当适时地参与风险管理，确保风险管理与发展的脚步能够协调。作为新兴的金融模式，许多从业人员缺乏相关专业知识，在业务办理过程中更容易遭到风险侵入。企业应当加大对从业人员的培训力度，做到精细化管理，更好对互联网欺诈行为、互联网非法融资行为和洗钱类犯罪行为进行防范。

四、完善公平竞争的市场环境

有效的竞争可以推动企业的发展，公平的竞争能够维护市场的发展，完善公平竞争的市场环境，可以最大限度地促进互联网金融行业的健康发展。互联网的特点就是开放，而进一步的开放在产生商业价值的同时也会导致竞争的加剧，为了更多的利益和更好的发展，这样的竞争势必会打破原有竞争的平静，引来一场互联网金融行业竞争的革命。行业的发展首先需要完善更加公平的市场竞争环境。

尽管互联网金融正在蓬勃发展，但未能从根本上改变我国金融机构主体单一的现况。我国金融市场化程度低，应当构建更激烈的竞争环境和共同发展的经济环境，加速民间资本的配置和利用，更好地促进传统金融行业和互联网金融行业的有效竞争和健康发展。在更为公平有序的竞争环境之下，激烈的竞争才能够促进金融的良性发展。保障市场竞争的有效性，需要加强事中和事后的监管力度，完善市场准入制度和市场退出机制。

五、构建更开放、更稳定的国际经济市场新格局

自我国加入 WTO 之后，我国政府颁布了一系列的政策法规，使我国金融市场逐步开放。发展我国互联网金融行业，需要提升国际化合作的水平以及层次，进行更深一步的交流。要推动互联网金融行业国际化布局，打造我国互联网金融行业的国际化良好形象，引导互联网金融行业提升国际竞争力。更加积极的开发战略也促进互联网金融行业更好地将"引进来"和"走出去"进行有机的结合。

构建国际经济发展新格局，一方面需要鼓励我国互联网金融走出去，另一方面还要鼓励世界互联网金融走进来，更好地带动和刺激我国金融行业的发展。要鼓励互联网金融行业的产品走向全世界，服务辐射全球，就要不断创新，减少复制内容，重点培养有条件的企业强力发展。互联网金融的发展更加打破了传统金融的地域性和空间性，经济的跨国融合越来越明显。统筹利用更丰富的市场资源，拓展更开放的领域和空间，深入的开发、稳健的开发是我们当前互联网金融市场发展所需要的。

附件：相关政策法规汇编

电子支付指引（第一号）

中国人民银行公告〔2005〕第 23 号

第一章 总 则

第一条 为规范和引导电子支付的健康发展，保障当事人的合法权益，防范支付风险，确保银行和客户资金的安全，制定本指引。

第二条 电子支付是指单位、个人（以下简称客户）直接或授权他人通过电子终端发出支付指令，实现货币支付与资金转移的行为。

电子支付的类型按电子支付指令发起方式分为网上支付、电话支付、移动支付、销售点终端交易、自动柜员机交易和其他电子支付。

境内银行业金融机构（以下简称银行）开展电子支付业务，适用本指引。

第三条 银行开展电子支付业务应当遵守国家有关法律、行政法规的规定，不得损害客户和社会公共利益。

银行与其他机构合作开展电子支付业务的，其合作机构的资质要求应符合有关法规制度的规定，银行要根据公平交易的原则，签订书面协议并建立相应的监督机制。

第四条 客户办理电子支付业务应在银行开立银行结算账户（以下简称账户），账户的开立和使用应符合《人民币银行结算账户管理办法》、《境内外汇账户管理规定》等规定。

第五条 电子支付指令与纸质支付凭证可以相互转换，二者具有同等效力。

第六条 本指引下列用语的含义为：

（一）"发起行"，是指接受客户委托发出电子支付指令的银行。

（二）"接收行"，是指电子支付指令接收人的开户银行；接收人未在银行开立账户的，指电子支付指令确定的资金汇入银行。

（三）"电子终端"，是指客户可用以发起电子支付指令的计算机、电话、销售点终端、自动柜员机、移动通讯工具或其他电子设备。

第二章 电子支付业务的申请

第七条 银行应根据审慎性原则，确定办理电子支付业务客户的条件。

第八条 办理电子支付业务的银行应公开披露以下信息：

（一）银行名称、营业地址及联系方式；

（二）客户办理电子支付业务的条件；

（三）所提供的电子支付业务品种、操作程序和收费标准等；

（四）电子支付交易品种可能存在的全部风险，包括该品种的操作风险、未采取的安全措施、无法采取安全措施的安全漏洞等；

（五）客户使用电子支付交易品种可能产生的风险；

（六）提醒客户妥善保管、使用或授权他人使用电子支付交易存取工具（如卡、密码、密钥、电子签名制作数据等）的警示性信息；

（七）争议及差错处理方式。

第九条　银行应认真审核客户申请办理电子支付业务的基本资料，并以书面或电子方式与客户签订协议。

银行应按会计档案的管理要求妥善保存客户的申请资料，保存期限至该客户撤销电子支付业务后5年。

第十条　银行为客户办理电子支付业务，应根据客户性质、电子支付类型、支付金额等，与客户约定适当的认证方式，如密码、密钥、数字证书、电子签名等。

认证方式的约定和使用应遵循《中华人民共和国电子签名法》等法律法规的规定。

第十一条　银行要求客户提供有关资料信息时，应告知客户所提供信息的使用目的和范围、安全保护措施，以及客户未提供或未真实提供相关资料信息的后果。

第十二条　客户可以在其已开立的银行结算账户中指定办理电子支付业务的账户。该账户也可用于办理其他支付结算业务。

客户未指定的银行结算账户不得办理电子支付业务。

第十三条　客户与银行签订的电子支付协议应包括以下内容：

（一）客户指定办理电子支付业务的账户名称和账号；

（二）客户应保证办理电子支付业务账户的支付能力；

（三）双方约定的电子支付类型、交易规则、认证方式等；

（四）银行对客户提供的申请资料和其他信息的保密义务；

（五）银行根据客户要求提供交易记录的时间和方式；

（六）争议、差错处理和损害赔偿责任。

第十四条　有以下情形之一的，客户应及时向银行提出电子或书面申请：

（一）终止电子支付协议的；

（二）客户基本资料发生变更的；

（三）约定的认证方式需要变更的；

（四）有关电子支付业务资料、存取工具被盗或遗失的；

（五）客户与银行约定的其他情形。

第十五条　客户利用电子支付方式从事违反国家法律法规活动的，银行应按照有权部门的要求停止为其办理电子支付业务。

第三章　电子支付指令的发起和接收

第十六条　客户应按照其与发起行的协议规定，发起电子支付指令。

第十七条　电子支付指令的发起行应建立必要的安全程序，对客户身份和电子支付指令进行确认,并形成日志文件等记录,保存至交易后 5 年。

第十八条 发起行应采取有效措施,在客户发出电子支付指令前,提示客户对指令的准确性和完整性进行确认。

第十九条 发起行应确保正确执行客户的电子支付指令,对电子支付指令进行确认后,应能够向客户提供纸质或电子交易回单。

发起行执行通过安全程序的电子支付指令后,客户不得要求变更或撤销电子支付指令。

第二十条 发起行、接收行应确保电子支付指令传递的可跟踪稽核和不可篡改。

第二十一条 发起行、接收行之间应按照协议规定及时发送、接收和执行电子支付指令,并回复确认。

第二十二条 电子支付指令需转换为纸质支付凭证的,其纸质支付凭证必须记载以下事项(具体格式由银行确定):

(一)付款人开户行名称和签章;

(二)付款人名称、账号;

(三)接收行名称;

(四)收款人名称、账号;

(五)大写金额和小写金额;

(六)发起日期和交易序列号。

第四章 安全控制

第二十三条 银行开展电子支付业务采用的信息安全标准、技术标准、业务标准等应当符合有关规定。

第二十四条 银行应针对与电子支付业务活动相关的风险,建立有效的管理制度。

第二十五条 银行应根据审慎性原则并针对不同客户,在电子支付类型、单笔支付金额和每日累计支付金额等方面做出合理限制。

银行通过互联网为个人客户办理电子支付业务,除采用数字证书、电子签名等安全认证方式外,单笔金额不应超过 1000 元人民币,每日累计金额不应超过 5000 元人民币。

银行为客户办理电子支付业务,单位客户从其银行结算账户支付给个人银行结算账户的款项,其单笔金额不得超过 5 万元人民币,但银行与客户通过协议约定,能够事先提供有效付款依据的除外。

银行应在客户的信用卡授信额度内,设定用于网上支付交易的额度供客户选择,但该额度不得超过信用卡的预借现金额度。

第二十六条 银行应确保电子支付业务处理系统的安全性,保证重要交易数据的不可抵赖性、数据存储的完整性、客户身份的真实性,并妥善管理在电子支付业务处理系统中使用的密码、密钥等认证数据。

第二十七条 银行使用客户资料、交易记录等,不得超出法律法规许可和客户授权的范围。

银行应依法对客户的资料信息、交易记录等保密。除国家法律、行政法规另有规定外,银行应当拒绝除客户本人以外的任何单位或个人的查询。

第二十八条 银行应与客户约定,及时或定期向客户提供交易记录、资金余额和账户状态等信息。

第二十九条　银行应采取必要措施保护电子支付交易数据的完整性和可靠性：

（一）制定相应的风险控制策略，防止电子支付业务处理系统发生有意或无意的危害数据完整性和可靠性的变化，并具备有效的业务容量、业务连续性计划和应急计划；

（二）保证电子支付交易与数据记录程序的设计发生擅自变更时能被有效侦测；

（三）有效防止电子支付交易数据在传送、处理、存储、使用和修改过程中被篡改，任何对电子支付交易数据的篡改能通过交易处理、监测和数据记录功能被侦测；

（四）按照会计档案管理的要求，对电子支付交易数据，以纸介质或磁性介质的方式进行妥善保存，保存期限为5年，并方便调阅。

第三十条　银行应采取必要措施为电子支付交易数据保密：

（一）对电子支付交易数据的访问须经合理授权和确认；

（二）电子支付交易数据须以安全方式保存，并防止其在公共、私人或内部网络上传输时被擅自查看或非法截取；

（三）第三方获取电子支付交易数据必须符合有关法律法规的规定以及银行关于数据使用和保护的标准与控制制度；

（四）对电子支付交易数据的访问均须登记，并确保该登记不被篡改。

第三十一条　银行应确保对电子支付业务处理系统的操作人员、管理人员以及系统服务商有合理的授权控制：

（一）确保进入电子支付业务账户或敏感系统所需的认证数据免遭篡改和破坏。对此类篡改应是可侦测的，而且审计监督应能恰当地反映出这些篡改的企图。

（二）对认证数据进行的任何查询、添加、删除或更改都应得到必要授权，并具有不可篡改的日志记录。

第三十二条　银行应采取有效措施保证电子支付业务处理系统中的职责分离：

（一）对电子支付业务处理系统进行测试，确保职责分离；

（二）开发和管理经营电子支付业务处理系统的人员维持分离状态；

（三）交易程序和内控制度的设计确保任何单个的雇员和外部服务供应商都无法独立完成一项交易。

第三十三条　银行可以根据有关规定将其部分电子支付业务外包给合法的专业化服务机构，但银行对客户的义务及相应责任不因外包关系的确立而转移。

银行应与开展电子支付业务相关的专业化服务机构签订协议，并确立一套综合性、持续性的程序，以管理其外包关系。

第三十四条　银行采用数字证书或电子签名方式进行客户身份认证和交易授权的，提倡由合法的第三方认证机构提供认证服务。如客户因依据该认证服务进行交易遭受损失，认证服务机构不能证明自己无过错，应依法承担相应责任。

第三十五条　境内发生的人民币电子支付交易信息处理及资金清算应在境内完成。

第三十六条　银行的电子支付业务处理系统应保证对电子支付交易信息进行完整的记录和按有关法律法规进行披露。

第三十七条　银行应建立电子支付业务运作重大事项报告制度，及时向监管部门报告电子支付业务经营过程中发生的危及安全的事项。

第五章 差错处理

第三十八条 电子支付业务的差错处理应遵守据实、准确和及时的原则。

第三十九条 银行应指定相应部门和业务人员负责电子支付业务的差错处理工作，并明确权限和职责。

第四十条 银行应妥善保管电子支付业务的交易记录，对电子支付业务的差错应详细备案登记，记录内容应包括差错时间、差错内容与处理部门及人员姓名、客户资料、差错影响或损失、差错原因、处理结果等。

第四十一条 由于银行保管、使用不当，导致客户资料信息被泄露或篡改的，银行应采取有效措施防止因此造成客户损失，并及时通知和协助客户补救。

第四十二条 因银行自身系统、内控制度或为其提供服务的第三方服务机构的原因，造成电子支付指令无法按约定时间传递、传递不完整或被篡改，并造成客户损失的，银行应按约定予以赔偿。

因第三方服务机构的原因造成客户损失的，银行应予赔偿，再根据与第三方服务机构的协议进行追偿。

第四十三条 接收行由于自身系统或内控制度等原因对电子支付指令未执行、未适当执行或迟延执行致使客户款项未准确入账的，应及时纠正。

第四十四条 客户应妥善保管、使用电子支付交易存取工具。有关电子支付业务资料、存取工具被盗或遗失，应按约定方式和程序及时通知银行。

第四十五条 非资金所有人盗取他人存取工具发出电子支付指令，并且其身份认证和交易授权通过发起行的安全程序的，发起行应积极配合客户查找原因，尽量减少客户损失。

第四十六条 客户发现自身未按规定操作，或由于自身其他原因造成电子支付指令未执行、未适当执行、延迟执行的，应在协议约定的时间内，按照约定程序和方式通知银行。银行应积极调查并告知客户调查结果。

银行发现因客户原因造成电子支付指令未执行、未适当执行、延迟执行的，应主动通知客户改正或配合客户采取补救措施。

第四十七条 因不可抗力造成电子支付指令未执行、未适当执行、延迟执行的，银行应当采取积极措施防止损失扩大。

第六章 附 则

第四十八条 本指引由中国人民银行负责解释和修改。

第四十九条 本指引自发布之日起施行。

电子银行安全评估指引

银监发〔2006〕9号

第一章 总 则

第一条 为加强电子银行业务的安全与风险管理，保证电子银行安全评估的客观性、及时性、全面性和有效性，依据《电子银行业务管理办法》的有关规定，制定本指引。

第二条 电子银行的安全评估，是指金融机构在开展电子银行业务过程中，对电子银行的安全策略、内控制度、风险管理、系统安全、客户保护等方面进行的安全测试和管控能力的考察与评价。

第三条 开展电子银行业务的金融机构，应根据其电子银行发展和管理的需要，至少每2年对电子银行进行一次全面的安全评估。

第四条 金融机构可以利用外部专业化的评估机构对电子银行进行安全评估，也可以利用内部独立于电子银行业务运营和管理部门的评估部门对电子银行进行安全评估。

第五条 金融机构应建立电子银行安全评估的规章制度体系和工作规程，保证电子银行安全评估能够及时、客观地得以实施。

第六条 金融机构的电子银行安全评估，应接受中国银行业监督管理委员会（以下简称中国银监会）的监督指导。

第二章 安全评估机构

第七条 承担金融机构电子银行安全评估工作的机构，可以是金融机构外部的社会专业化机构，也可以是金融机构内部具备相应条件的相对独立部门。

第八条 外部机构从事电子银行安全评估，应具备以下条件：

（一）具有较为完善的开展电子银行安全评估业务的管理制度和操作规程；

（二）制定了系统、全面的评估手册或评估指导文件，评估手册或评估指导文件的内容应至少包括评估程序、评估方法和依据、评估标准等；

（三）拥有与电子银行安全评估相关的各类专业人才，了解国际和中国相关行业的行业标准；

（四）中国银监会规定的其他从事电子银行安全评估应当具备的条件。

第九条 金融机构内部部门从事电子银行安全评估，除应具备第八条规定的有关条件外，还应具备以下条件：

（一）必须独立于电子银行业务系统开发部门、运营部门和管理部门；

（二）未直接参与过有关电子银行设备的选购工作。

第十条 中国银监会负责电子银行安全评估机构资质认定工作。

电子银行安全评估机构在开展金融机构电子银行安全评估业务前，可以向中国银监会申请对其资质进行认定。

第十一条 金融机构在进行电子银行安全评估时，可以选择经中国银监会资质认定的安全评估机构，也可以选择未经中国银监会资质认定的安全评估机构。

金融机构选择经中国银监会资质认定的安全评估机构时，有关安全评估机构的管理适用本指引有关规定。金融机构选择未经中国银监会资质认定的安全评估机构时，安全评估机构的选择标准应不低于第八条、第九条规定的条件要求，并应按照《电子银行业务管理办法》的有关规定，报送相关材料。

电子银行安全评估机构无论是否经过中国银监会资质认定，在开展电子银行安全评估活动时，都应遵守有关电子银行安全评估实施和管理的规定。

第十二条 中国银监会每年将组织一次电子银行安全评估机构资质认定工作，评定时间应提前1个月公告。

第十三条 申请资质认定的电子银行安全评估机构，应在中国银监会公告规定的时限内提交以下材料（一式七份）：

（一）电子银行安全评估资质认定申请报告；

（二）机构介绍；

（三）安全评估业务管理框架、管理制度、操作规程等；

（四）评估手册或评估指导文件；

（五）主要评估人员简历；

（六）中国银监会要求提供的其他文件、资料。

第十四条 中国银监会收到安全评估机构资质认定申请完整材料后，组织有关专家和监管人员对申请材料进行评议，采用投票的办法评定电子银行安全评估机构是否达到了有关资质要求。

第十五条 中国银监会对评估机构资质评议后，出具《电子银行安全评估机构资质认定意见书》，载明评议意见，对评估机构的资质做出认定。

第十六条 中国银监会出具的《电子银行安全评估机构资质认定意见书》，仅供评估机构与金融机构商洽有关电子银行安全评估业务时使用，不影响评估机构开展其他经营活动。

评估机构不得将《电子银行安全评估机构资质认定意见书》用于宣传或其他活动。

第十七条 经中国银监会评议并被认为达到有关资质要求的评估机构，每次资质认定的有效期限为2年。

经评议不符合认定资质的，评估机构可在下一年度重新申请资质认定。

第十八条 在资质认定的有效期限内，电子银行安全评估机构如果出现下列情况，中国银监会将撤销已做出的评议和认定意见：

（一）评估机构管理不善，其工作人员泄露被评估机构秘密的；

（二）评估工作质量低下，评估活动出现重要遗漏的；

（三）未按要求提交评估报告，或评估报告中存在不实表述的；

（四）将《电子银行安全评估机构资质认定意见书》用于宣传和其他经营活动的；

（五）存在其他严重不尽职行为的。

第十九条 评估机构有下列行为之一的，中国银监会将在一定期限或无限期不再受理评估机构的资质认定申请，金融机构不应再委托该评估机构进行安全评估：

（一）与委托机构合谋，共同隐瞒在安全评估过程中发现的安全漏洞，未按要求写入评估报告的；

（二）在评估过程中弄虚作假，编造安全评估报告的；
（三）泄漏被评估机构机密信息，或不当使用被评估机构机密资料的。
金融机构内部评估机构出现以上情况之一的，中国银监会将依法对相关机构和责任人进行处罚。

第二十条　中国银监会认可的电子银行安全评估机构，以及有关资质认定、撤销等信息，仅向开展电子银行业务的各金融机构通报，不向社会发布。
金融机构不得向第三方泄露中国银监会的有关通报信息，影响有关机构的其他业务活动，也不得将有关信息用于与电子银行安全评估活动无关的其他业务活动。

第二十一条　金融机构可以在中国银监会认定的评估机构范围内，自主选择电子银行安全评估机构。

第二十二条　电子银行主要系统设置于境外并在境外实施电子银行安全评估的外资金融机构，以及需要按照所在地监管部门的要求在境外实施电子银行安全评估的中资金融机构境外分支机构，电子银行安全评估机构的选择应遵循所在国家或地区的法律要求。
所在国家或地区没有相关法律要求的，金融机构应参照本指引的有关规定开展安全评估活动。

第二十三条　金融机构应与聘用的电子银行安全评估机构签订书面服务协议，在服务协议中，必须含有明确的保密条款和保密责任。
金融机构选择内部部门作为评估机构时，应由电子银行管理部门与评估部门签订评估责任确定书。

第二十四条　安全评估机构应根据评估协议的规定，认真履行评估职责，真实评估被评估机构电子银行安全状况。

第三章　安全评估的实施

第二十五条　评估机构在开始电子银行安全评估之前，应就评估的范围、重点、时间与要求等问题，与被评估机构进行充分的沟通，制定评估计划，由双方签字认可。

第二十六条　依据评估计划，评估机构进场对委托机构的电子银行安全进行评估。
电子银行安全评估应真实、全面地评价电子银行系统的安全性。

第二十七条　电子银行安全评估至少应包括以下内容：
（一）安全策略；
（二）内控制度建设；
（三）风险管理状况；
（四）系统安全性；
（五）电子银行业务运行连续性计划；
（六）电子银行业务运行应急计划；
（七）电子银行风险预警体系；
（八）其他重要安全环节和机制的管理。

第二十八条　电子银行安全策略的评估，至少应包括以下内容：
（一）安全策略制定的流程与合理性；
（二）系统设计与开发的安全策略；

（三）系统测试与验收的安全策略；
（四）系统运行与维护的安全策略；
（五）系统备份与应急的安全策略；
（六）客户信息安全策略。

评估机构对金融机构安全策略的评估，不仅要评估安全策略、规章制度和程序是否存在，还要评估这些制度是否得到贯彻执行，是否及时更新，是否全面覆盖电子银行业务系统。

第二十九条　电子银行内控制度的评估，应至少包括以下内容：
（一）内部控制体系总体建设的科学性与适宜性；
（二）董事会和高级管理层在电子银行安全和风险管理体系中的职责，以及相关部门职责和责任的合理性；
（三）安全监控机制的建设与运行情况；
（四）内部审计制度的建设与运行情况。

第三十条　电子银行风险管理状况的评估，应至少包括以下内容：
（一）电子银行风险管理架构的适应性和合理性；
（二）董事会和高级管理层对电子银行安全与风险管理的认知能力与相关政策、策略的制定执行情况；
（三）电子银行管理机构职责设置的合理性及对相关风险的管控能力；
（四）管理人员配备与培训情况；
（五）电子银行风险管理的规章制度与操作规定、程序等的执行情况；
（六）电子银行业务的主要风险及管理状况；
（七）业务外包管理制度建设与管理状况。

第三十一条　电子银行系统安全性的评估，应至少包括以下内容：
（一）物理安全；
（二）数据通讯安全；
（三）应用系统安全；
（四）密钥管理；
（五）客户信息认证与保密；
（六）入侵监测机制和报告反应机制。

评估机构应突出对数据通讯安全和应用系统安全的评估，客观评价金融机构是否采用了合适的加密技术、合理设计和配置了服务器和防火墙，银行内部运作系统和数据库是否安全等，以及金融机构是否制定了控制和管理修改电子银行系统的制度和控制程序，并能保证各种修改得到及时测试和审核。

第三十二条　电子银行业务运行连续性计划的评估，应至少包括以下内容：
（一）保障业务连续运营的设备和系统能力；
（二）保证业务连续运营的制度安排和执行情况。

第三十三条　电子银行业务运行应急计划的评估，应至少包括以下内容：
（一）电子银行应急制度建设与执行情况；
（二）电子银行应急设施设备配备情况；
（三）定期、持续性检测与演练情况；

（四）应对意外事故或外部攻击的能力。

第三十四条　评估机构应制定本机构电子银行安全评定标准，在进行安全评估时，应根据委托机构的实际情况，确定不同评估内容对电子银行总体风险影响程度的权重，对每项评估内容进行评分，综合计算出被评估机构电子银行的风险等级。

第三十五条　评估完成后，评估机构应及时撰写评估报告，并于评估完成后1个月内向委托机构提交由其法定代表人或其授权委托人签字认可的评估报告。

第三十六条　评估报告应至少包括以下内容：
（一）评估的时间、范围及其他协议中重要的约定；
（二）评估的总体框架、程序、主要方法及主要评估人员介绍；
（三）不同评估内容风险权重的确定标准，风险等级的计算方法，以及风险等级的定义；
（四）评估内容与评估活动描述；
（五）评估结论；
（六）对被评估机构电子银行安全管理的建议；
（七）其他需要说明的问题；
（八）主要术语定义和所采用的国际或国内标准介绍（可作为附件）；
（九）评估工作流程记录表（可作为附件）；
（十）评估机构参加评估人员名单（可作为附件）。

在评估结论中，评估机构应采用量化的办法表明被评估机构电子银行的风险等级，说明被评估机构电子银行安全管理中存在的主要问题与隐患，并提出整改建议。

第三十七条　评估报告完成并提交委托机构后，如需修改，应将修改的原因、依据和修改意见作为附件附在原报告之后，不得直接修改原报告。

第四章　安全评估活动的管理

第三十八条　金融机构在申请开办电子银行业务时，应当按照有关规定对完成测试的电子银行系统进行安全评估。

第三十九条　金融机构开办电子银行业务后，有下列情形之一的，应立即组织安全评估：
（一）由于安全漏洞导致系统被攻击瘫痪，修复运行的；
（二）电子银行系统进行重大更新或升级后，出现系统意外停机12小时以上的；
（三）电子银行关键设备与设施更换后，出现重大事故修复后仍不能保持连续不间断运行的；
（四）基于电子银行安全管理需要立即评估的。

第四十条　金融机构对电子银行外部安全评估机构的选聘，应由金融机构的董事会或高级管理层负责。

第四十一条　已实现数据集中管理的银行业金融机构，其分支机构开展电子银行业务不需单独进行安全评估，在总行（公司）的电子银行安全评估中应包含对其分支机构电子银行安全管理状况的评估。

第四十二条　未实现数据集中管理的银行业金融机构，其分支机构开展电子银行业务且拥有独立的业务处理设备与系统的，分支机构的电子银行系统应在总行（公司）的统一管理和指导下，按照有关规定进行安全评估。

第四十三条 电子银行主要业务处理系统设置在境外的外资金融机构，其境外总行（公司）已经进行了安全评估且符合本指引有关规定的，其境内分支机构开展电子银行业务不需单独进行安全评估，但应按照本指引的有关要求，向监管部门报送安全评估报告。

第四十四条 电子银行主要业务处理系统设置在境内的外资金融机构，或者虽设置在境外但其境外总行（公司）未进行安全评估或安全评估不符合本指引有关规定的，应按规定开展电子银行安全评估工作。

第四十五条 电子银行安全评估工作，确需由多个评估机构共同承担或实施时，金融机构应确定一个主要的评估机构协调总体评估工作，负责总体评估报告的编制。

金融机构将电子银行系统委托给不同的评估机构进行安全评估，应当明确每个评估机构安全评估的范围，并保证全面覆盖了应评估的事项，没有遗漏。

第四十六条 金融机构应在签署评估协议后两周内，将评估机构简介、拟采用的评估方案和评估步骤等，报送中国银监会。

第四十七条 中国银监会根据监管工作的需要，可派员参加金融机构电子银行安全评估工作，但不作为正式评估人员，不提供评估意见。

第四十八条 评估机构应本着客观、公正、真实和自主的原则，开展评估活动，并严格保守在评估过程中获悉的商业机密。

第四十九条 在评估过程中，委托机构和评估机构之间应建立信息保密工作机制：

（一）评估过程中，调阅相关资料、复制相关文件或数据等，都应建立登记、签字制度；

（二）调阅的文件资料应在指定的场所阅读，不得带出指定场所；

（三）复制的文件或数据一般也不应带出工作场所，如确需带出的，必须详细登记带出文件或数据名称、数量、带出原因、文件与数据的最终处理方式、责任人等，并由相关负责人签字确认；

（四）评估过程中废弃的文件、材料和不再使用的数据，应立即予以销毁或删除；

（五）评估工作结束后，双方应就有关机密数据、资料等的交接情况签署说明。

第五十条 金融机构在收到评估机构评估报告的 1 个月内，应将评估报告报送中国银监会。

金融机构报送评估报告时，可对评估报告中的有关问题作必要的说明。

第五十一条 未经监管部门批准，电子银行安全评估报告不得作为广告宣传资料使用，也不得提供给除监管部门以外的第三方机构。

第五十二条 对未按有关要求进行的安全评估，或者评估程序、方法和评估报告存在重要缺陷的安全评估，中国银监会可以要求金融机构进行重新评估。

第五十三条 中国银监会根据监管工作的需要，可以自己组织或委托评估机构对金融机构的电子银行系统进行安全评估，金融机构应予以配合。

第五十四条 中国银监会根据监管工作的需要，可直接向评估机构了解其评估的方法、范围和程序等。

第五十五条 对于评估报告中所反映出的问题，金融机构应采取有效的措施加以纠正。

第五章 附 则

第五十六条 本指引由中国银监会负责解释。

第五十七条 本指引自 2006 年 3 月 1 日起施行。

非金融机构支付服务管理办法

中国人民银行令〔2010〕第 2 号

第一章　总　　则

第一条　为促进支付服务市场健康发展，规范非金融机构支付服务行为，防范支付风险，保护当事人的合法权益，根据《中华人民共和国中国人民银行法》等法律法规，制定本办法。

第二条　本办法所称非金融机构支付服务，是指非金融机构在收付款人之间作为中介机构提供下列部分或全部货币资金转移服务：

（一）网络支付；

（二）预付卡的发行与受理；

（三）银行卡收单；

（四）中国人民银行确定的其他支付服务。

本办法所称网络支付，是指依托公共网络或专用网络在收付款人之间转移货币资金的行为，包括货币汇兑、互联网支付、移动电话支付、固定电话支付、数字电视支付等。

本办法所称预付卡，是指以营利为目的发行的、在发行机构之外购买商品或服务的预付价值，包括采用磁条、芯片等技术以卡片、密码等形式发行的预付卡。

本办法所称银行卡收单，是指通过销售点（POS）终端等为银行卡特约商户代收货币资金的行为。

第三条　非金融机构提供支付服务，应当依据本办法规定取得《支付业务许可证》，成为支付机构。

支付机构依法接受中国人民银行的监督管理。

未经中国人民银行批准，任何非金融机构和个人不得从事或变相从事支付业务。

第四条　支付机构之间的货币资金转移应当委托银行业金融机构办理，不得通过支付机构相互存放货币资金或委托其他支付机构等形式办理。

支付机构不得办理银行业金融机构之间的货币资金转移，经特别许可的除外。

第五条　支付机构应当遵循安全、效率、诚信和公平竞争的原则，不得损害国家利益、社会公共利益和客户合法权益。

第六条　支付机构应当遵守反洗钱的有关规定，履行反洗钱义务。

第二章　申请与许可

第七条　中国人民银行负责《支付业务许可证》的颁发和管理。

申请《支付业务许可证》的，需经所在地中国人民银行分支机构审查后，报中国人民银行批准。

本办法所称中国人民银行分支机构，是指中国人民银行副省级城市中心支行以上的分支机构。

第八条 《支付业务许可证》的申请人应当具备下列条件：

（一）在中华人民共和国境内依法设立的有限责任公司或股份有限公司，且为非金融机构法人；

（二）有符合本办法规定的注册资本最低限额；

（三）有符合本办法规定的出资人；

（四）有5名以上熟悉支付业务的高级管理人员；

（五）有符合要求的反洗钱措施；

（六）有符合要求的支付业务设施；

（七）有健全的组织机构、内部控制制度和风险管理措施；

（八）有符合要求的营业场所和安全保障措施；

（九）申请人及其高级管理人员最近3年内未因利用支付业务实施违法犯罪活动或为违法犯罪活动办理支付业务等受过处罚。

第九条 申请人拟在全国范围内从事支付业务的，其注册资本最低限额为1亿元人民币；拟在省（自治区、直辖市）范围内从事支付业务的，其注册资本最低限额为3000万元人民币。注册资本最低限额为实缴货币资本。

本办法所称在全国范围内从事支付业务，包括申请人跨省（自治区、直辖市）设立分支机构从事支付业务，或客户可跨省（自治区、直辖市）办理支付业务的情形。

中国人民银行根据国家有关法律法规和政策规定，调整申请人的注册资本最低限额。

外商投资支付机构的业务范围、境外出资人的资格条件和出资比例等，由中国人民银行另行规定，报国务院批准。

第十条 申请人的主要出资人应当符合以下条件：

（一）为依法设立的有限责任公司或股份有限公司；

（二）截至申请日，连续为金融机构提供信息处理支持服务2年以上，或连续为电子商务活动提供信息处理支持服务2年以上；

（三）截至申请日，连续盈利2年以上；

（四）最近3年内未因利用支付业务实施违法犯罪活动或为违法犯罪活动办理支付业务等受过处罚。

本办法所称主要出资人，包括拥有申请人实际控制权的出资人和持有申请人10%以上股权的出资人。

第十一条 申请人应当向所在地中国人民银行分支机构提交下列文件、资料：

（一）书面申请，载明申请人的名称、住所、注册资本、组织机构设置、拟申请支付业务等；

（二）公司营业执照（副本）复印件；

（三）公司章程；

（四）验资证明；

（五）经会计师事务所审计的财务会计报告；

（六）支付业务可行性研究报告；

（七）反洗钱措施验收材料；

（八）技术安全检测认证证明；

（九）高级管理人员的履历材料；

（十）申请人及其高级管理人员的无犯罪记录证明材料；

（十一）主要出资人的相关材料；

（十二）申请资料真实性声明。

第十二条 申请人应当在收到受理通知后按规定公告下列事项：

（一）申请人的注册资本及股权结构；

（二）主要出资人的名单、持股比例及其财务状况；

（三）拟申请的支付业务；

（四）申请人的营业场所；

（五）支付业务设施的技术安全检测认证证明。

第十三条 中国人民银行分支机构依法受理符合要求的各项申请，并将初审意见和申请资料报送中国人民银行。中国人民银行审查批准的，依法颁发《支付业务许可证》，并予以公告。

《支付业务许可证》自颁发之日起，有效期5年。支付机构拟于《支付业务许可证》期满后继续从事支付业务的，应当在期满前6个月内向所在地中国人民银行分支机构提出续展申请。中国人民银行准予续展的，每次续展的有效期为5年。

第十四条 支付机构变更下列事项之一的，应当在向公司登记机关申请变更登记前报中国人民银行同意：

（一）变更公司名称、注册资本或组织形式；

（二）变更主要出资人；

（三）合并或分立；

（四）调整业务类型或改变业务覆盖范围。

第十五条 支付机构申请终止支付业务的，应当向所在地中国人民银行分支机构提交下列文件、资料：

（一）公司法定代表人签署的书面申请，载明公司名称、支付业务开展情况、拟终止支付业务及终止原因等；

（二）公司营业执照（副本）复印件；

（三）《支付业务许可证》复印件；

（四）客户合法权益保障方案；

（五）支付业务信息处理方案。

准予终止的，支付机构应当按照中国人民银行的批复完成终止工作，交回《支付业务许可证》。

第十六条 本章对许可程序未作规定的事项，适用《中国人民银行行政许可实施办法》（中国人民银行令〔2004〕第3号）。

第三章 监督与管理

第十七条 支付机构应当按照《支付业务许可证》核准的业务范围从事经营活动，不得从事核准范围之外的业务，不得将业务外包。

支付机构不得转让、出租、出借《支付业务许可证》。

第十八条 支付机构应当按照审慎经营的要求，制订支付业务办法及客户权益保障措施，建立健全风险管理和内部控制制度，并报所在地中国人民银行分支机构备案。

第十九条 支付机构应当确定支付业务的收费项目和收费标准，并报所在地中国人民银行分支机构备案。

支付机构应当公开披露其支付业务的收费项目和收费标准。

第二十条 支付机构应当按规定向所在地中国人民银行分支机构报送支付业务统计报表和财务会计报告等资料。

第二十一条 支付机构应当制定支付服务协议，明确其与客户的权利和义务、纠纷处理原则、违约责任等事项。

支付机构应当公开披露支付服务协议的格式条款，并报所在地中国人民银行分支机构备案。

第二十二条 支付机构的分公司从事支付业务的，支付机构及其分公司应当分别到所在地中国人民银行分支机构备案。

支付机构的分公司终止支付业务的，比照前款办理。

第二十三条 支付机构接受客户备付金时，只能按收取的支付服务费向客户开具发票，不得按接受的客户备付金金额开具发票。

第二十四条 支付机构接受的客户备付金不属于支付机构的自有财产。

支付机构只能根据客户发起的支付指令转移备付金。禁止支付机构以任何形式挪用客户备付金。

第二十五条 支付机构应当在客户发起的支付指令中记载下列事项：

（一）付款人名称；

（二）确定的金额；

（三）收款人名称；

（四）付款人的开户银行名称或支付机构名称；

（五）收款人的开户银行名称或支付机构名称；

（六）支付指令的发起日期。

客户通过银行结算账户进行支付的，支付机构还应当记载相应的银行结算账号。客户通过非银行结算账户进行支付的，支付机构还应当记载客户有效身份证件上的名称和号码。

第二十六条 支付机构接受客户备付金的，应当在商业银行开立备付金专用存款账户存放备付金。中国人民银行另有规定的除外。

支付机构只能选择一家商业银行作为备付金存管银行，且在该商业银行的一个分支机构只能开立一个备付金专用存款账户。

支付机构应当与商业银行的法人机构或授权的分支机构签订备付金存管协议，明确双方的权利、义务和责任。

支付机构应当向所在地中国人民银行分支机构报送备付金存管协议和备付金专用存款账户的信息资料。

第二十七条 支付机构的分公司不得以自己的名义开立备付金专用存款账户，只能将接受的备付金存放在支付机构开立的备付金专用存款账户。

第二十八条 支付机构调整不同备付金专用存款账户头寸的，由备付金存管银行的法人机构对支付机构拟调整的备付金专用存款账户的余额情况进行复核，并将复核意见告知支付机构及有关备付金存管银行。

支付机构应当持备付金存管银行的法人机构出具的复核意见办理有关备付金专用存款账户的头寸调拨。

第二十九条 备付金存管银行应当对存放在本机构的客户备付金的使用情况进行监督，并按规定向备付金存管银行所在地中国人民银行分支机构及备付金存管银行的法人机构报送客户备付金的存管或使用情况等信息资料。

对支付机构违反第二十五条至第二十八条相关规定使用客户备付金的申请或指令，备付金存管银行应当予以拒绝；发现客户备付金被违法使用或有其他异常情况的，应当立即向备付金存管银行所在地中国人民银行分支机构及备付金存管银行的法人机构报告。

第三十条 支付机构的实缴货币资本与客户备付金日均余额的比例，不得低于10%。

本办法所称客户备付金日均余额，是指备付金存管银行的法人机构根据最近90日内支付机构每日日终的客户备付金总量计算的平均值。

第三十一条 支付机构应当按规定核对客户的有效身份证件或其他有效身份证明文件，并登记客户身份基本信息。

支付机构明知或应知客户利用其支付业务实施违法犯罪活动的，应当停止为其办理支付业务。

第三十二条 支付机构应当具备必要的技术手段，确保支付指令的完整性、一致性和不可抵赖性，支付业务处理的及时性、准确性和支付业务的安全性；具备灾难恢复处理能力和应急处理能力，确保支付业务的连续性。

第三十三条 支付机构应当依法保守客户的商业秘密，不得对外泄露。法律法规另有规定的除外。

第三十四条 支付机构应当按规定妥善保管客户身份基本信息、支付业务信息、会计档案等资料。

第三十五条 支付机构应当接受中国人民银行及其分支机构定期或不定期的现场检查和非现场检查，如实提供有关资料，不得拒绝、阻挠、逃避检查，不得谎报、隐匿、销毁相关证据材料。

第三十六条 中国人民银行及其分支机构依据法律、行政法规、中国人民银行的有关规定对支付机构的公司治理、业务活动、内部控制、风险状况、反洗钱工作等进行定期或不定期现场检查和非现场检查。

中国人民银行及其分支机构依法对支付机构进行现场检查，适用《中国人民银行执法检查程序规定》（中国人民银行令〔2010〕第1号发布）。

第三十七条 中国人民银行及其分支机构可以采取下列措施对支付机构进行现场检查：

（一）询问支付机构的工作人员，要求其对被检查事项作出解释、说明；

（二）查阅、复制与被检查事项有关的文件、资料，对可能被转移、藏匿或毁损的文件、资料予以封存；

（三）检查支付机构的客户备付金专用存款账户及相关账户；

（四）检查支付业务设施及相关设施。

第三十八条　支付机构有下列情形之一的，中国人民银行及其分支机构有权责令其停止办理部分或全部支付业务：

（一）累计亏损超过其实缴货币资本的50%；

（二）有重大经营风险；

（三）有重大违法违规行为。

第三十九条　支付机构因解散、依法被撤销或被宣告破产而终止的，其清算事宜按照国家有关法律规定办理。

第四章　罚　　则

第四十条　中国人民银行及其分支机构的工作人员有下列情形之一的，依法给予行政处分；构成犯罪的，依法追究刑事责任：

（一）违反规定审查批准《支付业务许可证》的申请、变更、终止等事项的；

（二）违反规定对支付机构进行检查的；

（三）泄露知悉的国家秘密或商业秘密的；

（四）滥用职权、玩忽职守的其他行为。

第四十一条　商业银行有下列情形之一的，中国人民银行及其分支机构责令其限期改正，并给予警告或处1万元以上3万元以下罚款；情节严重的，中国人民银行责令其暂停或终止客户备付金存管业务：

（一）未按规定报送客户备付金的存管或使用情况等信息资料的；

（二）未按规定对支付机构调整备付金专用存款账户头寸的行为进行复核的；

（三）未对支付机构违反规定使用客户备付金的申请或指令予以拒绝的。

第四十二条　支付机构有下列情形之一的，中国人民银行分支机构责令其限期改正，并给予警告或处1万元以上3万元以下罚款：

（一）未按规定建立有关制度办法或风险管理措施的；

（二）未按规定办理相关备案手续的；

（三）未按规定公开披露相关事项的；

（四）未按规定报送或保管相关资料的；

（五）未按规定办理相关变更事项的；

（六）未按规定向客户开具发票的；

（七）未按规定保守客户商业秘密的。

第四十三条　支付机构有下列情形之一的，中国人民银行分支机构责令其限期改正，并处3万元罚款；情节严重的，中国人民银行注销其《支付业务许可证》；涉嫌犯罪的，依法移送公安机关立案侦查；构成犯罪的，依法追究刑事责任：

（一）转让、出租、出借《支付业务许可证》的；

（二）超出核准业务范围或将业务外包的；

（三）未按规定存放或使用客户备付金的；

（四）未遵守实缴货币资本与客户备付金比例管理规定的；

（五）无正当理由中断或终止支付业务的；

（六）拒绝或阻碍相关检查监督的；

（七）其他危及支付机构稳健运行、损害客户合法权益或危害支付服务市场的违法违规行为。

第四十四条 支付机构未按规定履行反洗钱义务的，中国人民银行及其分支机构依据国家有关反洗钱法律法规等进行处罚；情节严重的，中国人民银行注销其《支付业务许可证》。

第四十五条 支付机构超出《支付业务许可证》有效期限继续从事支付业务的，中国人民银行及其分支机构责令其终止支付业务；涉嫌犯罪的，依法移送公安机关立案侦查；构成犯罪的，依法追究刑事责任。

第四十六条 以欺骗等不正当手段申请《支付业务许可证》但未获批准的，申请人及持有其5%以上股权的出资人3年内不得再次申请或参与申请《支付业务许可证》。

以欺骗等不正当手段申请《支付业务许可证》且已获批准的，由中国人民银行及其分支机构责令其终止支付业务，注销其《支付业务许可证》；涉嫌犯罪的，依法移送公安机关立案侦查；构成犯罪的，依法追究刑事责任；申请人及持有其5%以上股权的出资人不得再次申请或参与申请《支付业务许可证》。

第四十七条 任何非金融机构和个人未经中国人民银行批准擅自从事或变相从事支付业务的，中国人民银行及其分支机构责令其终止支付业务；涉嫌犯罪的，依法移送公安机关立案侦查；构成犯罪的，依法追究刑事责任。

第五章 附　　则

第四十八条 本办法实施前已经从事支付业务的非金融机构，应当在本办法实施之日起1年内申请取得《支付业务许可证》。逾期未取得的，不得继续从事支付业务。

第四十九条 本办法由中国人民银行负责解释。

第五十条 本办法自2010年9月1日起施行。

非金融机构支付服务管理办法实施细则

中国人民银行公告〔2010〕第 17 号

第一条 根据《非金融机构支付服务管理办法》(中国人民银行令〔2010〕第 2 号发布,以下简称《办法》)及有关法律法规,制定本细则。

第二条 《办法》所称预付卡不包括:

(一)仅限于发放社会保障金的预付卡;

(二)仅限于乘坐公共交通工具的预付卡;

(三)仅限于缴纳电话费等通信费用的预付卡;

(四)发行机构与特约商户为同一法人的预付卡。

第三条 《办法》第八条第(四)项所称有 5 名以上熟悉支付业务的高级管理人员,是指申请人的高级管理人员中至少有 5 名人员具备下列条件:

(一)具有大学本科以上学历或具有会计、经济、金融、计算机、电子通信、信息安全等专业的中级技术职称;

(二)从事支付结算业务或金融信息处理业务 2 年以上或从事会计、经济、金融、计算机、电子通信、信息安全工作 3 年以上。

前款所称高级管理人员,包括总经理、副总经理、财务负责人、技术负责人或实际履行上述职责的人员。

第四条 《办法》第八条第(五)项所称反洗钱措施,包括反洗钱内部控制、客户身份识别、可疑交易报告、客户身份资料和交易记录保存等预防洗钱、恐怖融资等金融犯罪活动的措施。

第五条 《办法》第八条第(六)项所称支付业务设施,包括支付业务处理系统、网络通信系统以及容纳上述系统的专用机房。

第六条 《办法》第八条第(七)项所称组织机构,包括具有合规管理、风险管理、资金管理和系统运行维护职能的部门。

第七条 《办法》第十条第(二)项所称信息处理支持服务,包括信息处理服务和为信息处理提供支持服务。

第八条 《办法》第十条所称拥有申请人实际控制权的出资人,包括:

(一)直接持有申请人的股权超过 50%的出资人;

(二)直接持有申请人股权且与其间接持有的申请人股权累计超过 50%的出资人;

(三)直接持有申请人股权且与其间接持有的申请人股权累计不足 50%,但依其所享有的表决权足以对股东会、股东大会的决议产生重大影响的出资人。

第九条 《办法》第十条所称持有申请人 10%以上股权的出资人,包括:

（一）直接持有申请人的股权超过10%的出资人；

（二）直接持有申请人股权且与其间接持有的申请人股权累计超过10%的出资人。

第十条 《办法》第十一条第（一）项所称书面申请应当明确拟申请支付业务的具体类型。

第十一条 《办法》第十一条第（二）项所称营业执照（副本）复印件应当加盖申请人的公章。

第十二条 《办法》第十一条第（五）项所称财务会计报告，是指截至申请日最近1年内的财务会计报告。

申请人设立时间不足1年的，应当提交存续期间的财务会计报告。

第十三条 《办法》第十一条第（六）项所称支付业务可行性研究报告，应当包括下列内容：

（一）拟从事支付业务的市场前景分析；

（二）拟从事支付业务的处理流程，载明从客户发起支付业务到完成客户委托支付业务各环节的业务内容以及相关资金流转情况；

（三）拟从事支付业务的技术实现手段；

（四）拟从事支付业务的风险分析及其管理措施，并区分支付业务各环节分别进行说明；

（五）拟从事支付业务的经济效益分析。

申请人拟申请不同类型支付业务的，应当按照支付业务类型分别提供前款规定内容。

第十四条 《办法》第十一条第（七）项所称反洗钱措施验收材料，是指包括下列内容的报告：

（一）反洗钱内部控制制度文件，载明反洗钱合规管理框架、客户身份识别和资料保存措施、可疑交易报告措施、交易记录保存措施、反洗钱审计和培训措施、协助反洗钱调查的内部程序、反洗钱工作保密措施；

（二）反洗钱岗位设置及职责说明，载明负责反洗钱工作的内设机构、反洗钱高级管理人员和专职反洗钱工作人员及其联系方式；

（三）开展可疑交易监测的技术条件说明。

第十五条 《办法》第十一条第（八）项所称技术安全检测认证证明，是指据以表明支付业务设施符合中国人民银行规定的业务规范、技术标准和安全要求的文件、资料，应当包括检测机构出具的检测报告和认证机构出具的认证证书。

前款所称检测机构和认证机构均应当获得中国合格评定国家认可委员会（CNAS）的认可，并符合中国人民银行关于技术安全检测认证能力的要求。

未按照中国人民银行规定的业务规范、技术标准和安全要求进行技术安全检测认证，或技术安全检测认证的程序、方法存在重大缺陷的，中国人民银行及其分支机构可以要求申请人重新进行检测认证。

第十六条 《办法》第十一条第（九）项所称履历材料，包括高级管理人员的履历说明以及学历、技术职称相关证明材料。

第十七条 《办法》第十一条第（十一）项所称主要出资人的相关材料，应当包括下列文件、资料：

（一）申请人关于出资人之间关联关系的说明材料；

（二）主要出资人的公司营业执照（副本）复印件；

（三）主要出资人的信息处理支持服务合作机构出具的业务合作证明，载明服务内容、服务时间，并加盖合作机构的公章；

（四）主要出资人最近2年经会计师事务所审计的财务会计报告；

（五）主要出资人最近3年内未因利用支付业务实施违法犯罪活动或为违法犯罪活动办理支付业务等受过处罚的证明材料。

主要出资人为金融机构的，还应当提交相关金融业务许可证复印件以及准予其投资支付机构的证明文件。

第十八条 《办法》第十一条第（十二）项所称申请资料真实性声明，是指由申请人出具的、据以表明申请人对所提交的文件、资料的真实性、准确性和完整性承担相应责任的书面文件。

申请资料真实性声明应当由申请人的法定代表人签署并加盖公章。

第十九条 《办法》第十一条、第十三条、第十四条、第十五条所需申请文件、资料均以中文书写为准，并应当提供纸质文档和电子文档（数据光盘）一式三份。

第二十条 申请人应当自收到受理通知之日起10日内在所在地中国人民银行分支机构的网站上连续公告《办法》第十二条所列事项3日。

第二十一条 《支付业务许可证》分为正本和副本，正本和副本具有同等法律效力。

支付机构应当将《支付业务许可证》（正本）放置其住所显著位置。支付机构有互联网网站的，还应当在网站主页显著位置公示其《支付业务许可证》（正本）的影像信息。

第二十二条 支付机构申请续展《支付业务许可证》有效期的，应当提交下列文件、资料：

（一）公司法定代表人签署的书面申请，载明公司名称、支付业务开展情况、申请续展的理由；

（二）公司营业执照（副本）复印件；

（三）《支付业务许可证》（副本）复印件。

支付机构申请续展《支付业务许可证》有效期的，不得同时申请变更其他事项。

第二十三条 中国人民银行对支付机构的经营情况进行全面审查和综合评价后作出是否准予续展《支付业务许可证》有效期的决定。

中国人民银行准予续展《支付业务许可证》有效期的，支付机构应当交回原许可证，领取新许可证。

第二十四条 《支付业务许可证》在有效期内非因不可抗力灭失、损毁的，支付机构应当自其确认许可证灭失、损毁之日起10日内，在中国人民银行指定的全国性报纸和所在地中国人民银行分支机构指定的地方性报纸上连续公告3日，声明原许可证作废。

第二十五条 支付机构应当自公告《支付业务许可证》灭失、损毁结束之日起10日内持登载声明向所在地中国人民银行分支机构重新申领许可证。

中国人民银行审核后向支付机构补发《支付业务许可证》。

第二十六条 《支付业务许可证》（副本）在有效期内灭失、损毁的，比照本细则第二十四条、第二十五条办理。

第二十七条 支付机构拟变更《办法》第十四条所列事项的，应当向所在地中国人民银行分支机构提交公司法定代表人签署的书面申请，载明公司名称、拟变更事项及变更原因。

第二十八条　《办法》第十五条第（四）项所称客户合法权益保障方案，应当包括下列内容：

（一）对客户知情权的保护措施，明确告知客户终止支付业务的原因、停止受理客户委托支付业务的时间、拟终止支付业务的后续安排；

（二）对客户隐私权的保护措施，明确客户身份信息的接收机构及其移交安排、销毁方式及其监督安排；

（三）对客户选择权的保护措施，明确可供客户选择的、两个以上客户备付金退还方案。

客户合法权益保障方案涉及其他支付机构的，还应当提交与所涉支付机构签订的客户身份信息移交协议、客户备付金退还安排相关证明文件。

第二十九条　《办法》第十五条第（五）项所称支付业务信息处理方案，应当明确支付业务信息的接收机构及其移交安排、销毁方式及其监督安排。

涉及其他支付机构的，还应当提交与所涉支付机构签订的支付业务信息移交协议相关证明文件。

第三十条　支付机构应当根据法律法规、部门规章的有关规定确定其支付业务的收费项目和收费标准。法律法规、部门规章未明确支付业务的收费项目和收费标准的，支付机构可以按照市场原则合理确定其支付业务的收费项目和收费标准。

支付机构应当在营业场所显著位置披露其支付业务的收费项目和收费标准。支付机构有互联网网站的，还应当在网站主页显著位置进行披露。

支付机构调整支付业务的收费项目或收费标准的，应当在实施新的支付业务收费项目或收费标准之前按照前款规定连续公示30日。

第三十一条　支付机构应当在每个会计年度结束之日起4个月内向所在地中国人民银行分支机构报送上一会计年度经会计师事务所审计的财务会计报告。

第三十二条　《办法》第二十一条所称支付服务协议，包括符合法律法规要求、可供调取查用的纸质形式或数据电文形式的合同。

支付机构应当在营业场所显著位置披露其支付服务协议的格式条款内容。支付机构有互联网网站的，还应当在网站主页显著位置进行披露。

第三十三条　支付机构的支付服务协议格式条款应当遵循公平原则，全面、准确界定支付机构与客户之间的权利、义务和责任。

支付机构应当提请客户注意支付服务协议格式条款中免除或者限制其责任的内容，并予以说明。

支付机构拟调整支付服务协议格式条款的，应当在调整前30日告知客户，并提示拟调整的内容。未向客户履行告知义务的，调整后的条款对该客户不具有约束力。

第三十四条　《办法》第二十二条所称支付机构的分公司从事支付业务办理备案手续时，应当提交下列文件、资料：

（一）公司法定代表人签署的书面报告；

（二）《支付业务许可证》（副本）复印件；

（三）分公司营业执照（副本）复印件。

上述文件、资料需提供纸质文档一式两份，由支付机构及其分公司分别报送所在地中国人民银行分支机构。

支付机构可以根据业务需要为备案的分公司申请《支付业务许可证》（副本）。分公司应当将《支付业务许可证》（副本）放置分公司住所显著位置。

第三十五条 《办法》第二十二条所称支付机构的分公司终止支付业务办理备案手续时，应当提交下列文件、资料：

（一）公司法定代表人签署的书面报告；

（二）《支付业务许可证》（副本）复印件；

（三）分公司营业执照（副本）复印件；

（四）客户合法权益保障方案；

（五）中国人民银行要求的其他资料。

前款第（四）项所称客户合法权益保障方案比照本细则第二十八条办理。

上述文件、资料需提供纸质文档一式两份，由支付机构及其分公司分别报送所在地中国人民银行分支机构。

支付机构分公司应当于备案时交回其持有的《支付业务许可证》（副本）。

第三十六条 《办法》第三十二条所称灾难恢复处理能力，是指支付机构应当在支付业务中断后 24 小时之内恢复支付业务，并至少符合以下要求：

（一）具有应急处理和灾难恢复的制度规定；

（二）具有稳妥的应急处理预案及演练计划；

（三）具有必要的灾难恢复处理人员和应急营业场所；

（四）具有同机房数据备份设施和同城应用级备份设施。

第三十七条 支付机构因突发事件导致支付业务中止超过 2 小时的，应当立即将有关情况报告所在地中国人民银行分支机构，并在 3 个工作日内以书面形式报告事故的原因、影响及补救措施。

支付机构的分公司出现上述情形的，支付机构及其分公司应当比照前款分别报告所在地中国人民银行分支机构。

第三十八条 支付机构应当采取必要的管理措施和技术措施，防止客户身份信息和支付业务信息等资料灭失、损毁、泄露。

支付机构不得以任何形式对外提供客户身份信息和支付业务信息等资料。法律法规另有规定的除外。

第三十九条 支付机构对客户身份信息和支付业务信息的保管期限自业务关系结束当年起至少保存 5 年。

司法部门正在调查的可疑交易或违法犯罪活动涉及客户身份信息和支付业务信息，且相关调查工作在前款规定的最低保存期届满时仍未结束的，支付机构应当将其保存至相关调查工作结束。

第四十条 支付机构对会计档案的保管期限适用《会计档案管理办法》（财会字〔1998〕32 号文印发）相关规定。

第四十一条 《办法》第三十八条所称重大违法违规行为，包括：

（一）支付机构的高级管理人员明知他人实施违法犯罪活动仍为其办理支付业务的；

（二）支付机构多次发生工作人员明知他人实施违法犯罪活动仍为其办理支付业务的。

第四十二条 本细则自发布之日起实施。

支付机构预付卡业务管理办法

中国人民银行公告〔2012〕第 12 号

第一章 总 则

第一条 为规范支付机构预付卡业务管理，防范支付风险，维护持卡人合法权益，根据《中华人民共和国中国人民银行法》、《非金融机构支付服务管理办法》（中国人民银行令〔2010〕第 2 号公布），制定本办法。

第二条 支付机构在中华人民共和国境内从事预付卡业务，适用本办法。

本办法所称支付机构，是指取得《支付业务许可证》，获准办理"预付卡发行与受理"业务的发卡机构和获准办理"预付卡受理"业务的受理机构。

本办法所称预付卡，是指发卡机构以特定载体和形式发行的、可在发卡机构之外购买商品或服务的预付价值。

第三条 支付机构应当依法维护相关当事人的合法权益，保障信息安全和交易安全。

第四条 支付机构应当严格按照《支付业务许可证》核准的业务类型和业务覆盖范围从事预付卡业务，不得在未设立省级分支机构的省（自治区、直辖市、计划单列市）从事预付卡业务。

第五条 支付机构应当严格执行中国人民银行关于支付机构客户备付金管理等规定，履行反洗钱和反恐怖融资义务。

第二章 发 行

第六条 预付卡分为记名预付卡和不记名预付卡。记名预付卡是指预付卡业务处理系统中记载持卡人身份信息的预付卡。不记名预付卡是指预付卡业务处理系统中不记载持卡人身份信息的预付卡。

第七条 发卡机构发行的预付卡应当以人民币计价，单张记名预付卡资金限额不超过 5000 元，单张不记名预付卡资金限额不超过 1000 元。中国人民银行可视情况调整预付卡资金限额。

第八条 记名预付卡应当可挂失，可赎回，不得设置有效期。不记名预付卡不挂失，不赎回，本办法另有规定的除外。不记名预付卡有效期不得低于 3 年。预付卡不得具有透支功能。发卡机构发行销售预付卡时，应向持卡人告知预付卡的有效期及计算方法。超过有效期尚有资金余额的预付卡，发卡机构应当提供延期、激活、换卡等服务，保障持卡人继续使用。

第九条 预付卡卡面应当记载预付卡名称、发卡机构名称、是否记名、卡号、有效期限或有效期截止日、持卡人注意事项、客户服务电话等要素。

第十条 个人或单位购买记名预付卡或一次性购买不记名预付卡 1 万元以上的，应当使用实名并提供有效身份证件。

发卡机构应当识别购卡人、单位经办人的身份，核对有效身份证件，登记身份基本信息，并留存有效身份证件的复印件或影印件。代理他人购买预付卡的，发卡机构应当采取合理方式确认代理关系，核对代理人和被代理人的有效身份证件，登记代理人和被代理人的身份基本信息，并留存代理人和被代理人的有效身份证件的复印件或影印件。

第十一条　使用实名购买预付卡的，发卡机构应当登记购卡人姓名或单位名称、单位经办人姓名、有效身份证件名称和号码、联系方式、购卡数量、购卡日期、购卡总金额、预付卡卡号及金额等信息。对于记名预付卡，发卡机构还应当在预付卡核心业务处理系统中记载持卡人的有效身份证件信息、预付卡卡号、金额等信息。

第十二条　单位一次性购买预付卡 5000 元以上，个人一次性购买预付卡 5 万元以上的，应当通过银行转账等非现金结算方式购买，不得使用现金。购卡人不得使用信用卡购买预付卡。

第十三条　采用银行转账等非现金结算方式购买预付卡的，付款人银行账户名称和购卡人名称应当一致。发卡机构应当核对账户信息和身份信息的一致性，在预付卡核心业务处理系统中记载付款人银行账户名称和账号、收款人银行账户名称和账号、转账金额等信息。

第十四条　发卡机构应当向购卡人公示、提供预付卡章程或签订协议。

预付卡章程或协议应当包括但不限于以下内容：

（一）预付卡的名称、种类和功能；

（二）预付卡的有效期及计算方法；

（三）预付卡购买、使用、赎回、挂失的条件和方法；

（四）为持卡人提供的消费便利或优惠内容；

（五）预付卡发行、延期、激活、换发、赎回、挂失等服务的收费项目和收费标准；

（六）有关当事人的权利、义务和违约责任；

（七）交易、账务纠纷处理程序。

发卡机构变更预付卡章程或协议文本的，应当提前 30 日在其网点、网站显著位置进行公告。新章程或协议文本中涉及新增收费项目、提高收费标准、降低优惠条件等内容的，发卡机构在新章程或协议文本生效之日起 180 日内，对原有客户应当按照原章程或协议执行。

第十五条　发卡机构应当采取有效措施加强对购卡人和持卡人信息的保护，确保信息安全，防止信息泄露和滥用。未经购卡人和持卡人同意，不得用于与购卡人和持卡人的预付卡业务无关的目的。法律法规另有规定的除外。

第十六条　发卡机构应当按照实收人民币资金等值发行预付卡，严格按照《中华人民共和国发票管理办法》等有关规定开具发票。

第十七条　发卡机构应当通过实体网点发行销售预付卡。除单张资金限额 200 元以下的预付卡外，不得采取代理销售方式。发卡机构委托销售合作机构代理销售的，应当建立代销风险控制机制。销售资金应当直接存入发卡机构备付金银行账户。发卡机构应当要求销售合作机构在购卡人达到本办法实名购卡要求时，参照相关规定销售预付卡。发卡机构作为预付卡发行主体的所有责任和义务不因代理销售而转移。

第十八条　发卡机构应当在中华人民共和国境内拥有并自主运行独立、安全的预付卡核心业务处理系统，建立突发事件应急处置机制，确保预付卡业务处理的及时性、准确性和安全性。预付卡核心业务处理系统包含但不限于发卡系统、账务主机系统、卡片管理系统及客户信息管理系统。预付卡核心业务处理系统不得外包或变相外包。

第十九条　发卡机构不得发行或代理销售采用或变相采用银行卡清算机构分配的发卡机构标识代码的预付卡，卡面上不得使用银行卡清算机构品牌标识；不得与其他支付机构合作发行预付卡；不同的发卡机构不得采用具有统一识别性的品牌标识。

第三章　受　理

第二十条　发卡机构应当为其发行的预付卡提供受理服务，其自行拓展、签约和管理的特约商户数不低于受理该预付卡全部特约商户数的70%。

第二十一条　受理机构只能受理发卡机构按照本办法规定发行的预付卡，受理范围不得超过发卡机构获准办理"预付卡发行与受理"的业务覆盖范围。受理机构应当获得发卡机构的委托，并参照本办法第二十五条的规定，与发卡机构、特约商户签订三方合作协议。受理机构不得将发卡机构委托其开展的预付卡受理业务外包。

预付卡只能在本发卡机构参与签署合作协议的特约商户使用，卡面上不得使用发卡机构委托的受理机构的品牌标识。发卡机构对特约商户应承担的资金结算与风险管理责任不因受理机构参与预付卡受理而转移。

第二十二条　预付卡可与银行卡共用受理终端，但应当使用与银行卡不同的应用程序和受理网络，并采取安全隔离措施，与银行卡交易分别处理和管理。

第二十三条　发卡机构、受理机构不得发展非法设立、非法经营或无实体经营场所的特约商户。发卡机构、受理机构拓展特约商户时应当严格审核特约商户

营业执照、税务登记证、法定代表人或负责人的有效身份证件，留存相关证件的复印件或影印件，并对商户的经营场所进行现场核实、拍照留存。

第二十四条　发卡机构应当通过其客户备付金存管银行直接向特约商户划转结算资金，受理机构不得参与资金结算。特约商户只能指定其一个单位银行结算账户进行收款。发卡机构应当核验特约商户指定的单位银行结算账户开户许可证或其开户银行出具的开户证明，留存加盖公章的复印件。

第二十五条　发卡机构应当与特约商户签订预付卡受理协议。受理协议应当包括但不限于以下内容：

（一）特约商户基本信息；

（二）收费项目和标准；

（三）持卡人用卡权益的保障要求；

（四）卡片信息、交易数据、受理终端、交易凭证的管理要求；

（五）特约商户收款账户名称、开户行、账号及资金结算周期；

（六）账务核对、差错处理和业务纠纷的处置要求；

（七）相关业务风险承担和违约责任的承担机制；

（八）协议终止条件、终止后的债权债务清偿方式。

第二十六条　发卡机构、受理机构应当在中华人民共和国境内拥有并自主运行独立、安全的预付卡受理系统，建立突发事件应急处置机制，确保预付卡业务处理的及时性、准确性和安全性。发卡机构、受理机构应当分别建立特约商户信息管理系统及业务风险防控系统。受理机构不得以任何形式存储与受理业务无关的预付卡信息。

第二十七条　特约商户向持卡人办理退货，只能通过发卡机构将资金退回至原预付卡。无法退回的，发卡机构应当将资金退回至持卡人提供的同一发卡机构的同类预付卡。

预付卡接受退货后的卡内资金余额不得超过规定限额。

第二十八条　发卡机构、受理机构应当加强对特约商户的巡检和监控，要求特约商户在营业场所显著位置标明受理的预付卡名称和种类，按照预付卡受理协议的要求受理预付卡，履行相关义务。

特约商户不得以任何形式存储与商户结算、对账无关的预付卡信息。

特约商户出现损害当事人合法权益及其他严重违规违约操作的，发卡机构、受理机构应当立即终止其预付卡受理服务。

特约商户不得协助持卡人进行任何形式的预付卡套现。

第四章　使用、充值和赎回

第二十九条　预付卡不得用于或变相用于提取现金；不得用于购买、交换非本发卡机构发行的预付卡、单一行业卡及其他商业预付卡或向其充值；卡内资金不得向银行账户或向非本发卡机构开立的网络支付账户转移。

第三十条　预付卡不得用于网络支付渠道，下列情形除外：

（一）缴纳公共事业费；

（二）在本发卡机构合法拓展的实体特约商户的网络商店中使用；

（三）同时获准办理"互联网支付"业务的发卡机构，其发行的预付卡可向本发卡机构开立的实名网络支付账户充值，但同一客户的所有网络支付账户的年累计充值金额合计不超过5000元。

以上情形下的预付卡交易，均应当由发卡机构自主受理，不得由受理机构受理。

第三十一条　发卡机构办理记名预付卡或一次性金额1万元以上不记名预付卡充值业务的，应当参照本办法第十条、第十一条的规定办理。

第三十二条　预付卡只能通过现金、银行转账方式进行充值。同时获准办理"互联网支付"业务的发卡机构，还可通过持卡人在本发卡机构开立的实名网络支付账户进行充值。不得使用信用卡为预付卡充值。办理一次性金额5000元以上预付卡充值业务的，不得使用现金。单张预付卡充值后的资金余额不得超过规定限额。

第三十三条　预付卡现金充值应当通过发卡机构网点进行，但单张预付卡同日累计现金充值在200元以下的，可通过自助充值终端、销售合作机构代理等方式充值，收取的现金应当直接存入发卡机构备付金银行账户。

第三十四条　发卡机构应当向记名预付卡持卡人提供紧急挂失服务，并提供至少一种24小时免费紧急挂失渠道。正式挂失和补卡应当在约定时间内通过网点，以书面形式办理。以书面形式挂失的，发卡机构应当要求持卡人出示有效身份证件，并按协议约定办理挂失手续。

发卡机构应当免费向持卡人提供特约商户名录、卡内资金余额及一年以内的交易明细查询服务，并提供至少一种24小时免费查询渠道。

第三十五条　记名预付卡可在购卡3个月后办理赎回，赎回时，持卡人应当出示预付卡及持卡人和购卡人的有效身份证件。

由他人代理赎回的，应当同时出示代理人和被代理人的有效身份证件。单位购买的记名预付卡，只能由单位办理赎回。发卡机构应当参照本办法第十条、第十一条的规定，识别、核对赎回人及代理人的身份信息，确保与购卡时登记的持卡人和购卡人身份信息一致，并保存赎回记录。

第三十六条 发行可在公共交通领域使用的预付卡发卡机构，其在公共交通领域实现的当年累计预付卡交易总额不得低于同期发卡总金额的 70%；其发行的不记名预付卡，单张卡片余额在 100 元以下的，可按约定赎回。

第三十七条 发卡机构按照规定终止预付卡业务的，应当向持卡人免费赎回所发行的全部记名、不记名预付卡。赎回不记名预付卡的，发卡机构应当核实和登记持卡人的身份信息，采用密码验证方式的预付卡还应当核验密码，并保存赎回记录。

第三十八条 发卡机构办理赎回业务的网点数应当不低于办理发行销售业务网点数的 70%。预付卡赎回业务营业时间应当不短于发行销售业务的营业时间。

第三十九条 预付卡赎回应当使用银行转账方式，由发卡机构将赎回资金退至原购卡银行账户。用现金购买或原购卡银行账户已撤销的，赎回资金应当退至持卡人提供的与购卡人同名的单位或个人银行账户。单张预付卡赎回金额在 100 元以下的，可使用现金。

第五章 监督管理

第四十条 中国人民银行及其分支机构依法对支付机构的预付卡业务活动、内部控制及风险状况等进行非现场监管及现场检查。支付机构应当按照中国人民银行及其分支机构的相关规定履行报告义务。

第四十一条 支付机构应当加入中国支付清算协会。中国支付清算协会应当组织制定预付卡行业自律规范，并按照中国人民银行有关要求，对支付机构执行中国人民银行规定和行业自律规范的情况进行检查。

第四十二条 支付机构不得为任何单位或个人查询、冻结、扣划预付卡内资金，国家法律法规另有规定或得到持卡人授权的除外。

第四十三条 支付机构办理预付卡发行业务活动获得和产生的相关信息，应当保存至该预付卡实收人民币资金全部结算后 5 年以上；办理预付卡受理、使用、充值和赎回等业务活动获得和产生的相关信息，应当保存至该业务活动终止后 5 年以上。

第四十四条 支付机构不得以股权合作、业务合作及其他任何形式，出租、出借、转让或变相出租、出借、转让预付卡业务资质。

第四十五条 支付机构及其分支机构违反本办法的，中国人民银行可依据《非金融机构支付服务管理办法》等法律法规规章的规定，给予警告、限期改正、罚款、暂停部分或全部业务等处罚；情节严重的，依法注销其《支付业务许可证》。支付机构违反本办法规定，涉嫌犯罪的，依法移送公安机关处理。

第四十六条 特约商户有下列情形之一的，中国人民银行及其分支机构责令支付机构取消其特约商户资格，其他支付机构不得再将其发展为特约商户；涉嫌犯罪的，依法移送公安机关处理。

（一）为持卡人进行洗钱、赌博等犯罪活动提供协助的；

（二）使用虚假材料申请受理终端后进行欺诈活动，或转卖、提供机具给他人使用的；

（三）违规存储、泄露、转卖预付卡信息或交易信息的；

（四）以虚构交易、虚开价格、现金退货等方式为持卡人提供预付卡套现的；

（五）在持卡人不知情的情况下，编造虚假交易或重复刷卡盗取资金的；

（六）具有其他危害持卡人权益、市场秩序或社会稳定行为的。

第四十七条 任何单位和个人不得私自设立预付卡交易场所；不得以牟利为目的倒卖预付卡，不得伪造、变造预付卡，不得使用明知是伪造、变造的预付卡。涉嫌犯罪的，依法移送公安机关处理。

第六章 附 则

第四十八条 本办法所称中国人民银行分支机构，是指中国人民银行上海总部，各分行、营业管理部、省会（首府）城市中心支行、副省级城市中心支行。

第四十九条 本办法所称个人有效身份证件包括居民身份证件、军人身份证件、武警身份证件、港澳台居民通行证、外国公民护照等；单位有效身份证件包括营业执照、有关政府部门的批文、登记证书或其他能证实其合法真实身份的证明等。

第五十条 本办法所称"以上""以下""不超过""不低于"均包含本数。

第五十一条 本办法由中国人民银行负责解释。

第五十二条 本办法自2012年11月1日起施行。

支付机构反洗钱和反恐怖融资管理办法

银发〔2012〕54号

第一章 总 则

第一条 为防范洗钱和恐怖融资活动，规范支付机构反洗钱和反恐怖融资工作，根据《中华人民共和国反洗钱法》、《非金融机构支付服务管理办法》（中国人民银行令〔2010〕第2号发布）等有关法律、法规和规章，制定本办法。

第二条 本办法所称支付机构是指依据《非金融机构支付服务管理办法》取得《支付业务许可证》的非金融机构。

第三条 中国人民银行是国务院反洗钱行政主管部门，对支付机构依法履行下列反洗钱和反恐怖融资监督管理职责：

（一）制定支付机构反洗钱和反恐怖融资管理办法；

（二）负责支付机构反洗钱和反恐怖融资的资金监测；

（三）监督、检查支付机构履行反洗钱和反恐怖融资义务的情况；

（四）在职责范围内调查可疑交易活动；

（五）国务院规定的其他有关职责。

第四条 中国反洗钱监测分析中心负责支付机构可疑交易报告的接收、分析和保存，并按照规定向中国人民银行报告分析结果，履行中国人民银行规定的其他职责。

第五条 支付机构总部应当依法建立健全统一的反洗钱和反恐怖融资内部控制制度，并报总部所在地的中国人民银行分支机构备案。反洗钱和反恐怖融资内部控制制度应当包括下列内容：

（一）客户身份识别措施；

（二）客户身份资料和交易记录保存措施；

（三）可疑交易标准和分析报告程序；

（四）反洗钱和反恐怖融资内部审计、培训和宣传措施；

（五）配合反洗钱和反恐怖融资调查的内部程序；

（六）反洗钱和反恐怖融资工作保密措施；

（七）其他防范洗钱和恐怖融资风险的措施。

支付机构及其分支机构的负责人应当对反洗钱和反恐怖融资内部控制制度的有效实施负责。支付机构应当对其分支机构反洗钱和反恐怖融资内部控制制度的执行情况进行监督管理。

第六条 支付机构应当设立专门机构或者指定内设机构负责反洗钱和反恐怖融资工作，并设立专门的反洗钱和反恐怖融资岗位。

第七条 支付机构应要求其境外分支机构和附属机构在驻在国家（地区）法律规定允许的

范围内，执行本办法有关客户身份识别、客户身份资料和交易记录保存工作的要求，驻在国家（地区）有更严格要求的，遵守其规定。如果本办法的要求比驻在国家（地区）的相关规定更为严格，但驻在国家（地区）法律禁止或者限制境外分支机构和附属机构实施本办法，支付机构应向中国人民银行报告。

第八条 支付机构与境外机构建立代理业务关系时，应当充分收集有关境外机构业务、声誉、内部控制制度、接受监管情况等方面的信息，评估境外机构反洗钱和反恐怖融资措施的健全性和有效性，并以书面协议明确本机构与境外机构在反洗钱和反恐怖融资方面的责任和义务。

第九条 支付机构及其工作人员对依法履行反洗钱和反恐怖融资义务获得的客户身份资料和交易信息应当予以保密；非依法律规定，不得向任何单位和个人提供。

支付机构及其工作人员应当对报告可疑交易、配合中国人民银行及其分支机构调查可疑交易活动等有关反洗钱和反恐怖融资工作信息予以保密，不得违反规定向客户和其他人员提供。

第二章 客户身份识别

第十条 支付机构应当勤勉尽责，建立健全客户身份识别制度，遵循"了解你的客户"原则，针对具有不同洗钱或者恐怖融资风险特征的客户、业务关系或者交易应采取相应的合理措施，了解客户及其交易目的和交易性质，了解实际控制客户的自然人和交易的实际受益人。

第十一条 网络支付机构在为客户开立支付账户时，应当识别客户身份，登记客户身份基本信息，通过合理手段核对客户基本信息的真实性。

客户为单位客户的，应核对客户有效身份证件，并留存有效身份证件的复印件或者影印件。

客户为个人客户的，出现下列情形时，应核对客户有效身份证件，并留存有效身份证件的复印件或者影印件。

（一）个人客户办理单笔收付金额人民币1万元以上或者外币等值1000美元以上支付业务的；

（二）个人客户全部账户30天内资金双边收付金额累计人民币5万元以上或外币等值1万美元以上的；

（三）个人客户全部账户资金余额连续10天超过人民币5000元或外币等值1000美元的；

（四）通过取得网上金融产品销售资质的网络支付机构买卖金融产品的；

（五）中国人民银行规定的其他情形。

第十二条 网络支付机构在为同一客户开立多个支付账户时，应采取有效措施建立支付账户间的关联关系，按照客户进行统一管理。

第十三条 网络支付机构在向未开立支付账户的客户办理支付业务时，如单笔资金收付金额人民币1万元以上或者外币等值1000美元以上的，应在办理业务前要求客户登记本人的姓名、有效身份证件种类、号码和有效期限，并通过合理手段核对客户有效身份证件信息的真实性。

第十四条 网络支付机构与特约商户建立业务关系时，应当识别特约商户身份，了解特约商户的基本情况，登记特约商户身份基本信息，核实特约商户有效身份证件，并留存特约商户有效身份证件的复印件或者影印件。

第十五条 预付卡机构在向购卡人出售记名预付卡或一次性金额人民币1万元以上的不记名预付卡时，应当识别购卡人身份，登记购卡人身份基本信息，核对购卡人有效身份证件，并留存购卡人有效身份证件的复印件或者影印件。

代理他人购买记名预付卡的，预付卡机构应采取合理方式确认代理关系的存在，在对被代理人采取前款规定的客户身份识别措施时，还应当登记代理人身份基本信息，核对代理人有效身份证件，并留存代理人有效身份证件的复印件或者影印件。

第十六条 预付卡机构在与特约商户建立业务关系时，应当识别特约商户身份，了解特约商户的基本情况，登记特约商户身份基本信息，核实特约商户有效身份证件，并留存特约商户有效身份证件的复印件或者影印件。

第十七条 预付卡机构办理记名预付卡或一次性金额人民币1万元以上不记名预付卡充值业务时，应当识别办理人员的身份，登记办理人员身份基本信息，核对办理人员有效身份证件，并留存办理人员有效身份证件的复印件或者影印件。

第十八条 预付卡机构办理赎回业务时，应当识别赎回人的身份，登记赎回人身份基本信息，核对赎回人有效身份证件，并留存赎回人有效身份证件的复印件或者影印件。

第十九条 收单机构在与特约商户建立业务关系时，应当识别特约商户身份，了解特约商户的基本情况，登记特约商户身份基本信息，核实特约商户有效身份证件，并留存特约商户有效身份证件的复印件或者影印件。

第二十条 支付机构应按照客户特点和交易特征，综合考虑地域、业务、行业、客户是否为外国政要等因素，制定客户风险等级划分标准，评定客户风险等级。客户风险等级标准应报总部所在地中国人民银行分支机构备案。

首次客户风险等级评定应在与客户建立业务关系后60天内完成。支付机构应对客户持续关注，适时调整客户风险等级。支付机构应当根据客户的风险等级，定期审核本机构保存的客户基本信息。对本机构风险等级最高的客户，支付机构应当至少每半年进行一次审核，了解其资金来源、资金用途和经营状况等信息，加强对其交易活动的监测分析。

第二十一条 在与客户的业务关系存续期间，支付机构应当采取持续的客户身份识别措施，关注客户及其日常经营活动、交易情况，并定期对特约商户进行回访或查访。

第二十二条 在与客户的业务关系存续期间，支付机构应当及时提示客户更新身份信息。

客户先前提交的有效身份证件将超过有效期的，支付机构应当在失效前60天通知客户及时更新。客户有效身份证件已过有效期的，支付机构在为客户办理首笔业务时，应当先要求客户更新有效身份证件。

第二十三条 在出现以下情况时，支付机构应当重新识别客户：

（一）客户要求变更姓名或者名称、有效身份证件种类、身份证件号码、注册资本、经营范围、法定代表人或者负责人等的；

（二）客户行为或者交易情况出现异常的；

（三）先前获得的客户身份资料存在疑点的；

（四）支付机构认为应重新识别客户身份的其他情形。

第二十四条 支付机构除核对有效身份证件外，可以采取以下的一种或者几种措施，识别或者重新识别客户身份：

（一）要求客户补充其他身份资料；

（二）回访客户；

（三）实地查访；

（四）向公安、工商行政管理等部门核实；

（五）其他可以依法采取的措施。

第二十五条 支付机构委托其他机构代为履行客户身份识别义务时，应通过书面协议明确双方在客户身份识别方面的责任，并符合以下要求：

（一）能够证明受托方按反洗钱法律、行政法规和本办法的要求，采取客户身份识别和身份资料保存的必要措施；

（二）受托方为本支付机构提供客户信息，不存在法律制度、技术等方面的障碍；

（三）本支付机构在办理业务时，能立即获得受托方提供的客户身份基本信息，还可在必要时从受托方获得客户的有效身份证件的复印件或者影印件。受托方未采取符合本办法要求的客户身份识别措施的，由支付机构承担未履行客户身份识别义务的法律责任。

第三章 客户身份资料和交易记录保存

第二十六条 支付机构应当妥善保存客户身份资料和交易记录，保证能够完整准确重现每笔交易。

第二十七条 支付机构应当保存的客户身份资料包括各种记载客户身份信息的资料、辅助证明客户身份的资料和反映支付机构开展客户身份识别工作情况的资料。

第二十八条 支付机构保存的交易记录应当包括反映以下信息的数据、业务凭证、账簿和其他资料：

（一）交易双方名称；

（二）交易金额；

（三）交易时间；

（四）交易双方的开户银行或支付机构名称；

（五）交易双方的银行账户号码、支付账户号码、预付卡号码、特约商户编号或者其他记录资金来源和去向的号码。本办法未要求开展客户身份识别的业务，支付机构应按照保证完整准确重现每笔交易的原则保存交易记录。

第二十九条 支付机构应当建立客户身份资料和交易记录保存系统，实时记载操作记录，防止客户身份信息和交易记录的泄露、损毁和缺失，保证客户信息和交易数据不被篡改，并及时发现并记录任何篡改或企图篡改的操作。

第三十条 支付机构应当完善客户身份资料和交易记录保存系统的查询和分析功能，便于反洗钱和反恐怖融资的调查和监督管理。

第三十一条 支付机构应当按照下列期限保存客户身份资料和交易记录：

（一）客户身份资料，自业务关系结束当年计起至少保存5年；

（二）交易记录，自交易记账当年计起至少保存5年。

如客户身份资料和交易记录涉及反洗钱和反恐怖融资调查，且反洗钱和反恐怖融资调查工作在前款规定的最低保存期届满时仍未结束，支付机构应将其保存至反洗钱和反恐怖融资调查工作结束。

同一介质上存有不同保存期限客户身份资料或者交易记录的，应当按最长期限保存。同一客户身份资料或者交易记录采用不同介质保存的，至少应当按照上述期限要求保存一种介质的客户身份资料或者交易记录。

法律、行政法规和规章对客户身份资料和交易记录有更长保存期限要求的，遵守其规定。

第三十二条　支付机构终止支付业务时，应当按照中国人民银行有关规定处理客户身份资料和交易记录。

第四章　可疑交易报告

第三十三条　支付机构应按照勤勉尽责的原则，对全部交易开展监测和分析，报告可疑交易。

第三十四条　支付机构应根据本机构的客户特征和交易特点，制定和完善符合本机构业务特点的可疑交易标准，同时向中国人民银行、总部所在地的中国人民银行分支机构和中国反洗钱监测分析中心备案。

第三十五条　支付机构应建立完善有效的可疑交易监测分析体系，明确内部可疑交易处理程序和人员职责。

支付机构应指定专门人员，负责分析判断是否报告可疑交易。

第三十六条　支付机构应结合客户身份信息和交易背景，对客户行为或交易进行识别、分析，有合理理由判断与洗钱、恐怖融资或其他犯罪活动相关的，应在发现可疑交易之日起10个工作日内，由其总部以电子方式向中国反洗钱监测分析中心提交可疑交易报告。可疑交易报告的具体格式和报送方式由中国人民银行另行规定。

支付机构应将已上报可疑交易报告的客户列为高风险客户，持续开展交易监测，仍不能排除洗钱、恐怖融资或其他犯罪活动嫌疑的，应在10个工作日内向中国反洗钱监测分析中心提交可疑交易报告，同时以书面方式将有关情况报告总部所在地的中国人民银行分支机构。

支付机构应完整保存对客户行为或交易进行识别、分析和判断的工作记录及是否上报的理由和证据材料。

第三十七条　支付机构应当按照《支付机构可疑交易（行为）报告要素》要求，在可疑交易报告中提供真实、完整、准确的交易信息。中国反洗钱监测分析中心发现支付机构报送的可疑交易报告有要素不全或者存在错误的，可以向提交报告的支付机构发出补正通知，支付机构应在接到补正通知之日起10个工作日内补正。

第三十八条　支付机构在履行反洗钱义务过程中，发现涉嫌犯罪的，应立即报告当地公安机关和中国人民银行当地分支机构，并以电子方式报告中国反洗钱监测分析中心。

第三十九条　客户或交易涉及恐怖活动的，由中国人民银行另行规定。

第五章　反洗钱和反恐怖融资调查

第四十条　中国人民银行及其分支机构发现可疑交易活动需要调查核实的，可以向支付机构进行调查。中国人民银行及其分支机构向支付机构调查可疑交易活动，适用中国人民银行关于反洗钱调查的有关规定。

第四十一条　中国人民银行及其分支机构实施反洗钱和反恐怖融资调查时，支付机构应当积极配合，如实提供调查材料，不得拒绝或者阻碍。

第四十二条　中国人民银行及其分支机构调查可疑交易活动，可以采取下列措施：

（一）询问支付机构的工作人员，要求其说明情况。

（二）查阅、复制可疑交易活动涉及的客户身份资料、交易记录和其他有关资料。对可能被转移、隐藏、篡改或者毁损的文件、资料予以封存。

（三）中国人民银行规定的其他措施。

第六章　监督管理

第四十三条　中国人民银行及其分支机构负责监督管理支付机构反洗钱和反恐怖融资工作。

第四十四条　支付机构应当按照中国人民银行规定提供有关文件和资料，不得拒绝、阻挠、逃避监督检查，不得谎报、隐匿、销毁相关证据材料。

支付机构应当对所提供的文件和资料的真实性、准确性、完整性负责。

第四十五条　支付机构应当按照中国人民银行的规定，向所在地中国人民银行分支机构报送反洗钱和反恐怖融资统计报表、信息资料、工作报告以及内部审计报告中与反洗钱和反恐怖融资工作有关的内容，如实反映反洗钱和反恐怖融资工作情况。

第四十六条　中国人民银行及其分支机构可以采取下列措施对支付机构进行反洗钱和反恐怖融资现场检查：

（一）进入支付机构检查；

（二）询问支付机构的工作人员，要求其对有关检查事项做出说明；

（三）查阅、复制支付机构与检查事项有关的文件、资料，并对可能被转移、销毁、隐匿或者篡改的文件资料予以封存；

（四）检查支付机构运用电子计算机管理业务数据的系统。中国人民银行及其分支机构依法对支付机构进行反洗钱和反恐怖融资现场检查，适用《中国人民银行执法检查程序规定》（中国人民银行令〔2010〕第1号发布）。

第四十七条　中国人民银行及其分支机构根据履行反洗钱和反恐怖融资职责的需要，可以约见支付机构董事、高级管理人员谈话，要求其就下列重大事项做出说明：

（一）支付机构反洗钱和反恐怖融资专门机构或指定内设机构不能有效履行职责的；

（二）支付机构反洗钱和反恐怖融资工作人员不能有效履行职责的；

（三）支付机构可疑交易报告存在问题的；

（四）支付机构客户或交易多次被司法机关调查的；

（五）支付机构未按规定提交反洗钱和反恐怖融资工作的资料、报告和其他文件的；

（六）支付机构履行反洗钱和反恐怖融资义务的其他重大事项。

第七章　法律责任

第四十八条　中国人民银行及其分支机构从事反洗钱工作人员有下列行为之一的，依法给予行政处分：

（一）违反规定进行检查或者调查的；

（二）泄露因反洗钱和反恐怖融资知悉的国家秘密、商业秘密或者个人隐私的；

（三）违反规定对有关机构和人员实施行政处罚的；

（四）其他不依法履行职责的行为。

第四十九条 支付机构违反本办法的，由中国人民银行或其分支机构按照《中华人民共和国反洗钱法》第三十一条、第三十二条的规定予以处罚；情节严重的，由中国人民银行注销其《支付业务许可证》。

第五十条 违反本办法规定，构成犯罪的，移送司法机关依法追究刑事责任。

第八章　附　　则

第五十一条 本办法相关用语含义如下：

中国人民银行分支机构，包括中国人民银行上海总部、分行、营业管理部、省会（首府）城市中心支行、副省级城市中心支行。单位客户，包括法人、其他组织和个体工商户。

网络支付机构的特约商户，是指基于互联网信息系统直接向消费者销售商品或提供服务，并接受网络支付机构互联网支付服务完成资金结算的法人、个体工商户、其他组织或自然人。

预付卡机构的特约商户，是指与预付卡机构签约并同意使用预付卡进行资金结算的法人、个体工商户或其他组织。

收单机构的特约商户，是指与收单机构签约并同意使用银行卡进行资金结算的法人、个体工商户或其他组织。

个人客户的身份基本信息，包括：客户的姓名、国籍、性别、职业、住址、联系方式以及客户有效身份证件的种类、号码和有效期限。

单位客户的身份基本信息，包括：客户的名称、地址、经营范围、组织机构代码（仅限法人和其他组织）；可证明该客户依法设立或者可依法开展经营、社会活动的执照、证件或者文件的名称、号码和有效期限；法定代表人（负责人）或授权办理业务人员的姓名、有效身份证件的种类、号码和有效期限。

特约商户的身份基本信息，包括：特约商户的名称、地址、经营范围、组织机构代码；可证明该客户依法设立或者可依法开展经营、社会活动的执照、证件或者文件的名称、号码和有效期限；控股股东或实际控制人、法定代表人（负责人）或授权办理业务人员的姓名、有效身份证件的种类、号码、有效期限。

个人客户的有效身份证件，包括：居住在境内的中国公民，为居民身份证或者临时居民身份证；居住在境内的16周岁以下的中国公民，为户口簿；中国人民解放军军人，为军人身份证件或居民身份证；中国人民武装警察，为武装警察身份证件或居民身份证；香港、澳门居民，为港澳居民往来内地通行证；台湾居民，为台湾居民来往大陆通行证或者其他有效旅行证件；外国公民，为护照；政府有权机关出具的能够证明其真实身份的证明文件。

法人和其他组织客户的有效身份证件，是指政府有权机关颁发的能够证明其合法真实身份的证件或文件，包括但不限于营业执照、事业单位法人证书、税务登记证、组织机构代码证。

个体工商户的有效身份证件，包括营业执照、经营者或授权经办人员的有效身份证件。

网络支付机构，是指从事《非金融机构支付服务管理办法》规定的网络支付业务的支付机构。

预付卡机构，是指从事《非金融机构支付服务管理办法》规定的预付卡发行与受理业务或预付卡受理业务的支付机构。收单机构，是指从事《非金融机构支付服务管理办法》规定的银行卡收单业务的支付机构。

以上及内，包括本数。

第五十二条 本办法由中国人民银行负责解释。

第五十三条 本办法自 2012 年 3 月 5 日起施行。《中国人民银行关于印发〈支付清算组织反洗钱和反恐怖融资指引〉的通知》（银发〔2009〕298 号）同时废止，银行卡组织和资金清算中心的反洗钱和反恐怖融资工作依照《中国人民银行关于印发〈银行卡组织和资金清算中心反洗钱和反恐怖融资指引〉的通知》（银发〔2009〕107 号）规定执行。

非银行支付机构网络支付业务管理办法

为规范非银行支付机构网络支付业务,防范支付风险,保护当事人合法权益,中国人民银行制定了《非银行支付机构网络支付业务管理办法》,现予发布实施。

中国人民银行
2015 年 12 月 28 日

第一章 总 则

第一条 为规范非银行支付机构(以下简称支付机构)网络支付业务,防范支付风险,保护当事人合法权益,根据《中华人民共和国中国人民银行法》、《非金融机构支付服务管理办法》(中国人民银行令〔2010〕第 2 号发布)等规定,制定本办法。

第二条 支付机构从事网络支付业务,适用本办法。

本办法所称支付机构是指依法取得《支付业务许可证》,获准办理互联网支付、移动电话支付、固定电话支付、数字电视支付等网络支付业务的非银行机构。

本办法所称网络支付业务,是指收款人或付款人通过计算机、移动终端等电子设备,依托公共网络信息系统远程发起支付指令,且付款人电子设备不与收款人特定专属设备交互,由支付机构为收付款人提供货币资金转移服务的活动。

本办法所称收款人特定专属设备,是指专门用于交易收款,在交易过程中与支付机构业务系统交互并参与生成、传输、处理支付指令的电子设备。

第三条 支付机构应当遵循主要服务电子商务发展和为社会提供小额、快捷、便民小微支付服务的宗旨,基于客户的银行账户或者按照本办法规定为客户开立支付账户提供网络支付服务。

本办法所称支付账户,是指获得互联网支付业务许可的支付机构,根据客户的真实意愿为其开立的,用于记录预付交易资金余额、客户凭以发起支付指令、反映交易明细信息的电子簿记。

支付账户不得透支,不得出借、出租、出售,不得利用支付账户从事或者协助他人从事非法活动。

第四条 支付机构基于银行卡为客户提供网络支付服务的,应当执行银行卡业务相关监管规定和银行卡行业规范。

支付机构对特约商户的拓展与管理、业务与风险管理应当执行《银行卡收单业务管理办法》(中国人民银行公告〔2013〕第 9 号公布)等相关规定。

支付机构网络支付服务涉及跨境人民币结算和外汇支付的,应当执行中国人民银行、国家外汇管理局相关规定。

支付机构应当依法维护当事人合法权益,遵守反洗钱和反恐怖融资相关规定,履行反洗钱和反恐怖融资义务。

第五条 支付机构依照中国人民银行有关规定接受分类评价,并执行相应的分类监管措施。

第二章 客户管理

第六条 支付机构应当遵循"了解你的客户"原则,建立健全客户身份识别机制。支付机构为客户开立支付账户的,应当对客户实行实名制管理,登记并采取有效措施验证客户身份基本信息,按规定核对有效身份证件并留存有效身份证件复印件或者影印件,建立客户唯一识别编码,并在与客户业务关系存续期间采取持续的身份识别措施,确保有效核实客户身份及其真实意愿,不得开立匿名、假名支付账户。

第七条 支付机构应当与客户签订服务协议,约定双方责任、权利和义务,至少明确业务规则(包括但不限于业务功能和流程、身份识别和交易验证方式、资金结算方式等),收费项目和标准,查询、差错争议及投诉等服务流程和规则,业务风险和非法活动防范及处置措施,客户损失责任划分和赔付规则等内容。

支付机构为客户开立支付账户的,还应在服务协议中以显著方式告知客户,并采取有效方式确认客户充分知晓并清晰理解下列内容:"支付账户所记录的资金余额不同于客户本人的银行存款,不受《存款保险条例》保护,其实质为客户委托支付机构保管的、所有权归属于客户的预付价值。该预付价值对应的货币资金虽然属于客户,但不以客户本人名义存放在银行,而是以支付机构名义存放在银行,并且由支付机构向银行发起资金调拨指令。"

支付机构应当确保协议内容清晰、易懂,并以显著方式提示客户注意与其有重大利害关系的事项。

第八条 获得互联网支付业务许可的支付机构,经客户主动提出申请,可为其开立支付账户;仅获得移动电话支付、固定电话支付、数字电视支付业务许可的支付机构,不得为客户开立支付账户。

支付机构不得为金融机构,以及从事信贷、融资、理财、担保、信托、货币兑换等金融业务的其他机构开立支付账户。

第三章 业务管理

第九条 支付机构不得经营或者变相经营证券、保险、信贷、融资、理财、担保、信托、货币兑换、现金存取等业务。

第十条 支付机构向客户开户银行发送支付指令,扣划客户银行账户资金的,支付机构和银行应当执行下列要求:

(一)支付机构应当事先或在首笔交易时自主识别客户身份并分别取得客户和银行的协议授权,同意其向客户的银行账户发起支付指令扣划资金;

(二)银行应当事先或在首笔交易时自主识别客户身份并与客户直接签订授权协议,明确约定扣款适用范围和交易验证方式,设立与客户风险承受能力相匹配的单笔和单日累计交易限额,承诺无条件全额承担此类交易的风险损失先行赔付责任;

(三)除单笔金额不超过 200 元的小额支付业务,公共事业缴费、税费缴纳、信用卡还款等收款人固定并且定期发生的支付业务,以及符合第三十七条规定的情形以外,支付机构不得代替银行进行交易验证。

第十一条 支付机构应根据客户身份对同一客户在本机构开立的所有支付账户进行关联管理,并按照下列要求对个人支付账户进行分类管理:

（一）对于以非面对面方式通过至少一个合法安全的外部渠道进行身份基本信息验证，且为首次在本机构开立支付账户的个人客户，支付机构可以为其开立Ⅰ类支付账户，账户余额仅可用于消费和转账，余额付款交易自账户开立起累计不超过1000元（包括支付账户向客户本人同名银行账户转账）；

（二）对于支付机构自主或委托合作机构以面对面方式核实身份的个人客户，或以非面对面方式通过至少三个合法安全的外部渠道进行身份基本信息多重交叉验证的个人客户，支付机构可以为其开立Ⅱ类支付账户，账户余额仅可用于消费和转账，其所有支付账户的余额付款交易年累计不超过10万元（不包括支付账户向客户本人同名银行账户转账）；

（三）对于支付机构自主或委托合作机构以面对面方式核实身份的个人客户，或以非面对面方式通过至少五个合法安全的外部渠道进行身份基本信息多重交叉验证的个人客户，支付机构可以为其开立Ⅲ类支付账户，账户余额可以用于消费、转账以及购买投资理财等金融类产品，其所有支付账户的余额付款交易年累计不超过20万元（不包括支付账户向客户本人同名银行账户转账）。

客户身份基本信息外部验证渠道包括但不限于政府部门数据库、商业银行信息系统、商业化数据库等。其中，通过商业银行验证个人客户身份基本信息的，应为Ⅰ类银行账户或信用卡。

第十二条 支付机构办理银行账户与支付账户之间转账业务的，相关银行账户与支付账户应属于同一客户。

支付机构应按照与客户的约定及时办理支付账户向客户本人银行账户转账业务，不得对Ⅱ类、Ⅲ类支付账户向客户本人银行账户转账设置限额。

第十三条 支付机构为客户办理本机构发行的预付卡向支付账户转账的，应当按照《支付机构预付卡业务管理办法》（中国人民银行公告〔2012〕第12号公布）相关规定对预付卡转账至支付账户的余额单独管理，仅限其用于消费，不得通过转账、购买投资理财等金融类产品等形式进行套现或者变相套现。

第十四条 支付机构应当确保交易信息的真实性、完整性、可追溯性以及在支付全流程中的一致性，不得篡改或者隐匿交易信息。交易信息包括但不限于下列内容：

（一）交易渠道、交易终端或接口类型、交易类型、交易金额、交易时间，以及直接向客户提供商品或者服务的特约商户名称、编码和按照国家与金融行业标准设置的商户类别码；

（二）收付款客户名称，收付款支付账户账号或者银行账户的开户银行名称及账号；

（三）付款客户的身份验证和交易授权信息；

（四）有效追溯交易的标识；

（五）单位客户单笔超过5万元的转账业务的付款用途和事由。

第十五条 因交易取消（撤销）、退货、交易不成功或者投资理财等金融类产品赎回等原因需划回资金的，相应款项应当划回原扣款账户。

第十六条 对于客户的网络支付业务操作行为，支付机构应当在确认客户身份及真实意愿后及时办理，并在操作生效之日起至少五年内，真实、完整保存操作记录。

客户操作行为包括但不限于登录和注销登录、身份识别和交易验证、变更身份信息和联系方式、调整业务功能、调整交易限额、变更资金收付方式，以及变更或挂失密码、数字证书、电子签名等。

第四章 风险管理与客户权益保护

第十七条 支付机构应当综合客户类型、身份核实方式、交易行为特征、资信状况等因素，建立客户风险评级管理制度和机制，并动态调整客户风险评级及相关风险控制措施。

支付机构应当根据客户风险评级、交易验证方式、交易渠道、交易终端或接口类型、交易类型、交易金额、交易时间、商户类别等因素，建立交易风险管理制度和交易监测系统，对疑似欺诈、套现、洗钱、非法融资、恐怖融资等交易，及时采取调查核实、延迟结算、终止服务等措施。

第十八条 支付机构应当向客户充分提示网络支付业务的潜在风险，及时揭示不法分子新型作案手段，对客户进行必要的安全教育，并对高风险业务在操作前、操作中进行风险警示。

支付机构为客户购买合作机构的金融类产品提供网络支付服务的，应当确保合作机构为取得相应经营资质并依法开展业务的机构，并在首次购买时向客户展示合作机构信息和产品信息，充分提示相关责任、权利、义务及潜在风险，协助客户与合作机构完成协议签订。

第十九条 支付机构应当建立健全风险准备金制度和交易赔付制度，并对不能有效证明因客户原因导致的资金损失及时先行全额赔付，保障客户合法权益。

支付机构应于每年1月31日前，将前一年度发生的风险事件、客户风险损失发生和赔付等情况在网站对外公告。支付机构应在年度监管报告中如实反映上述内容和风险准备金计提、使用及结余等情况。

第二十条 支付机构应当依照中国人民银行有关客户信息保护的规定，制定有效的客户信息保护措施和风险控制机制，履行客户信息保护责任。

支付机构不得存储客户银行卡的磁道信息或芯片信息、验证码、密码等敏感信息，原则上不得存储银行卡有效期。因特殊业务需要，支付机构确需存储客户银行卡有效期的，应当取得客户和开户银行的授权，以加密形式存储。

支付机构应当以"最小化"原则采集、使用、存储和传输客户信息，并告知客户相关信息的使用目的和范围。支付机构不得向其他机构或个人提供客户信息，法律法规另有规定，以及经客户本人逐项确认并授权的除外。

第二十一条 支付机构应当通过协议约定禁止特约商户存储客户银行卡的磁道信息或芯片信息、验证码、有效期、密码等敏感信息，并采取定期检查、技术监测等必要监督措施。

特约商户违反协议约定存储上述敏感信息的，支付机构应当立即暂停或者终止为其提供网络支付服务，采取有效措施删除敏感信息、防止信息泄露，并依法承担因相关信息泄露造成的损失和责任。

第二十二条 支付机构可以组合选用下列三类要素，对客户使用支付账户余额付款的交易进行验证：

（一）仅客户本人知悉的要素，如静态密码等；

（二）仅客户本人持有并特有的，不可复制或者不可重复利用的要素，如经过安全认证的数字证书、电子签名，以及通过安全渠道生成和传输的一次性密码等；

（三）客户本人生理特征要素，如指纹等。

支付机构应当确保采用的要素相互独立，部分要素的损坏或者泄露不应导致其他要素损坏或者泄露。

第二十三条 支付机构采用数字证书、电子签名作为验证要素的，数字证书及生成电子签名的过程应符合《中华人民共和国电子签名法》、《金融电子认证规范》（JR/T0118-2015）等有关规定，确保数字证书的唯一性、完整性及交易的不可抵赖性。

支付机构采用一次性密码作为验证要素的，应当切实防范一次性密码获取端与支付指令发起端为相同物理设备而带来的风险，并将一次性密码有效期严格限制在最短的必要时间内。

支付机构采用客户本人生理特征作为验证要素的，应当符合国家、金融行业标准和相关信息安全管理要求，防止被非法存储、复制或重放。

第二十四条 支付机构应根据交易验证方式的安全级别，按照下列要求对个人客户使用支付账户余额付款的交易进行限额管理：

（一）支付机构采用包括数字证书或电子签名在内的两类（含）以上有效要素进行验证的交易，单日累计限额由支付机构与客户通过协议自主约定；

（二）支付机构采用不包括数字证书、电子签名在内的两类（含）以上有效要素进行验证的交易，单个客户所有支付账户单日累计金额应不超过5000元（不包括支付账户向客户本人同名银行账户转账）；

（三）支付机构采用不足两类有效要素进行验证的交易，单个客户所有支付账户单日累计金额应不超过1000元（不包括支付账户向客户本人同名银行账户转账），且支付机构应当承诺无条件全额承担此类交易的风险损失赔付责任。

第二十五条 支付机构网络支付业务相关系统设施和技术，应当持续符合国家、金融行业标准和相关信息安全管理要求。如未符合相关标准和要求，或者尚未形成国家、金融行业标准，支付机构应当无条件全额承担客户直接风险损失的先行赔付责任。

第二十六条 支付机构应当在境内拥有安全、规范的网络支付业务处理系统及其备份系统，制定突发事件应急预案，保障系统安全性和业务连续性。

支付机构为境内交易提供服务的，应当通过境内业务处理系统完成交易处理，并在境内完成资金结算。

第二十七条 支付机构应当采取有效措施，确保客户在执行支付指令前可对收付款客户名称和账号、交易金额等交易信息进行确认，并在支付指令完成后及时将结果通知客户。

因交易超时、无响应或者系统故障导致支付指令无法正常处理的，支付机构应当及时提示客户；因客户原因造成支付指令未执行、未适当执行、延迟执行的，支付机构应当主动通知客户更改或者协助客户采取补救措施。

第二十八条 支付机构应当通过具有合法独立域名的网站和统一的服务电话等渠道，为客户免费提供至少最近一年以内交易信息查询服务，并建立健全差错争议和纠纷投诉处理制度，配备专业部门和人员据实、准确、及时处理交易差错和客户投诉。支付机构应当告知客户相关服务的正确获取途径，指导客户有效辨识服务渠道的真实性。

支付机构应当于每年1月31日前，将前一年度发生的客户投诉数量和类型、处理完毕的投诉占比、投诉处理速度等情况在网站对外公告。

第二十九条 支付机构应当充分尊重客户自主选择权，不得强迫客户使用本机构提供的支付服务，不得阻碍客户使用其他机构提供的支付服务。

支付机构应当公平展示客户可选用的各种资金收付方式，不得以任何形式诱导、强迫客户开立支付账户或者通过支付账户办理资金收付，不得附加不合理条件。

第三十条　支付机构因系统升级、调试等原因，需暂停网络支付服务的，应当至少提前5个工作日予以公告。

支付机构变更协议条款、提高服务收费标准或者新设收费项目的，应当于实施之前在网站等服务渠道以显著方式连续公示30日，并于客户首次办理相关业务前确认客户知悉且接受拟调整的全部详细内容。

第五章　监督管理

第三十一条　支付机构提供网络支付创新产品或者服务、停止提供产品或者服务、与境外机构合作在境内开展网络支付业务的，应当至少提前30日向法人所在地中国人民银行分支机构报告。

支付机构发生重大风险事件的，应当及时向法人所在地中国人民银行分支机构报告；发现涉嫌违法犯罪的，同时报告公安机关。

第三十二条　中国人民银行可以结合支付机构的企业资质、风险管控特别是客户备付金管理等因素，确立支付机构分类监管指标体系，建立持续分类评价工作机制，并对支付机构实施动态分类管理。具体办法由中国人民银行另行制定。

第三十三条　评定为"A"类且Ⅱ类、Ⅲ类支付账户实名比例超过95%的支付机构，可以采用能够切实落实实名制要求的其他客户身份核实方法，经法人所在地中国人民银行分支机构评估认可并向中国人民银行备案后实施。

第三十四条　评定为"A"类且Ⅱ类、Ⅲ类支付账户实名比例超过95%的支付机构，可以对从事电子商务经营活动、不具备工商登记注册条件且相关法律法规允许不进行工商登记注册的个人客户（以下简称个人卖家）参照单位客户管理，但应建立持续监测电子商务经营活动、对个人卖家实施动态管理的有效机制，并向法人所在地中国人民银行分支机构备案。

支付机构参照单位客户管理的个人卖家，应至少符合下列条件：

（一）相关电子商务交易平台已依照相关法律法规对其真实身份信息进行审查和登记，与其签订登记协议，建立登记档案并定期核实更新，核发证明个人身份信息真实合法的标记，加载在其从事电子商务经营活动的主页面醒目位置；

（二）支付机构已按照开立Ⅲ类个人支付账户的标准对其完成身份核实；

（三）持续从事电子商务经营活动满6个月，且期间使用支付账户收取的经营收入累计超过20万元。

第三十五条　评定为"A"类且Ⅱ类、Ⅲ类支付账户实名比例超过95%的支付机构，对于已经实名确认、达到实名制管理要求的支付账户，在办理第十二条第一款所述转账业务时，相关银行账户与支付账户可以不属于同一客户。但支付机构应在交易中向银行准确、完整发送交易渠道、交易终端或接口类型、交易类型、收付款客户名称和账号等交易信息。

第三十六条　评定为"A"类且Ⅱ类、Ⅲ类支付账户实名比例超过95%的支付机构，可以将达到实名制管理要求的Ⅱ类、Ⅲ类支付账户的余额付款单日累计限额，提高至第二十四条规定的2倍。

评定为"B"类及以上，且Ⅱ类、Ⅲ类支付账户实名比例超过90%的支付机构，可以将达到实名制管理要求的Ⅱ类、Ⅲ类支付账户的余额付款单日累计限额，提高至第二十四条规定的1.5倍。

第三十七条　评定为"A"类的支付机构按照第十条规定办理相关业务时，可以与银行根据业务需要，通过协议自主约定由支付机构代替进行交易验证的情形，但支付机构应在交易中向银行完整、准确发送交易渠道、交易终端或接口类型、交易类型、商户名称、商户编码、商户类别码、收付款客户名称和账号等交易信息；银行应核实支付机构验证手段或渠道的安全性，且对客户资金安全的管理责任不因支付机构代替验证而转移。

第三十八条　对于评定为"C"类及以下、支付账户实名比例较低、对零售支付体系或社会公众非现金支付信心产生重大影响的支付机构，中国人民银行及其分支机构可以在第十九条、第二十八条等规定的基础上适度提高公开披露相关信息的要求，并加强非现场监管和现场检查。

第三十九条　中国人民银行及其分支机构对照上述分类管理措施相应条件，动态确定支付机构适用的监管规定并持续监管。支付机构分类评定结果和支付账户实名比例不符合上述分类管理措施相应条件的，应严格按照第十条、第十一条、第十二条及第二十四条等相关规定执行。

中国人民银行及其分支机构可以根据社会经济发展情况和支付机构分类管理需要，对支付机构网络支付业务范围、模式、功能、限额及业务创新等相关管理措施进行适时调整。

第四十条　支付机构应当加入中国支付清算协会，接受行业自律组织管理。

中国支付清算协会应当根据本办法制定网络支付业务行业自律规范，建立自律审查机制，向中国人民银行备案后组织实施。自律规范应包括支付机构与客户签订协议的范本，明确协议应记载和不得记载事项，还应包括支付机构披露有关信息的具体内容和标准格式。

中国支付清算协会应当建立信用承诺制度，要求支付机构以标准格式向社会公开承诺依法合规开展网络支付业务、保障客户信息安全和资金安全、维护客户合法权益、如违法违规自愿接受约束和处罚。

第六章　法律责任

第四十一条　支付机构从事网络支付业务有下列情形之一的，中国人民银行及其分支机构依据《非金融机构支付服务管理办法》第四十二条的规定进行处理：

（一）未按规定建立客户实名制管理、支付账户开立与使用、差错争议和纠纷投诉处理、风险准备金和交易赔付、应急预案等管理制度的；

（二）未按规定建立客户风险评级管理、支付账户功能与限额管理、客户支付指令验证管理、交易和信息安全管理、交易监测系统等风险控制机制的，未按规定对支付业务采取有效风险控制措施的；

（三）未按规定进行风险提示、公开披露相关信息的；

（四）未按规定履行报告义务的。

第四十二条　支付机构从事网络支付业务有下列情形之一的，中国人民银行及其分支机构依据《非金融机构支付服务管理办法》第四十三条的规定进行处理；情节严重的，中国人民银行及其分支机构依据《中华人民共和国中国人民银行法》第四十六条的规定进行处理：

（一）不符合支付机构支付业务系统设施有关要求的；

（二）不符合国家、金融行业标准和相关信息安全管理要求的，采用数字证书、电子签名不符合《中华人民共和国电子签名法》、《金融电子认证规范》等规定的；

（三）为非法交易、虚假交易提供支付服务，发现客户疑似或者涉嫌违法违规行为未按规定采取有效措施的；

（四）未按规定采取客户支付指令验证措施的；

（五）未真实、完整、准确反映网络支付交易信息，篡改或者隐匿交易信息的；

（六）未按规定处理客户信息，或者未履行客户信息保密义务，造成信息泄露隐患或者导致信息泄露的；

（七）妨碍客户自主选择支付服务提供主体或资金收付方式的；

（八）公开披露虚假信息的；

（九）违规开立支付账户，或擅自经营金融业务活动的。

第四十三条 支付机构违反反洗钱和反恐怖融资规定的，依据国家有关法律法规进行处理。

第七章 附　　则

第四十四条 本办法相关用语含义如下：

单位客户，是指接受支付机构支付服务的法人、其他组织或者个体工商户。

个人客户，是指接受支付机构支付服务的自然人。

单位客户的身份基本信息，包括客户的名称、地址、经营范围、统一社会信用代码或组织机构代码；可证明该客户依法设立或者可依法开展经营、社会活动的执照、证件或者文件的名称、号码和有效期限；法定代表人（负责人）或授权办理业务人员的姓名、有效身份证件的种类、号码和有效期限。

个人客户的身份基本信息，包括客户的姓名、国籍、性别、职业、住址、联系方式以及客户有效身份证件的种类、号码和有效期限。

法人和其他组织客户的有效身份证件，是指政府有权机关颁发的能够证明其合法真实身份的证件或文件，包括但不限于营业执照、事业单位法人证书、税务登记证、组织机构代码证；个体工商户的有效身份证件，包括营业执照、经营者或授权经办人员的有效身份证件。

个人客户的有效身份证件，包括：在中国境内已登记常住户口的中国公民为居民身份证，不满十六周岁的，为居民身份证或户口簿；香港、澳门特别行政区居民为港澳居民往来内地通行证；台湾地区居民为台湾居民来往大陆通行证；定居国外的中国公民为中国护照；外国公民为护照或者外国人永久居留证（外国边民，按照边贸结算的有关规定办理）；法律、行政法规规定的其他身份证明文件。

客户本人，是指客户本单位（单位客户）或者本人（个人客户）。

第四十五条 本办法由中国人民银行负责解释和修订。

第四十六条 本办法自 2016 年 7 月 1 日起施行。

关于促进互联网金融健康发展的指导意见

银发〔2015〕221号

近年来，互联网技术、信息通信技术不断取得突破，推动互联网与金融快速融合，促进了金融创新，提高了金融资源配置效率，但也存在一些问题和风险隐患。为全面贯彻落实党的十八大和十八届二中、三中、四中全会精神，按照党中央、国务院决策部署，遵循"鼓励创新、防范风险、趋利避害、健康发展"的总体要求，从金融业健康发展全局出发，进一步推进金融改革创新和对外开放，促进互联网金融健康发展，经党中央、国务院同意，现提出以下意见。

一、鼓励创新，支持互联网金融稳步发展

互联网金融是传统金融机构与互联网企业（以下统称从业机构）利用互联网技术和信息通信技术实现资金融通、支付、投资和信息中介服务的新型金融业务模式。互联网与金融深度融合是大势所趋，将对金融产品、业务、组织和服务等方面产生更加深刻的影响。互联网金融对促进小微企业发展和扩大就业发挥了现有金融机构难以替代的积极作用，为大众创业、万众创新打开了大门。促进互联网金融健康发展，有利于提升金融服务质量和效率，深化金融改革，促进金融创新发展，扩大金融业对内对外开放，构建多层次金融体系。作为新生事物，互联网金融既需要市场驱动，鼓励创新，也需要政策助力，促进发展。

（一）积极鼓励互联网金融平台、产品和服务创新，激发市场活力。鼓励银行、证券、保险、基金、信托和消费金融等金融机构依托互联网技术，实现传统金融业务与服务转型升级，积极开发基于互联网技术的新产品和新服务。支持有条件的金融机构建设创新型互联网平台开展网络银行、网络证券、网络保险、网络基金销售和网络消费金融等业务。支持互联网企业依法合规设立互联网支付机构、网络借贷平台、股权众筹融资平台、网络金融产品销售平台，建立服务实体经济的多层次金融服务体系，更好地满足中小微企业和个人投融资需求，进一步拓展普惠金融的广度和深度。鼓励电子商务企业在符合金融法律法规规定的条件下自建和完善线上金融服务体系，有效拓展电商供应链业务。鼓励从业机构积极开展产品、服务、技术和管理创新，提升从业机构核心竞争力。

（二）鼓励从业机构相互合作，实现优势互补。支持各类金融机构与互联网企业开展合作，建立良好的互联网金融生态环境和产业链。鼓励银行业金融机构开展业务创新，为第三方支付机构和网络贷款平台等提供资金存管、支付清算等配套服务。支持小微金融服务机构与互联网企业开展业务合作，实现商业模式创新。支持证券、基金、信托、消费金融、期货机构与互联网企业开展合作，拓宽金融产品销售渠道，创新财富管理模式。鼓励保险公司与互联网企业合作，提升互联网金融企业风险抵御能力。

（三）拓宽从业机构融资渠道，改善融资环境。支持社会资本发起设立互联网金融产业投资基金，推动从业机构与创业投资机构、产业投资基金深度合作。鼓励符合条件的优质从业机构在主板、创业板等境内资本市场上市融资。鼓励银行业金融机构按照支持小微企业发展的各项金融政策，对处于初创期的从业机构予以支持。针对互联网企业特点，创新金融产品和服务。

（四）坚持简政放权，提供优质服务。各金融监管部门要积极支持金融机构开展互联网金融业务。按照法律法规规定，对符合条件的互联网企业开展相关金融业务实施高效管理。工商行政管理部门要支持互联网企业依法办理工商注册登记。电信主管部门、国家互联网信息管理部门要积极支持互联网金融业务，电信主管部门对互联网金融业务涉及的电信业务进行监管，国家互联网信息管理部门负责对金融信息服务、互联网信息内容等业务进行监管。积极开展互联网金融领域立法研究，适时出台相关管理规章，营造有利于互联网金融发展的良好制度环境。加大对从业机构专利、商标等知识产权的保护力度。鼓励省级人民政府加大对互联网金融的政策支持。支持设立专业化互联网金融研究机构，鼓励建设互联网金融信息交流平台，积极开展互联网金融研究。

（五）落实和完善有关财税政策。按照税收公平原则，对于业务规模较小、处于初创期的从业机构，符合我国现行对中小企业特别是小微企业税收政策条件的，可按规定享受税收优惠政策。结合金融业营业税改征增值税改革，统筹完善互联网金融税收政策。落实从业机构新技术、新产品研发费用税前加计扣除政策。

（六）推动信用基础设施建设，培育互联网金融配套服务体系。支持大数据存储、网络与信息安全维护等技术领域基础设施建设。鼓励从业机构依法建立信用信息共享平台。推动符合条件的相关从业机构接入金融信用信息基础数据库。允许有条件的从业机构依法申请征信业务许可。支持具备资质的信用中介组织开展互联网企业信用评级，增强市场信息透明度。鼓励会计、审计、法律、咨询等中介服务机构为互联网企业提供相关专业服务。

二、分类指导，明确互联网金融监管责任

互联网金融本质仍属于金融，没有改变金融风险隐蔽性、传染性、广泛性和突发性的特点。加强互联网金融监管，是促进互联网金融健康发展的内在要求。同时，互联网金融是新生事物和新兴业态，要制定适度宽松的监管政策，为互联网金融创新留有余地和空间。通过鼓励创新和加强监管相互支撑，促进互联网金融健康发展，更好地服务实体经济。互联网金融监管应遵循"依法监管、适度监管、分类监管、协同监管、创新监管"的原则，科学合理界定各业态的业务边界及准入条件，落实监管责任，明确风险底线，保护合法经营，坚决打击违法和违规行为。

（七）互联网支付。互联网支付是指通过计算机、手机等设备，依托互联网发起支付指令、转移货币资金的服务。互联网支付应始终坚持服务电子商务发展和为社会提供小额、快捷、便民小微支付服务的宗旨。银行业金融机构和第三方支付机构从事互联网支付，应遵守现行法律法规和监管规定。第三方支付机构与其他机构开展合作的，应清晰界定各方的权利义务关系，建立有效的风险隔离机制和客户权益保障机制。要向客户充分披露服务信息，清晰地提示业务风险，不得夸大支付服务中介的性质和职能。互联网支付业务由人民银行负责监管。

（八）网络借贷。网络借贷包括个体网络借贷（即P2P网络借贷）和网络小额贷款。个体网络借贷是指个体和个体之间通过互联网平台实现的直接借贷。在个体网络借贷平台上发生的直接借贷行为属于民间借贷范畴，受合同法、民法通则等法律法规以及最高人民法院相关司法解释规范。个体网络借贷要坚持平台功能，为投资方和融资方提供信息交互、撮合、资信评估等中介服务。个体网络借贷机构要明确信息中介性质，主要为借贷双方的直接借贷提供信息服务，不得提供增信服务，不得非法集资。网络小额贷款是指互联网企业通过其控制的小额贷款公司，利用互联网向客户提供的小额贷款。网络小额贷款应遵守现有小额贷款公司监管规定，发挥网络贷款优势，努力降低客户融资成本。网络借贷业务由银监会负责监管。

（九）股权众筹融资。股权众筹融资主要是指通过互联网形式进行公开小额股权融资的活动。股权众筹融资必须通过股权众筹融资中介机构平台（互联网网站或其他类似的电子媒介）进行。股权众筹融资中介机构可以在符合法律法规规定前提下，对业务模式进行创新探索，发挥股权众筹融资作为多层次资本市场有机组成部分的作用，更好服务创新创业企业。股权众筹融资方应为小微企业，应通过股权众筹融资中介机构向投资人如实披露企业的商业模式、经营管理、财务、资金使用等关键信息，不得误导或欺诈投资者。投资者应当充分了解股权众筹融资活动风险，具备相应风险承受能力，进行小额投资。股权众筹融资业务由证监会负责监管。

（十）互联网基金销售。基金销售机构与其他机构通过互联网合作销售基金等理财产品的，要切实履行风险披露义务，不得通过违规承诺收益方式吸引客户；基金管理人应当采取有效措施防范资产配置中的期限错配和流动性风险；基金销售机构及其合作机构通过其他活动为投资人提供收益的，应当对收益构成、先决条件、适用情形等进行全面、真实、准确表述和列示，不得与基金产品收益混同。第三方支付机构在开展基金互联网销售支付服务过程中，应当遵守人民银行、证监会关于客户备付金及基金销售结算资金的相关监管要求。第三方支付机构的客户备付金只能用于办理客户委托的支付业务，不得用于垫付基金和其他理财产品的资金赎回。互联网基金销售业务由证监会负责监管。

（十一）互联网保险。保险公司开展互联网保险业务，应遵循安全性、保密性和稳定性原则，加强风险管理，完善内控系统，确保交易安全、信息安全和资金安全。专业互联网保险公司应当坚持服务互联网经济活动的基本定位，提供有针对性的保险服务。保险公司应建立对所属电子商务公司等非保险类子公司的管理制度，建立必要的防火墙。保险公司通过互联网销售保险产品，不得进行不实陈述、片面或夸大宣传过往业绩、违规承诺收益或者承担损失等误导性描述。互联网保险业务由保监会负责监管。

（十二）互联网信托和互联网消费金融。信托公司、消费金融公司通过互联网开展业务的，要严格遵循监管规定，加强风险管理，确保交易合法合规，并保守客户信息。信托公司通过互联网进行产品销售及开展其他信托业务的，要遵守合格投资者等监管规定，审慎甄别客户身份和评估客户风险承受能力，不能将产品销售给与风险承受能力不相匹配的客户。信托公司与消费金融公司要制定完善产品文件签署制度，保证交易过程合法合规，安全规范。互联网信托业务、互联网消费金融业务由银监会负责监管。

三、健全制度，规范互联网金融市场秩序

发展互联网金融要以市场为导向，遵循服务实体经济、服从宏观调控和维护金融稳定的总体目标，切实保障消费者合法权益，维护公平竞争的市场秩序。要细化管理制度，为互联网金融健康发展营造良好环境。

（十三）互联网行业管理。任何组织和个人开设网站从事互联网金融业务的，除应按规定履行相关金融监管程序外，还应依法向电信主管部门履行网站备案手续，否则不得开展互联网金融业务。工业和信息化部负责对互联网金融业务涉及的电信业务进行监管，国家互联网信息办公室负责对金融信息服务、互联网信息内容等业务进行监管，两部门按职责制定相关监管细则。

（十四）客户资金第三方存管制度。除另有规定外，从业机构应当选择符合条件的银行业金融机构作为资金存管机构，对客户资金进行管理和监督，实现客户资金与从业机构自身资金分账管理。客户资金存管账户应接受独立审计并向客户公开审计结果。人民银行会同金融监管部门按照职责分工实施监管，并制定相关监管细则。

（十五）信息披露、风险提示和合格投资者制度。从业机构应当对客户进行充分的信息披露，及时向投资者公布其经营活动和财务状况的相关信息，以便投资者充分了解从业机构运作状况，促使从业机构稳健经营和控制风险。从业机构应当向各参与方详细说明交易模式、参与方的权利和义务，并进行充分的风险提示。要研究建立互联网金融的合格投资者制度，提升投资者保护水平。有关部门按照职责分工负责监管。

（十六）消费者权益保护。研究制定互联网金融消费者教育规划，及时发布维权提示。加强互联网金融产品合同内容、免责条款规定等与消费者利益相关的信息披露工作，依法监督处理经营者利用合同格式条款侵害消费者合法权益的违法、违规行为。构建在线争议解决、现场接待受理、监管部门受理投诉、第三方调解以及仲裁、诉讼等多元化纠纷解决机制。细化完善互联网金融个人信息保护的原则、标准和操作流程。严禁网络销售金融产品过程中的不实宣传、强制捆绑销售。人民银行、银监会、证监会、保监会会同有关行政执法部门，根据职责分工依法开展互联网金融领域消费者和投资者权益保护工作。

（十七）网络与信息安全。从业机构应当切实提升技术安全水平，妥善保管客户资料和交易信息，不得非法买卖、泄露客户个人信息。人民银行、银监会、证监会、保监会、工业和信息化部、公安部、国家互联网信息办公室分别负责对相关从业机构的网络与信息安全保障进行监管，并制定相关监管细则和技术安全标准。

（十八）反洗钱和防范金融犯罪。从业机构应当采取有效措施识别客户身份，主动监测并报告可疑交易，妥善保存客户资料和交易记录。从业机构有义务按照有关规定，建立健全有关协助查询、冻结的规章制度，协助公安机关和司法机关依法、及时查询、冻结涉案财产，配合公安机关和司法机关做好取证和执行工作。坚决打击涉及非法集资等互联网金融犯罪，防范金融风险，维护金融秩序。金融机构在和互联网企业开展合作、代理时应根据有关法律和规定签订包括反洗钱和防范金融犯罪要求的合作、代理协议，并确保不因合作、代理关系而降低反洗钱和金融犯罪执行标准。人民银行牵头负责对从业机构履行反洗钱义务进行监管，并制定相关监管细则。打击互联网金融犯罪工作由公安部牵头负责。

（十九）加强互联网金融行业自律。充分发挥行业自律机制在规范从业机构市场行为和保护行业合法权益等方面的积极作用。人民银行会同有关部门，组建中国互联网金融协会。协会要按业务类型，制订经营管理规则和行业标准，推动机构之间的业务交流和信息共享。协会要明确自律惩戒机制，提高行业规则和标准的约束力。强化守法、诚信、自律意识，树立从业机构服务经济社会发展的正面形象，营造诚信规范发展的良好氛围。

（二十）监管协调与数据统计监测。各监管部门要相互协作、形成合力，充分发挥金融监管协调部际联席会议制度的作用。人民银行、银监会、证监会、保监会应当密切关注互联网金融业务发展及相关风险，对监管政策进行跟踪评估，适时提出调整建议，不断总结监管经验。财政部负责互联网金融从业机构财务监管政策。人民银行会同有关部门，负责建立和完善互联网金融数据统计监测体系，相关部门按照监管职责分工负责相关互联网金融数据统计和监测工作，并实现统计数据和信息共享。

中国人民银行　工业和信息化部　公安部
财政部　工商总局　法制办
银监会　证监会　保监会
国家互联网信息办公室

网络借贷信息中介机构业务活动管理暂行办法

中国银行业监督管理委员会 中华人民共和国工业和信息化部
中华人民共和国公安部 国家互联网信息办公室令 2016 年第 1 号

为加强对网络借贷信息中介机构业务活动的监督管理，促进网络借贷行业健康发展，依据《中华人民共和国民法通则》、《中华人民共和国公司法》、《中华人民共和国合同法》等法律法规，中国银监会、工业和信息化部、公安部、国家互联网信息办公室制定了《网络借贷信息中介机构业务活动管理暂行办法》。经国务院批准，现予公布，自公布之日起施行。

第一章 总　　则

第一条 为规范网络借贷信息中介机构业务活动，保护出借人、借款人、网络借贷信息中介机构及相关当事人合法权益，促进网络借贷行业健康发展，更好满足中小微企业和个人投融资需求，根据《关于促进互联网金融健康发展的指导意见》提出的总体要求和监管原则，依据《中华人民共和国民法通则》、《中华人民共和国公司法》、《中华人民共和国合同法》等法律法规，制定本办法。

第二条 在中国境内从事网络借贷信息中介业务活动，适用本办法，法律法规另有规定的除外。

本办法所称网络借贷是指个体和个体之间通过互联网平台实现的直接借贷。个体包含自然人、法人及其他组织。网络借贷信息中介机构是指依法设立，专门从事网络借贷信息中介业务活动的金融信息中介公司。该类机构以互联网为主要渠道，为借款人与出借人（即贷款人）实现直接借贷提供信息搜集、信息公布、资信评估、信息交互、借贷撮合等服务。

本办法所称地方金融监管部门是指各省级人民政府承担地方金融监管职责的部门。

第三条 网络借贷信息中介机构按照依法、诚信、自愿、公平的原则为借款人和出借人提供信息服务，维护出借人与借款人合法权益，不得提供增信服务，不得直接或间接归集资金，不得非法集资，不得损害国家利益和社会公共利益。

借款人与出借人遵循借贷自愿、诚实守信、责任自负、风险自担的原则承担借贷风险。网络借贷信息中介机构承担客观、真实、全面、及时进行信息披露的责任，不承担借贷违约风险。

第四条 按照《关于促进互联网金融健康发展的指导意见》中"鼓励创新、防范风险、趋利避害、健康发展"的总体要求和"依法监管、适度监管、分类监管、协同监管、创新监管"的监管原则，落实各方管理责任。国务院银行业监督管理机构及其派出机构负责制定网络借贷信息中介机构业务活动监督管理制度，并实施行为监管。各省级人民政府负责本辖区网络借贷信息中介机构的机构监管。工业和信息化部负责对网络借贷信息中介机构业务活动涉及的电信业务进行监管。公安部牵头负责对网络借贷信息中介机构的互联网服务进行安全监管,依法查处违反网络安全监管的违法违规活动,打击网络借贷涉及的金融犯罪及相关犯罪。国家互联网信息办公室负责对金融信息服务、互联网信息内容等业务进行监管。

第二章　备案管理

第五条　拟开展网络借贷信息中介服务的网络借贷信息中介机构及其分支机构,应当在领取营业执照后,于10个工作日以内携带有关材料向工商登记注册地地方金融监管部门备案登记。

地方金融监管部门负责为网络借贷信息中介机构办理备案登记。地方金融监管部门应当在网络借贷信息中介机构提交的备案登记材料齐备时予以受理,并在各省(区、市)规定的时限内完成备案登记手续。备案登记不构成对网络借贷信息中介机构经营能力、合规程度、资信状况的认可和评价。

地方金融监管部门有权根据本办法和相关监管规则对备案登记后的网络借贷信息中介机构进行评估分类,并及时将备案登记信息及分类结果在官方网站上公示。

网络借贷信息中介机构完成地方金融监管部门备案登记后,应当按照通信主管部门的相关规定申请相应的电信业务经营许可;未按规定申请电信业务经营许可的,不得开展网络借贷信息中介业务。

网络借贷信息中介机构备案登记、评估分类等具体细则另行制定。

第六条　开展网络借贷信息中介业务的机构,应当在经营范围中实质明确网络借贷信息中介,法律、行政法规另有规定的除外。

第七条　网络借贷信息中介机构备案登记事项发生变更的,应当在5个工作日以内向工商登记注册地地方金融监管部门报告并进行备案信息变更。

第八条　经备案的网络借贷信息中介机构拟终止网络借贷信息中介服务的,应当在终止业务前提前至少10个工作日,书面告知工商登记注册地地方金融监管部门,并办理备案注销。

经备案登记的网络借贷信息中介机构依法解散或者依法宣告破产的,除依法进行清算外,由工商登记注册地地方金融监管部门注销其备案。

第三章　业务规则与风险管理

第九条　网络借贷信息中介机构应当履行下列义务:

(一)依据法律法规及合同约定为出借人与借款人提供直接借贷信息的采集整理、甄别筛选、网上发布,以及资信评估、借贷撮合、融资咨询、在线争议解决等相关服务;

(二)对出借人与借款人的资格条件、信息的真实性、融资项目的真实性、合法性进行必要审核;

(三)采取措施防范欺诈行为,发现欺诈行为或其他损害出借人利益的情形,及时公告并终止相关网络借贷活动;

(四)持续开展网络借贷知识普及和风险教育活动,加强信息披露工作,引导出借人以小额分散的方式参与网络借贷,确保出借人充分知悉借贷风险;

(五)按照法律法规和网络借贷有关监管规定要求报送相关信息,其中网络借贷有关债权债务信息要及时向有关数据统计部门报送并登记;

（六）妥善保管出借人与借款人的资料和交易信息，不得删除、篡改，不得非法买卖、泄露出借人与借款人的基本信息和交易信息；

（七）依法履行客户身份识别、可疑交易报告、客户身份资料和交易记录保存等反洗钱和反恐怖融资义务；

（八）配合相关部门做好防范查处金融违法犯罪相关工作；

（九）按照相关要求做好互联网信息内容管理、网络与信息安全相关工作；

（十）国务院银行业监督管理机构、工商登记注册地省级人民政府规定的其他义务。

第十条 网络借贷信息中介机构不得从事或者接受委托从事下列活动：

（一）为自身或变相为自身融资；

（二）直接或间接接受、归集出借人的资金；

（三）直接或变相向出借人提供担保或者承诺保本保息；

（四）自行或委托、授权第三方在互联网、固定电话、移动电话等电子渠道以外的物理场所进行宣传或推介融资项目；

（五）发放贷款，但法律法规另有规定的除外；

（六）将融资项目的期限进行拆分；

（七）自行发售理财等金融产品募集资金，代销银行理财、券商资管、基金、保险或信托产品等金融产品；

（八）开展类资产证券化业务或实现以打包资产、证券化资产、信托资产、基金份额等形式的债权转让行为；

（九）除法律法规和网络借贷有关监管规定允许外，与其他机构投资、代理销售、经纪等业务进行任何形式的混合、捆绑、代理；

（十）虚构、夸大融资项目的真实性、收益前景，隐瞒融资项目的瑕疵及风险，以歧义性语言或其他欺骗性手段等进行虚假片面宣传或促销等，捏造、散布虚假信息或不完整信息损害他人商业信誉，误导出借人或借款人；

（十一）向借款用途为投资股票、场外配资、期货合约、结构化产品及其他衍生品等高风险的融资提供信息中介服务；

（十二）从事股权众筹等业务；

（十三）法律法规、网络借贷有关监管规定禁止的其他活动。

第十一条 参与网络借贷的出借人与借款人应当为网络借贷信息中介机构核实的实名注册用户。

第十二条 借款人应当履行下列义务：

（一）提供真实、准确、完整的用户信息及融资信息；

（二）提供在所有网络借贷信息中介机构未偿还借款信息；

（三）保证融资项目真实、合法，并按照约定用途使用借贷资金，不得用于出借等其他目的；

（四）按照约定向出借人如实报告影响或可能影响出借人权益的重大信息；

（五）确保自身具有与借款金额相匹配的还款能力并按照合同约定还款；

（六）借贷合同及有关协议约定的其他义务。

第十三条 借款人不得从事下列行为：

（一）通过故意变换身份、虚构融资项目、夸大融资项目收益前景等形式的欺诈借款；

（二）同时通过多个网络借贷信息中介机构，或者通过变换项目名称、对项目内容进行非实质性变更等方式，就同一融资项目进行重复融资；

（三）在网络借贷信息中介机构以外的公开场所发布同一融资项目的信息；

（四）已发现网络借贷信息中介机构提供的服务中含有本办法第十条所列内容，仍进行交易；

（五）法律法规和网络借贷有关监管规定禁止从事的其他活动。

第十四条 参与网络借贷的出借人，应当具备投资风险意识、风险识别能力、拥有非保本类金融产品投资的经历并熟悉互联网。

第十五条 参与网络借贷的出借人应当履行下列义务：

（一）向网络借贷信息中介机构提供真实、准确、完整的身份等信息；

（二）出借资金为来源合法的自有资金；

（三）了解融资项目信贷风险，确认具有相应的风险认知和承受能力；

（四）自行承担借贷产生的本息损失；

（五）借贷合同及有关协议约定的其他义务。

第十六条 网络借贷信息中介机构在互联网、固定电话、移动电话等电子渠道以外的物理场所只能进行信用信息采集、核实、贷后跟踪、抵质押管理等风险管理及网络借贷有关监管规定明确的部分必要经营环节。

第十七条 网络借贷金额应当以小额为主。网络借贷信息中介机构应当根据本机构风险管理能力，控制同一借款人在同一网络借贷信息中介机构平台及不同网络借贷信息中介机构平台的借款余额上限，防范信贷集中风险。

同一自然人在同一网络借贷信息中介机构平台的借款余额上限不超过人民币 20 万元；同一法人或其他组织在同一网络借贷信息中介机构平台的借款余额上限不超过人民币 100 万元；同一自然人在不同网络借贷信息中介机构平台借款总余额不超过人民币 100 万元；同一法人或其他组织在不同网络借贷信息中介机构平台借款总余额不超过人民币 500 万元。

第十八条 网络借贷信息中介机构应当按照国家网络安全相关规定和国家信息安全等级保护制度的要求，开展信息系统定级备案和等级测试，具有完善的防火墙、入侵检测、数据加密以及灾难恢复等网络安全设施和管理制度，建立信息科技管理、科技风险管理和科技审计有关制度，配置充足的资源，采取完善的管理控制措施和技术手段保障信息系统安全稳健运行，保护出借人与借款人的信息安全。

网络借贷信息中介机构应当记录并留存借贷双方上网日志信息，信息交互内容等数据，留存期限为自借贷合同到期起 5 年；每两年至少开展一次全面的安全评估，接受国家或行业主管部门的信息安全检查和审计。

网络借贷信息中介机构成立两年以内，应当建立或使用与其业务规模相匹配的应用级灾备系统设施。

第十九条 网络借贷信息中介机构应当为单一融资项目设置募集期，最长不超过 20 个工作日。

第二十条 借款人支付的本金和利息应当归出借人所有。网络借贷信息中介机构应当与出借人、借款人另行约定费用标准和支付方式。

第二十一条 网络借贷信息中介机构应当加强与金融信用信息基础数据库运行机构、征信机构等的业务合作，依法提供、查询和使用有关金融信用信息。

第二十二条 各方参与网络借贷信息中介机构业务活动，需要对出借人与借款人的基本信息和交易信息等使用电子签名、电子认证时，应当遵守法律法规的规定，保障数据的真实性、完整性及电子签名、电子认证的法律效力。

网络借贷信息中介机构使用第三方数字认证系统，应当对第三方数字认证机构进行定期评估，保证有关认证安全可靠并具有独立性。

第二十三条 网络借贷信息中介机构应当采取适当的方法和技术，记录并妥善保存网络借贷业务活动数据和资料，做好数据备份。保存期限应当符合法律法规及网络借贷有关监管规定的要求。借贷合同到期后应当至少保存 5 年。

第二十四条 网络借贷信息中介机构暂停、终止业务时应当至少提前 10 个工作日通过官方网站等有效渠道向出借人与借款人公告，并通过移动电话、固定电话等渠道通知出借人与借款人。网络借贷信息中介机构业务暂停或者终止，不影响已经签订的借贷合同当事人有关权利义务。

网络借贷信息中介机构因解散或宣告破产而终止的，应当在解散或破产前，妥善处理已撮合存续的借贷业务，清算事宜按照有关法律法规的规定办理。

网络借贷信息中介机构清算时，出借人与借款人的资金分别属于出借人与借款人，不属于网络借贷信息中介机构的财产，不列入清算财产。

第四章　出借人与借款人保护

第二十五条 未经出借人授权，网络借贷信息中介机构不得以任何形式代出借人行使决策。

第二十六条 网络借贷信息中介机构应当向出借人以醒目方式提示网络借贷风险和禁止性行为，并经出借人确认。

网络借贷信息中介机构应当对出借人的年龄、财务状况、投资经验、风险偏好、风险承受能力等进行尽职评估，不得向未进行风险评估的出借人提供交易服务。

网络借贷信息中介机构应当根据风险评估结果对出借人实行分级管理，设置可动态调整的出借限额和出借标的限制。

第二十七条 网络借贷信息中介机构应当加强出借人与借款人信息管理，确保出借人与借款人信息采集、处理及使用的合法性和安全性。

网络借贷信息中介机构及其资金存管机构、其他各类外包服务机构等应当为业务开展过程中收集的出借人与借款人信息保密，未经出借人与借款人同意，不得将出借人与借款人提供的信息用于所提供服务之外的目的。

在中国境内收集的出借人与借款人信息的储存、处理和分析应当在中国境内进行。除法律法规另有规定外，网络借贷信息中介机构不得向境外提供境内出借人和借款人信息。

第二十八条 网络借贷信息中介机构应当实行自身资金与出借人和借款人资金的隔离管理，并选择符合条件的银行业金融机构作为出借人与借款人的资金存管机构。

第二十九条 出借人与网络借贷信息中介机构之间、出借人与借款人之间、借款人与网络借贷信息中介机构之间等纠纷，可以通过以下途径解决：

（一）自行和解；
（二）请求行业自律组织调解；
（三）向仲裁部门申请仲裁；
（四）向人民法院提起诉讼。

第五章 信息披露

第三十条 网络借贷信息中介机构应当在其官方网站上向出借人充分披露借款人基本信息、融资项目基本信息、风险评估及可能产生的风险结果、已撮合未到期融资项目资金运用情况等有关信息。

披露内容应符合法律法规关于国家秘密、商业秘密、个人隐私的有关规定。

第三十一条 网络借贷信息中介机构应当及时在其官方网站显著位置披露本机构所撮合借贷项目等经营管理信息。

网络借贷信息中介机构应当在其官方网站上建立业务活动经营管理信息披露专栏，定期以公告形式向公众披露年度报告、法律法规、网络借贷有关监管规定。

网络借贷信息中介机构应当聘请会计师事务所定期对本机构出借人与借款人资金存管、信息披露情况、信息科技基础设施安全、经营合规性等重点环节实施审计，并且应当聘请有资质的信息安全测评认证机构定期对信息安全实施测评认证，向出借人与借款人等披露审计和测评认证结果。

网络借贷信息中介机构应当引入律师事务所、信息系统安全评价等第三方机构，对网络信息中介机构合规和信息系统稳健情况进行评估。

网络借贷信息中介机构应当将定期信息披露公告文稿和相关备查文件报送工商登记注册地地方金融监管部门，并置备于机构住所供社会公众查阅。

第三十二条 网络借贷信息中介机构的董事、监事、高级管理人员应当忠实、勤勉地履行职责，保证披露的信息真实、准确、完整、及时公平，不得有虚假记载、误导性陈述或者重大遗漏。

借款人应当配合网络借贷信息中介机构及出借人对融资项目有关信息的调查核实，保证提供的信息真实、准确、完整。

网络借贷信息披露具体细则另行制定。

第六章 监督管理

第三十三条 国务院银行业监督管理机构及其派出机构负责制定统一的规范发展政策措施和监督管理制度，负责网络借贷信息中介机构的日常行为监管，指导和配合地方人民政府做好网络借贷信息中介机构的机构监管和风险处置工作，建立跨部门跨地区监管协调机制。

各地方金融监管部门具体负责本辖区网络借贷信息中介机构的机构监管，包括对本辖区网络借贷信息中介机构的规范引导、备案管理和风险防范、处置工作。

第三十四条 中国互联网金融协会从事网络借贷行业自律管理，并履行下列职责：

（一）制定自律规则、经营细则和行业标准并组织实施，教育会员遵守法律法规和网络借贷有关监管规定；

（二）依法维护会员的合法权益，协调会员关系，组织相关培训，向会员提供行业信息、法律咨询等服务，调解纠纷；

（三）受理有关投诉和举报，开展自律检查；

（四）成立网络借贷专业委员会；

（五）法律法规和网络借贷有关监管规定赋予的其他职责。

第三十五条 借款人、出借人、网络借贷信息中介机构、资金存管机构、担保人等应当签订资金存管协议，明确各自权利义务和违约责任。

资金存管机构对出借人与借款人开立和使用资金账户进行管理和监督，并根据合同约定，对出借人与借款人的资金进行存管、划付、核算和监督。

资金存管机构承担实名开户和履行合同约定及借贷交易指令表面一致性的形式审核责任，但不承担融资项目及借贷交易信息真实性的实质审核责任。

资金存管机构应当按照网络借贷有关监管规定报送数据信息并依法接受相关监督管理。

第三十六条 网络借贷信息中介机构应当在下列重大事件发生后，立即采取应急措施并向工商登记注册地地方金融监管部门报告：

（一）因经营不善等原因出现重大经营风险；

（二）网络借贷信息中介机构或其董事、监事、高级管理人员发生重大违法违规行为；

（三）因商业欺诈行为被起诉，包括违规担保、夸大宣传、虚构隐瞒事实、发布虚假信息、签订虚假合同、错误处置资金等行为。

地方金融监管部门应当建立网络借贷行业重大事件的发现、报告和处置制度，制定处置预案，及时、有效地协调处置有关重大事件。

地方金融监管部门应当及时将本辖区网络借贷信息中介机构重大风险及处置情况信息报送省级人民政府、国务院银行业监督管理机构和中国人民银行。

第三十七条 除本办法第七条规定的事项外，网络借贷信息中介机构发生下列情形的，应当在 5 个工作日以内向工商登记注册地地方金融监管部门报告：

（一）因违规经营行为被查处或被起诉；

（二）董事、监事、高级管理人员违反境内外相关法律法规行为；

（三）国务院银行业监督管理机构、地方金融监管部门等要求的其他情形。

第三十八条 网络借贷信息中介机构应当聘请会计师事务所进行年度审计，并在上一会计年度结束之日起 4 个月内向工商登记注册地地方金融监管部门报送年度审计报告。

第七章 法律责任

第三十九条 地方金融监管部门存在未依照本办法规定报告重大风险和处置情况、未依照本办法规定向国务院银行业监督管理机构提供行业统计或行业报告等违反法律法规及本办法规定情形的，应当对有关责任人依法给予行政处分；构成犯罪的，依法追究刑事责任。

第四十条 网络借贷信息中介机构违反法律法规和网络借贷有关监管规定，有关法律法规有处罚规定的，依照其规定给予处罚；有关法律法规未作处罚规定的，工商登记注册地地方金融监管部门可以采取监管谈话、出具警示函、责令改正、通报批评、将其违法违规和不履行公开承诺等情况记入诚信档案并公布等监管措施，以及给予警告、人民币 3 万元以下罚款和依法可以采取的其他处罚措施；构成犯罪的，依法追究刑事责任。

网络借贷信息中介机构违反法律规定从事非法集资活动或欺诈的，按照相关法律法规和工作机制处理；构成犯罪的，依法追究刑事责任。

第四十一条 网络借贷信息中介机构的出借人及借款人违反法律法规和网络借贷有关监管规定，依照有关规定给予处罚；构成犯罪的，依法追究刑事责任。

第八章 附 则

第四十二条 银行业金融机构及国务院银行业监督管理机构批准设立的其他金融机构和省级人民政府批准设立的融资担保公司、小额贷款公司等投资设立具有独立法人资格的网络借贷信息中介机构，设立办法另行制定。

第四十三条 中国互联网金融协会网络借贷专业委员会按照《关于促进互联网金融健康发展的指导意见》和协会章程开展自律并接受相关监管部门指导。

第四十四条 本办法实施前设立的网络借贷信息中介机构不符合本办法规定的，除违法犯罪行为按照本办法第四十条处理外，由地方金融监管部门要求其整改，整改期不超过 12 个月。

第四十五条 省级人民政府可以根据本办法制定实施细则，并报国务院银行业监督管理机构备案。

第四十六条 本办法解释权归国务院银行业监督管理机构、工业和信息化部、公安部、国家互联网信息办公室。

第四十七条 本办法所称不超过、以下、以内，包括本数。

中国银行业监督管理委员会主席：尚福林
中华人民共和国工业和信息化部部长：苗圩
中华人民共和国公安部部长：郭声琨
国家互联网信息办公室主任：徐麟
2016 年 8 月 17 日

中国银监会办公厅关于印发
网络借贷资金存管业务指引的通知

银监办发〔2017〕21号

各银监局，各省、自治区、直辖市人民政府金融办（局），各大型银行、股份制银行、邮储银行、外资银行：

为贯彻落实人民银行等十部门《关于促进互联网金融健康发展的指导意见》和中国银监会等四部门《网络借贷信息中介机构业务活动管理暂行办法》关于建立客户资金第三方存管制度的工作部署和要求，实现客户资金与网络借贷信息中介机构自有资金分账管理，防范网络借贷资金挪用风险，银监会研究制定了网络借贷资金存管业务指引，现印发给你们，请结合实际贯彻执行。

2017年2月22日

(此件发至银监分局和地方法人银行业金融机构)

网络借贷资金存管业务指引

第一章 总 则

第一条 为规范网络借贷资金存管业务活动，促进网络借贷行业健康发展，根据《中华人民共和国合同法》、《中华人民共和国商业银行法》和《关于促进互联网金融健康发展的指导意见》、《网络借贷信息中介机构业务活动管理暂行办法》及其他有关法律法规，制定本指引。

第二条 本指引所称网络借贷资金存管业务，是指商业银行作为存管人接受委托人的委托，按照法律法规规定和合同约定，履行网络借贷资金存管专用账户的开立与销户、资金保管、资金清算、账务核对、提供信息报告等职责的业务。存管人开展网络借贷资金存管业务，不对网络借贷交易行为提供保证或担保，不承担借贷违约责任。

第三条 本指引所称网络借贷资金，是指网络借贷信息中介机构作为委托人，委托存管人保管的，由借款人、出借人和担保人等进行投融资活动形成的专项借贷资金及相关资金。

第四条 本指引所称委托人，即网络借贷信息中介机构，是指依法设立，专门从事网络借贷信息中介业务活动的金融信息中介公司。

第五条 本指引所称存管人，是指为网络借贷业务提供资金存管服务的商业银行。

第六条 本指引所称网络借贷资金存管专用账户，是指委托人在存管人处开立的资金存管汇总账户，包括为出借人、借款人及担保人等在资金存管汇总账户下所开立的子账户。

第七条 网络借贷业务有关当事机构开展网络借贷资金存管业务应当遵循"诚实履约、勤勉尽责、平等自愿、有偿服务"的原则。

第二章 委托人

第八条 网络借贷信息中介机构作为委托人，委托存管人开展网络借贷资金存管业务应符合《网络借贷信息中介机构业务活动管理暂行办法》及《网络借贷信息中介机构备案登记管理指引》的有关规定，包括但不限于在工商管理部门完成注册登记并领取营业执照、在工商登记注册地地方金融监管部门完成备案登记、按照通信主管部门的相关规定申请获得相应的增值电信业务经营许可等。

第九条 在网络借贷资金存管业务中，委托人应履行以下职责：

（一）负责网络借贷平台技术系统的持续开发及安全运营；

（二）组织实施网络借贷信息中介机构信息披露工作，包括但不限于委托人基本信息、借贷项目信息、借款人基本信息及经营情况、各参与方信息等应向存管人充分披露的信息；

（三）每日与存管人进行账务核对，确保系统数据的准确性；

（四）妥善保管网络借贷资金存管业务活动的记录、账册、报表等相关资料，相关纸质或电子介质信息应当自借贷合同到期后保存 5 年以上；

（五）组织对客户资金存管账户的独立审计并向客户公开审计结果；

（六）履行并配合存管人履行反洗钱义务；

（七）法律、行政法规、规章及其他规范性文件和网络借贷资金存管合同（以下简称存管合同）约定的其他职责。

第三章 存管人

第十条 在中华人民共和国境内依法设立并取得企业法人资格的商业银行，作为存管人开展网络借贷资金存管业务应符合以下要求：

（一）明确负责网络借贷资金存管业务管理与运营的一级部门，部门设置能够保障存管业务运营的完整与独立；

（二）具有自主管理、自主运营且安全高效的网络借贷资金存管业务技术系统；

（三）具有完善的内部业务管理、运营操作、风险监控的相关制度；

（四）具备在全国范围内为客户提供资金支付结算服务的能力；

（五）具有良好的信用记录，未被列入企业经营异常名录和严重违法失信企业名单；

（六）国务院银行业监督管理机构要求的其他条件。

第十一条 存管人的网络借贷资金存管业务技术系统应当满足以下条件：

（一）具备完善规范的资金存管清算和明细记录的账务体系，能够根据资金性质和用途为委托人、委托人的客户（包括出借人、借款人及担保人等）进行明细登记，实现有效的资金管理和登记；

（二）具备完整的业务管理和交易校验功能，存管人应在充值、提现、缴费等资金清算环节设置交易密码或其他有效的指令验证方式，通过履行表面一致性的形式审核义务对客户资金及业务授权指令的真实性进行认证，防止委托人非法挪用客户资金；

（三）具备对接网络借贷信息中介机构系统的数据接口，能够完整记录网络借贷客户信

息、交易信息及其他关键信息,并具备提供账户资金信息查询的功能;

(四)系统具备安全高效稳定运行的能力,能够支撑对应业务量下的借款人和出借人各类峰值操作;

(五)国务院银行业监督管理机构要求的其他条件。

第十二条 在网络借贷资金存管业务中,存管人应履行以下职责:

(一)存管人对申请接入的网络借贷信息中介机构,应设置相应的业务审查标准,为委托人提供资金存管服务;

(二)为委托人开立网络借贷资金存管专用账户和自有资金账户,为出借人、借款人和担保人等在网络借贷资金存管专用账户下分别开立子账户,确保客户网络借贷资金和网络借贷信息中介机构自有资金分账管理,安全保管客户交易结算资金;

(三)根据法律法规规定和存管合同约定,按照出借人与借款人发出的指令或业务授权指令,办理网络借贷资金的清算支付;

(四)记录资金在各交易方、各类账户之间的资金流转情况;

(五)每日根据委托人提供的交易数据进行账务核对;

(六)根据法律法规规定和存管合同约定,定期提供网络借贷资金存管报告;

(七)妥善保管网络借贷资金存管业务相关的交易数据、账户信息、资金流水、存管报告等包括纸质或电子介质在内的相关数据信息和业务档案,相关资料应当自借贷合同到期后保存5年以上;

(八)存管人应对网络借贷资金存管专用账户内的资金履行安全保管责任,不应外包或委托其他机构代理进行资金账户开立、交易信息处理、交易密码验证等操作;

(九)存管人应当加强出借人与借款人信息管理,确保出借人与借款人信息采集、处理及使用的合法性和安全性;

(十)法律、行政法规、规章及其他规范性文件和存管合同约定的其他职责。

第四章 业务规范

第十三条 存管人与委托人根据网络借贷交易模式约定资金运作流程,即资金在不同交易模式下的汇划方式和要求,包括但不限于不同模式下的发标、投标、流标、撤标、项目结束等环节。

第十四条 委托人开展网络借贷资金存管业务,应指定唯一一家存管人作为资金存管机构。

第十五条 存管合同至少应包括以下内容:

(一)当事人的基本信息;

(二)当事人的权利和义务;

(三)网络借贷资金存管专用账户的开立和管理;

(四)网络借贷信息中介机构客户开户、充值、投资、缴费、提现及还款等环节资金清算及信息交互的约定;

(五)网络借贷资金划拨的条件和方式;

(六)网络借贷资金使用情况监督和信息披露;

(七)存管服务费及费用支付方式;

（八）存管合同期限和终止条件；

（九）风险提示；

（十）反洗钱职责；

（十一）违约责任和争议解决方式；

（十二）其他约定事项。

第十六条 委托人和存管人应共同制定供双方业务系统。

遵守的接口规范，并在上线前组织系统联网和灾备应急测试，及时安排系统优化升级，确保数据传输安全、顺畅。

第十七条 资金对账工作由委托人和存管人双方共同完成，每日日终交易结束后，存管人根据委托人发送的日终清算数据，进行账务核对，对资金明细流水、资金余额数据进行分分资金对账、总分资金对账，确保双方账务一致。

第十八条 存管人应按照存管合同的约定，定期向委托人和合同约定的对象提供资金存管报告，披露网络借贷信息中介机构客户交易结算资金的保管及使用情况，报告内容应至少包括以下信息：委托人的交易规模、借贷余额、存管余额、借款人及出借人数量等。

第十九条 委托人暂停、终止业务时应制定完善的业务清算处置方案，并至少提前 30 个工作日通知地方金融监管部门及存管人，存管人应配合地方金融监管部门、委托人或清算处置小组等相关方完成网络借贷资金存管专用账户资金的清算处置工作，相关清算处置事宜按照有关规定及与委托人的合同约定办理。

第二十条 委托人需向存管人提供真实准确的交易信息数据及有关法律文件，包括并不限于网络借贷信息中介机构当事人信息、交易指令、借贷信息、收费服务信息、借贷合同等。存管人不承担借款项目及借贷交易信息真实性的审核责任，不对网络借贷信息数据的真实性、准确性和完整性负责，因委托人故意欺诈、伪造数据或数据发生错误导致的业务风险和损失，由委托人承担相应责任。

第二十一条 在网络借贷资金存管业务中，除必要的披露及监管要求外，委托人不得用"存管人"做营销宣传。

第二十二条 商业银行担任网络借贷资金的存管人，不应被视为对网络借贷交易以及其他相关行为提供保证或其他形式的担保。存管人不对网络借贷资金本金及收益予以保证或承诺，不承担资金运用风险，出借人须自行承担网络借贷投资责任和风险。

第二十三条 存管人应根据存管金额、期限、服务内容等因素，与委托人平等协商确定存管服务费，不得以开展存管业务为由开展捆绑销售及变相收取不合理费用。

第五章 附 则

第二十四条 网络借贷信息中介机构与商业银行开展网络借贷资金存管业务，应当依据《网络借贷信息中介机构业务活动管理暂行办法》及本指引，接受国务院银行业监督管理机构的监督管理。其他机构违法违规从事网络借贷资金存管业务的，由国务院银行业监督管理机构建立监管信息共享协调机制，对其进行业务定性，按照监管职责分工移交相应的监管部门，由监管部门依照相关规定进行查处；涉嫌犯罪的，依法移交公安机关处理。

第二十五条 中国银行业协会依据本指引及其他有关法律法规、自律规则，对商业银行开展网络借贷资金存管业务进行自律管理。

第二十六条 中国互联网金融协会依据本指引及其他有关法律法规、自律规则，对网络借贷信息中介机构开展网络借贷资金存管业务进行自律管理。

第二十七条 对于已经开展了网络借贷资金存管业务的委托人和存管人，在业务过程中存在不符合本指引要求情形的，应在本指引公布后进行整改，整改期自本指引公布之日起不超过6个月。逾期未整改的，按照《网络借贷信息中介机构业务活动管理暂行办法》及《网络借贷信息中介机构备案登记管理指引》的有关规定执行。

第二十八条 本指引解释权归国务院银行业监督管理机构。

第二十九条 本指引自公布之日起施行。

参考文献

[1] 陈林. 互联网金融发展与监管研究 [J]. 南方金融, 2013 (11).
[2] 陈耀平. 大数据下传统银行与互联网金融风险的博弈 [J]. 金融经济, 2014 (10).
[3] 陈志武. 互联网金融到底有多新 [J]. 新金融, 2014 (4).
[4] 戴东红. 互联网金融与金融互联网的比较分析 [J]. 时代金融, 2014 (2).
[5] 范文仲. 互联网金融理论、实践与监管 [M]. 北京：中国金融出版社, 2014.
[6] 范晓浩. 互联网金融背景下我国小微企业融资方式创新研究 [D]. 昆明：云南大学, 2015.
[7] 龚明华. 互联网金融：特点、影响与风险防范 [J]. 新金融, 2014 (2).
[8] 宫晓林. 互联网金融模式及对传统银行业的影响 [J]. 南方金融, 2013 (5).
[9] 贾甫, 冯科. 当金融互联网遇上互联网金融：替代还是融合 [J]. 上海金融, 2014 (2).
[10] 李博, 董亮. 互联网金融的模式与发展 [J]. 中国金融, 2013 (10).
[11] 李正阳. 美国互联网金融研究 [D]. 长春：吉林大学, 2016.
[12] 李东卫. 互联网金融的国际经验、风险分析及监管 [J]. 吉林金融研究, 2014 (4).
[13] 刘澜飚, 沈鑫, 郭步超. 互联网金融发展及其对传统金融模式的影响探讨 [J]. 经济学动态, 2013 (8).
[14] 刘楠楠. 中国互联网金融风险分析及监管研究 [D]. 济南：山东大学, 2014.
[15] 刘英, 罗明雄. 互联网金融模式及风险监管思考 [J]. 中国市场, 2013 (43).
[16] 陆岷峰, 汪祖刚, 史丽霞. 关于互联网金融必须澄清的几个理论问题 [J]. 桂海论丛, 2014 (6).
[17] 陆岷峰, 杨亮. 互联网金融驱动实体经济创新发展的战略研究 [J]. 湖南财政经济学院学报, 2015 (12).

[18] 陆岷峰，杨亮．互联网金融企业驱动供给侧改革的策略研究［J］．石家庄经济学院学报，2016（2）．

[19] 麦金农．经济发展中的货币与资本［M］．陈昕，卢驄译，上海：上海三联书店，1997．

[20] 钱金叶，杨飞．中国 P2P 网络借贷的发展现状及前景［J］．金融论坛，2012（1）．

[21] 邱勋．互联网基金对商业银行的挑战及其应对策略——以余额宝为例［J］．上海金融学院学报，2013（4）．

[22] 任翘楚．我国互联网金融的商业模式分析［J］．金融经济，2015（12）．

[23] 芮晓武，刘烈宏．互联网金融蓝皮书：中国互联网金融发展报告（2013）［M］．北京：社会科学文献出版社，2014．

[24] 石磊，蒋成家．互联网金融发展分析［J］．时代金融，2014（15）．

[25] 王达．美国互联网金融的发展及中美互联网金融的比较——基于网络经济学视角的研究与思考［J］．国际金融研究，2014（12）．

[26] 王国刚，张扬．互联网金融之辨析［J］．财贸经济，2015（1）．

[27] 魏鹏．中国互联网金融的风险与监管研究［J］．金融论坛，2014（7）．

[28] 吴晓求．中国金融的深度变革与互联网金融［J］．财贸经济，2014（1）．

[29] 谢平，邹传伟．互联网金融模式研究［J］．金融研究，2012（12）．

[30] 谢平，邹传伟，刘海二．互联网金融手册［M］．北京：中国人民大学出版社，2014．

[31] 谢平，邹传伟，刘海二．互联网金融监管的必要性与核心原则［J］．国际金融研究，2014（8）．

[32] 熊彼特．经济发展理论［M］．孔伟艳，朱攀峰，等，译，北京：北京出版社，2008．

[33] 许荣，刘洋，文武健，徐昭．互联网金融的潜在风险研究［J］．金融监管研究，2014（3）．

[34] 许雯．互联网金融的风险及其防范研究［D］．北京：中共中央党校，2015．

[35] 姚国章，赵刚．互联网金融及其风险研究［J］．南京邮电大学学报（自然科学版），2015（2）．

[36] 袁博，李永刚，张逸龙．互联网金融发展对中国商业银行的影响及对策分析［J］．金融理论与实践，2013（12）．

[37] 张军，陈诗一．结构改革与中国工业增长［J］．经济研究，2009（7）．

[38] 张小明．互联网金融的运作模式与发展策略研究［D］．太原：山西财经大学，2015．

[39] 张晓莹．探路保险网络销售［J］．中国金融，2013（1）．

[40] 赵刚. 我国互联网金融运营模式及风险评估研究 [D]. 南京: 南京邮电大学, 2015.

[41] 郑联盛. 中国互联网金融: 模式、影响、本质与风险 [J]. 国际经济评论, 2014 (5).

[42] 钟伶颖. 互联网金融和传统金融的对比 [J]. 科技经济市场, 2015 (10).

[43] Akerlof G. The Market for "Lemon": Qualitative Uncertainty and the Market Mechanism [J]. Quarterly Journal of Economics, 1970, 84 (4): 488-500.

[44] B. Schotens, and D. Wensveen. A Critique on the Theory of Financial Intermediation [J]. Journal of Banking & Financial, 2000 (24): 1234-1251.

[45] C. Anderson, The Long Tail: Why the Future of Business is Selling Less of More [M]. New York: Hyperion, 2006.

[46] David M. Kreps, Paul Milgrom and John Roberts, Robert Wilson, Rational Co-operation in the Finitely Repeated Prisoners' Dilemma [J]. Journal of Economic Theory, 1982, 27 (2): 245-252.

[47] I. Fisher. The Theory of Interest [M]. New York: Macmillan, 1930.

[48] R. Merton and Z. Bodie, The Global Financial System: A Functional Perspective [M]. Massachusetts: Harvard Business School Press, 1995.

后　　记

　　互联网这一伟大发明创造的出现使全球进入了全新的信息化时代，而其中所蕴含的开放、平等、协作和分享等精神思想已经在不知不觉中渗透到人类日常生活的方方面面。近年来基于互联网技术突飞猛进的背景，金融与互联网这两个貌似毫不相干的领域之间终于也产生了融合的巨变。我们欣喜地看到：传统的金融在接受互联网思维、互联网技术这些新鲜血液之后，其自身的运行效率得以提升、服务功能得以拓展。尤其是得益于大数据、云计算、搜索引擎和移动支付等技术的支持，互联网与金融之间擦出了更加默契的火花。结果是一方面互联网企业通过这些技术创新得到了巨量金融信息处理的能力，而另一方面中小微企业、创意型企业长期以来融资难的困境又创造出巨大的金融需求。最终，技术上的突破和市场上的需求使得互联网金融应运而生。我国互联网金融自2013年开始快速发展起来。互联网金融模式下第三方支付、P2P、众筹等业务模式给传统金融业带来了一股强大的冲击，使互联网金融成为学界、金融界乃至全民关注的焦点。展望未来，互联网技术对金融的影响已经不言而喻。可以预计到互联网金融在弥补传统金融缺陷和助力普惠金融发展等方面将发挥不可估量的重要作用，因此我国的互联网金融行业面临着前所未有的发展机遇。

　　2015年7月，中国人民银行等10个部门发布了《关于促进互联网金融健康发展的指导意见》。这是官方首次以正式通告的方式明确指出"互联网金融是一种新型金融业务模式"，从而给予互联网金融一个法律上承认的身份。另外，这也表明官方从国家战略层面上肯定了互联网金融的重要作用和积极意义。保证互联网金融健康发展，能够为我国构建多层次高效率的金融体系添砖加瓦。作为新生事物，互联网金融既需要市场驱动、鼓励创新，同时也需要政策助力，促进健康发展。对于互联网金融在发展中暴露出的问题，我们还需要认真对待。互联网金融的本质仍是金融，并没有改变金融经营风险的隐蔽性、突发性和传染性。发展互联网金融，依旧任重而道远。

　　金融是经济的助推器，互联网金融是金融的新动力。作者结合自身工作实际，从理论出发到实际探索，对互联网金融创新与政策这一主题进行了系统而深入的研究。经过几个月的努力工作，书稿终于成形。在本书研究的日子里，越是深入的研究，越是觉得我们掌握的资料素材不足，于是再补充，再深入，终究也未能穷尽。限于我们的研究能力和水平，本书只求起到抛砖引玉之效，为后续的研究提供一点微薄之力。

在本书的编写过程中，得到许多朋友的关心和帮助。本书出版得到湖北民族地区经济社会发展研究中心资助，深表感谢！参与本书资料收集、整理与写作工作的还有苏祖勤教授、刘淑萍、郑冲、曾嶒、李梓源、代居念、陈思远、吴阳芬、彭中及何成行等，在此表示感谢。本书在编写过程中查阅和引用了大量相关文献，对相关专家学者表示感谢的同时也对其中的遗漏表示歉意。由于资料收集和时间仓促，本书中难免存在不正确、不准确的地方，欢迎读者批评指正。

作者

2017 年 4 月